复杂系统管理研究

第1辑

盛昭瀚　主编

图书在版编目（CIP）数据

复杂系统管理研究．第1辑 / 盛昭瀚主编．-- 北京：商务印书馆，2024. -- ISBN 978-7-100-24584-5

Ⅰ. C931.2

中国国家版本馆 CIP 数据核字第 2024355EU6 号

复杂系统管理研究

第1辑

盛昭瀚　主编

商　务　印　书　馆　出　版

（北京王府井大街36号　邮政编码100710）

商　务　印　书　馆　发　行

江苏凤凰数码印务有限公司印刷

ISBN 978-7-100-24584-5

2024年11月第1版　　　　开本 720×1000 1/16

2024年11月第1次印刷　　印张 14

定价：78.00元

发刊词

人们很久之前就发现和感知到了物理世界的“复杂”，并用“复杂性”这个概念作为对各种复杂物理现象的称谓。在此基础上，人们进一步用“复杂系统”这一思辨性的概念作为产生各类复杂现象的“母体”。

20世纪七八十年代，中国著名系统科学家钱学森综合现代自然科学研究成果与中国哲学天人合一、知行合一的理念，深入探讨人类社会经济领域中作为现象实体的复杂系统的存在自因和本原，并将以“还原论不可逆”为内核的“复杂性”概念作为其抽象属性。钱学森的这一学术思想为复杂系统思维进一步向管理学领域拓展，引导最近几十年中国学者探索复杂系统管理的学术研究提供了“压舱石”，具有鲜明的中国特色。

中国学者这一自主原创性研究工作的学术价值是，在普适性意义上将系统科学的复杂系统理论思维转化为管理科学的复杂系统管理实践思维，并建构起具有中国特色和基于中国哲学思维概观的复杂系统管理自主知识体系。

复杂系统管理以系统科学领域的“复杂系统”表征社会经济领域复杂管理活动之本质，已经成为当今管理学的一个重要领域。

为了更有组织地在这一领域开展我国自主学术创新研究，2023年11月，由南京大学、清华大学、中国科学院大学、复旦大学、上海交通大学、东南大学、天津大学等首批20余所国内高校的相关学者组织成立了“建构复杂系统管理中国自主知识体系大学联盟”（以下简称“联盟”）。“联盟”成员努力扎根祖国大地，以“坐冷板凳”和“十年磨一剑”的精神，致力于开展原创性、突破性、体系性的复杂系统管理理论研究、技术发明和实践应用，坚持以卓越的复杂系统管理自主知识体系学术成果为管理学术中国化与人类管理文明做出贡献。

为了推进这一领域的学术研究，“联盟”除了出版“复杂系统管理自主知识体系”文库外，还在国内著名学术出版机构商务印书馆的大力协助下，出版《复杂系统管理研究》集刊。本集刊初步计划每年出版1—2辑，主要刊登复杂系统管理领域包括哲学、理论、方法与应用各个层次和方向的自主知识创新成果。

本集刊欢迎各行各业专家学者赐稿，不论年龄、资历，择优刊用，特别欢迎中青年专家学者富有创新性与想象力的学术研究成果。

衷心感谢广大作者与读者对本集刊的关怀和培育！

目　录

钱学森论复杂性、复杂性问题与复杂系统

钱学森

一、钱学森论复杂性与复杂性问题

1. 人要认识客观世界，不单靠实践，而且要用人类过去创造出来的精神财富，知识的掌握与利用是个十分突出的问题。什么知识都不用，那就回到一百多万年以前我们的祖先那里去了。人已经创造出巨大的高性能的计算机，还致力于研制出有智能行为的机器，人与这些机器作为系统中的子系统互相配合，和谐地进行工作，这是迄今为止最复杂的系统了。这里不仅以系统中子系统的种类多少来表征系统的复杂性，而且知识起着极其重要的作用。这类系统的复杂性可概括为：(1)系统的子系统间可以有各种方式的通讯；(2)子系统的种类多，各有其定性模型；(3)各子系统中的知识表达不同，以各种方式获取知识；(4)系统中子系统的结构随着系统的演变会有变化，所以系统的结构是不断改变的。我们把上述系统叫作开放的特殊复杂巨系统，即通常所说的社会系统。(钱学森：《一个科学新领域——开放的复杂巨系统及其方法论》,《自然杂志》第13卷第1期，1990年。)

2. 人认识客观世界是一个无穷无尽的过程。客观世界是不以人的意志为转移的客观存在。人是要通过实践来逐步认识这个客观世界的。复杂性的问题在这一点上就特别突出，任何人通过实践得到的认识都是不全面的；要尽量地把许多人的认识综合起来，把它形成一个整体的东西。这一步是毛泽东

同志所说的：从感性认识提高到理性认识。但是，即便到了理性认识以后，认识过程并没有完，还要去实践，再来进一步地修改原来的认识。这是一个没完没了的过程。所以我们应该用开放的复杂巨系统的观点，用从定性到定量的综合集成方法来研究整体性的问题。（钱学森：《要从整体上考虑并解决问题》，《人民日报》1990 年 12 月 31 日。）

3. 但是像刚才说的那些问题，那么复杂，你把它一分解，要紧的东西都跑了，没有了。现在世界各国也慢慢认识到这个问题。它们也提出所谓复杂性问题，但是我看它们的理论并不高明，因为它们没有马克思主义哲学。它们一说，就说复杂性怎样认识？结果就要人来认识，弄来弄去，就是强调人的主观作用；强调来强调去，就把不以人的意志为转移的客观存在这个物质给丢了。所以，我们现在有一些人叫实践唯物主义，但我看还是坚持辩证唯物主义为好。当然，还有另一个极端，认为复杂也可以分析嘛！用分析的方法也可以把这个系统搞出来嘛！这样认识以后，就向这个方面去努力，结果认为自己已经抓住了整个世界的复杂性，因而有所谓宇宙全息论。这是什么意思呢？是说好像已经抓住了整个世界这么一个复杂结构的道理，因此只需要推论就可以了。这也不对呀！这跟黑格尔的绝对精神一样，成了客观唯心主义了。（钱学森：《要从整体上考虑并解决问题》，《人民日报》1990 年 12 月 31 日。）

4. 复杂性的问题，现在要特别地重视。因为我们讲国家的建设、社会的建设，都是复杂的问题。再说人这个问题不搞清楚，医疗卫生怎么解决？所以我觉得，我们现在要重视复杂性的问题。而且我们要看到解决这些问题，科学技术就将会有一个很大很大的发展，我们要跳出从几个世纪以前开始的一些科学研究方法的局限性。我们既反对唯心主义，也反对机械唯物论。我们是辩证唯物主义者。（钱学森：《要从整体上考虑并解决问题》，《人民日报》1990 年 12 月 31 日。）

5. 开放的复杂巨系统有许多层次。这里所谓的层次是指从我们已经认识得比较清楚的子系统到我们可以宏观观测的整个系统之间的系统结构的层次。如果只有一个层次，从整系统到子系统只有一步，那么，就可以从子系统直接综合到巨系统。我觉得，在这种情况下，还原论的方法还是适用的，现在有了电子计算机，从子系统一步综合到巨系统，这个工作是可以实现的。从前我们搞核弹，就是这么干的。因为，核弹尽管很复杂，但理论上仅有一个层次——从原子核到核弹。国外对于这种一个层次的问题，如混沌，即便是混沌中比较复杂的问题，如无限维 Navier = Stokes 方程所决定的湍流，还有我们在这个学习班上讲过的自旋玻璃，都可以这么处理，他们把这种问题叫复杂性问题。我认为这种所谓的“复杂性”并不复杂，还是属于有路可循的简单性问题。我把这种系统叫简单巨系统。我们所说的开放复杂巨系统的一个特点是：从可观测的整体系统到子系统，层次很多，中间的层次又不认识；甚至连有几个层次也不清楚。对于这样的系统，用还原论的方法去处理就不行了。怎么办？我们在这个讨论班上找到了一个方法，即从定性到定量的综合集成技术，英文译名可以是 Meta-synthetic Engineering，这是外国没有的，是我们的创造。（钱学森：《再谈开放的复杂巨系统》，《模式识别与人工智能》第 4 卷第 1 期，1991 年。）

6. 去年中国科学院召开的“复杂性”讨论会上，于景元同志参加后报告说：有同志认为“复杂性”只是人们在面对一个新问题、新领域时的初步感受，后来认识了，就不复杂了。从人认识事物的过程来讲，这也是正确的。由浅到深也就由“复杂”到不复杂。但所谓“复杂性”实际是开放的复杂巨系统的动力学，或开放的复杂巨系统学。我们的这一定名，用词虽然长了点，但更准确。（钱学森致王寿云同志及小组其他各位同志书信，1993 年 4 月 30 日。）

7. 复杂性是指什么？是说这个巨系统的组成部分种类非常非常多，不是几种、十几种，而是成千上万种，子系统之间的相互关系也是多种多样的，所以，把它叫做开放的复杂巨系统。对于社会系统的复杂性，我们还要加两个字“特殊”，认为社会是一个开放的特殊复杂巨系统，为什么呢？因为社会系统里一个重要的组成是人，而人是复杂的，他的反映和行为是多种多样的，因此叫“开放的特殊复杂巨系统”。这是我们近来对社会慢慢形成的一个认识，但是这名字太长了，于是就干脆简称它叫“社会系统”。（钱学森：《创建系统学》，山西科学技术出版社，2001年，第42页。）

8. 系统科学、系统工程和总体设计部、综合集成和研讨厅体系紧密结合，形成了从科学、技术、实践三个层次相互联系的研究和解决社会系统复杂性问题的方法论，它为管理现代化社会和国家，提供了科学的组织管理方法和技术，其结果将使决策科学化、民主化、程序化以及管理现代化进入一个新阶段……管理国家、管理社会，总的原则是“宏观控，微观放”。按照这个原则，在政体建设上，将弱化政府的直接控制，强化人民自己各种组织的作用，尊重人民，相信人民是历史的创造者。在弱化直接控制的同时，要加强政府的间接调控，要从总体上研究和解决社会系统的新问题，这就要用系统科学、系统工程、从定性到定量综合集成法及综合集成研讨厅体系，并用总体设计部作为决策的咨询和参谋机构，中央、地方和部门都有自己的总体设计部，构成一个总体设计部体系，这就保证了决策科学化、民主化、程序化，使国家和社会的管理进入现代化阶段。同时，大大发展起来的计算机、通信网络技术，使我们有可能建立起人民意见反馈网络体系、中央集权的行政网络体系和全国法制网络体系，把它们和综合集成研讨厅体系结合起来，就能把我党传统的一些原则、方法，如从群众中来，到群众中去，民主集中制等科学完美地实现了。这样，国家的宏观调控就可以做到小事不出日，大事不出周，最难最复杂的问题也不出月，就能妥善而有效地解决，正确而又灵敏。（钱学森：《创建系统学》，山西科学技术出版社，2001年，第290—294页。）

9. 我想问题是：所谓“复杂性”能脱离解决开放的复杂巨系统问题吗？所谓“复杂性”能泛泛讨论吗？人认识问题只能从具体事例入手，即从解决一个个开放的复杂巨系统问题开始，有以下几大类：

（1）社会环境、地理环境；

（2）社会问题；

（3）人体问题；

（4）人脑问题。

每一个问题都要根据实践经验，通过具体工作，用开放的复杂巨系统方法来认识，空谈“复杂性”是无用的。将来问题解决得好，有了丰富的对上述四大类问题的经验和认识，也许到时候我们可以概括地讨论“复杂性”了。是毛主席的《实践论》嘛！（钱学森致于景元、戴汝为同志书信，1997 年 2 月 8 日。）

10. 什么叫复杂性？我们现在可以说：复杂性是开放的复杂巨系统的特征。对它不能用还原论的方法，还原论方法只能在简单巨系统有效。复杂性来源于子系统种类多，而且子系统的行为又依系统的子系统形成的环境来定，高度的非线性关系。（钱学森致戴汝为同志书信，1997 年 6 月 30 日。）

11. 复杂系统与简单系统的区分是相对的。从研究过程与工作方法来看，对于各种开放的复杂巨系统，我们为了及时地认清问题和正确地解决问题，实际工作的切入，往往需要注意抽取开放复杂巨系统中主要的、牵动着整体的、在一定范围和程度上对整体影响较大的一些系统，或与我们研究目的密切相关的系统的某些部分、某些层次，或某些侧面、某些因素等，将其暂时作为相对来说比较简单的系统去观察与处理。

这样做是根据实际情况进行科学的抽象（思维的抽象）而得到的。是深稽博考复杂系统的实情，晓然于是非得失之宜、主次取舍之要以后的思考，这是科学研究的经验总结。是有效而明智的，也是非常现实的研究方法和工作方法。钱老说：“客观事物和人自己都是开放的复杂巨系统，只是人在认识它们时，常常可以作为简单系统来处理，暂时避开复杂的一面。科学都是如此的。所以，不要以为我们非用复杂性不可。”（钱学森致钱学敏等四人书信，1999 年 4 月 11 日。）

12. 在我们的讨论中，如果没有混沌就说不出复杂性这个结论，先要“混沌”一下，然后才“有序”，没有这个混沌你的认识上升不了。市场经济也是这样，小范围看是混沌的，整体看是有序的。现在的问题是许多中国人喜欢跟外国人跑，起先不知道什么叫复杂性，一听说外国人在搞所谓复杂性研究，就满城风雨都是复杂性。我看我们这个复杂巨系统理论比外国人的复杂性理论高多了，因为我们这个理论体现了马克思主义哲学思想，我们把自然科学与马克思主义哲学结合起来了。（钱学森：《创建系统学》，山西科学技术出版社，2001 年，第 50 页。）

二、钱学森论复杂系统

1. 现在能用的、唯一处理开放的复杂巨系统(包括社会系统)的方法，是把许多人对系统的点点滴滴的经验认识，即往往是定性的认识，与复杂系统的几十、上百、几百个参数的模型，即定量的计算结合起来，通过研究主持人的反复尝试，并与实际资料数据对比，最后形成理论。在这个过程中，不但模型试算要用大型电子计算机，而且就是在人反复尝试抉择中，也要用计算机帮助判断选择。这就是所谓定性与定量相结合的处理开放的复杂巨系统的方法。对社会经济问题，经过试用，结果良好。(钱学森:《基础科学研究应该接受马克思主义哲学的指导》,《哲学研究》1989年第10期。)

2. 开放的复杂巨系统和社会系统是如此广泛的问题，而现在对它的基础理论还不清楚；但也有一个切实有效的实用方法，其特点是把存在于许多人的、对一个客观事物的零星点滴知识一次集中起来，集腋成裘，解决问题。这一项重要基础科学研究就应该从这样一种实践经验出发，认真总结提高，建立一个基础理论。这可以是系统科学的基础学科，即系统学的重要课题；同时也是科学方法论的重要发展。它是真正的综合集成，不是国外说的综合分析 Meta-Analysis。(钱学森:《基础科学研究应该接受马克思主义哲学的指导》,《哲学研究》1989年第10期。)

3. 也有的人一下子把复杂巨系统的问题上升到哲学高度，空谈系统运动是由子系统决定的，微观决定宏观等等。一个很典型的例子就是"宇宙全息统一论"。他们没有看到人对子系统也不能认为完全认识了。子系统内部还有更深更细的子系统。以不全知去论不知，于事何补？甚至错误地提出"部分包含着整体的全部信息""部分即整体，整体即部分，二者绝对同一"，这完全是违反客观事实的，也违反了马克思主义哲学。(钱学森:《一个科学新领域——开放的复杂巨系统及其方法论》,《自然杂志》第13卷第1期，1990年。)

4. 我们把系统的"开放性"和"复杂性"这两个概念拓广之后，对系统的认识就更加深刻，所概括的内容也就更为广泛。这种广泛性是从现代科学技术的发展，尤其是新兴的知识工程的发展中抽象和概括而得来的，有着坚实的基础与充分的根据。在我们阐明了开放的特殊复杂巨系统属于系统分类中的最高层次之后，实际上就把系统科学与人工智能两大领域明显地加以沟通。这样一来各种以知识为特征的智能型系统，如互相合作的人工智能系统、分布式人工智能系统以及实时智能控制系统等都属于一个统一的、明确的范畴。这就有利于去建立开放的复杂巨系统的理论基础，这是当代科学发展的必然结果。（钱学森：《一个科学新领域——开放的复杂巨系统及其方法论》，《自然杂志》第 13 卷第 1 期，1990 年。）

5. 实践已经证明，现在能用的、唯一能有效处理开放的复杂巨系统（包括社会系统）的方法，就是定性定量相结合的综合集成方法，这个方法是在以下三个复杂巨系统研究实践的基础上，提炼、概括和抽象出来的，这就是：

（1）在社会系统中，由几百个或上千个变量所描述的定性定量相结合的系统工程技术，对社会经济系统的研究和应用；

（2）在人体系统中，把生理学、心理学、西医学、中医和传统医学以及气功、人体特异功能等综合起来的研究；

（3）在地理系统中，用生态系统和环境保护以及区域规划等综合探讨地理科学的工作。（钱学森：《一个科学新领域——开放的复杂巨系统及其方法论》，《自然杂志》第 13 卷第 1 期，1990 年。）

6. 定性定量相结合的综合集成方法，概括起来具有以下特点：（1）根据开放的复杂巨系统的复杂机制和变量众多的特点，把定性研究和定量研究有机地结合起来，从多方面的定性认识上升到定量认识。（2）由于系统的复杂性，要把科学理论和经验知识结合起来，把人对客观事物的星星点点知识综合集中起来，解决问题。（3）根据系统思想，把多种学科结合起来进行研究。（4）根据复杂巨系统的层次结构，把宏观研究和微观研究统一起来。（钱学森：《一个科学新领域——开放的复杂巨系统及其方法论》，《自然杂志》第 13 卷第 1 期，1990 年。）

7. 关于开放的复杂巨系统，由于其开放性和复杂性，我们不能用还原论的办法来处理它，不能像经典统计物理以及由此派生的处理开放的简单巨系统的方法那样来处理，我们必须用依靠宏观观察，只求解决一定时期的发展变化的方法。所以任何一次解答都不可能是一劳永逸的，它只能管一定的时期。过一段时间，宏观情况变了，巨系统成员本身也会有其变化，具体的计算参量及其相互关系都会有变化。因此对开放的复杂巨系统，只能作比较短期的预测计算，过了一定时期，要根据新的宏观观察，对方法作新的调整。这样说来，开放的复杂巨系统理论及方法有其局限性，但这样认识是实事求是的，这种理论和方法也是有效的，因为它比那些脱离现实的所谓“理论”更合乎实际。（钱学森：《再谈开放的复杂巨系统》，《模式识别与人工智能》第4卷第1期，1991年。）

8. 要建立开放复杂巨系统的一般理论，必须从一个一个具体的开放复杂巨系统入手。哪些系统属开放复杂巨系统呢？社会系统是一个开放复杂巨系统。除此以外，还有人脑系统、人体系统、地理系统、宇宙系统、历史（即过去的社会）系统、常温核聚变系统等等，都是开放的复杂巨系统。研究问题要从具体资料入手。例如，社会系统中有区域问题，也有国家问题，还要注意国际问题。（钱学森：《再谈开放的复杂巨系统》，《模式识别与人工智能》第4卷第1期，1991年。）

9. 从定性到定量的综合集成技术是思维科学的应用技术，是大有可为的。应用技术发展了，也会提炼、上升到思维学的理论，最后，上升到思维科学的哲学——认识论。哲学界现在争论的许多问题，如什么是主体，什么是客体，什么是思维，什么是意识等等，都会有一个正确的答案了。从唯物主义的观点来看，这些问题是很清楚的。人认识客观世界靠什么？靠大脑，而大脑是物质的，是物质世界的一部分。人靠实践来认识客观世界。这不过是人脑这一部分物质，通过物质手段，与更大范围的客观物质相互作用的过程。什么主体，什么客体，什么思维，什么意识，都只不过是讨论研究这一相互作用过程中使用的术语而已。每次所认识的，只是客观世界的很小一部分，所以要再实践，再认识，才能不断扩大我们对客观世界的认识，这个过程是无穷尽的。所以，哲学界争论不休的问题，从开放的复杂巨系统的观点和从思维科学观点来看，都是很清楚的。因此这里讨论的关于开放的复杂巨系统的观点，对于我们认识客观世界哲学，也有重大意义。（钱学森：《再谈开放的复杂巨系统》，《模式识别与人工智能》第4卷第1期，1991年。）

10. 我们这个讨论班的一个贡献，就是提出了社会系统的概念，也就是提出了复杂巨系统概念及综合集成方法论。所谓综合集成，是说我们要想办法把很多很多的论文、研究成果、书籍中的一得之见等等，把它综合起来。不能像盲人摸象，你摸着尾巴就说这是大象了。所以我感兴趣的是，现在我们有一个方法，可以把零金碎玉集成起来，至少我们有了个开头，今后可以不断加以完善。在这个基础上可以全面地研究社会系统，研究它的变化、它的动态等。假设我们在这个方面的讨论有点结果，那至少为国家做了一点事。不能像现在这样，只是把零零碎碎的加在一起，就算完成任务了。（钱学森：《创建系统学》，山西科学技术出版社，2001年，第58—59页。）

11. 要解决这个社会系统工程问题，完全靠定量的方法办不到，我们现在只能采取定性与定量相结合的方法。我在全国政协参加大会，听到许多政协委员在会上的发言都很精彩，讲监督工作，讲教育，讲经济效益、决策民主化等等。我感到，他们说得都有一定道理，但没有指出问题的关键所在，因为没有认识到社会系统是特殊复杂巨系统。因此，我们要牢记，研究解决社会问题，就是处理开放的特殊复杂巨系统，要用定性定量相结合的方法。过去搞社会科学，都是定性的认识，所以还不是真正意义上的科学。我觉得，社会主义建设最大的问题，恐怕就是刚才说的这个问题，即认识要全面，方法要革新，要改革。社会科学要改革，要用社会系统的观点——开放的特殊复杂巨系统这个观点来改革我们的社会科学。（钱学森：《创建系统学》，山西科学技术出版社，2001年，第51页。）

12. 社会系统远比任何工程系统复杂得多，运用处理简单系统，甚至简单巨系统的方法，不能解决社会系统的问题。在研究了社会系统、人体系统、人脑系统等的基础上，我们又提出了开放的复杂巨系统概念及其方法论，即“从定性到定量综合集成法”，后来又发展到“从定性到定量综合集成研讨厅体系”的思想。这是把下列成功的经验和科技成果汇总起来的升华：

（1）几十年来学术讨论会（seminar）的经验；

（2）从定性到定量综合集成方法；

（3）C3I 及作战模拟；

（4）情报信息技术；

（5）人工智能；

（6）灵境（virtural reality）技术；

（7）人-机结合的智能系统；

（8）系统学；

（9）“第五次产业革命”中的其他各种信息技术。

这个研讨厅体系的构思是把人集成于系统之中，采取人·机结合，以人为主的技术路线，充分发挥人的作用，使研讨的集体在讨论问题时互相启发，互相激活，使集体创见远远胜过一个人的智慧。通过研讨厅体系还可把今天世界上千百万人的聪明智慧和古人的智慧（通过书本的记载，以知识工程中的专家系统表现出来）统统综合集成起来，以得出完备的思想和结论。这个研讨厅体系不仅具有知识采集、存储、传递、共享、调用、分析和综合等功能，更重要的是具有产生新知识的功能，是知识的生产系统，也是人·机结合精神生产力的一种形式。（钱学森：《创建系统学》，山西科学技术出版社，2001年，第289—290页。）

13. 社会系统非常复杂，像中国这个社会系统就有10亿多人口，包括汉族在内的56个民族，语言、习惯、思想都不一样。人的行为远比动物复杂，因为人有意识，人更不同于无生物，他受自己的知识、意识的影响，受社会环境影响，所以人类社会系统是一个开放的复杂的巨系统。而意识的社会形态是这个社会复杂巨系统中的一个有机组成部分，它和经济的社会形态、政治的社会形态密切联系在一起，组成一个社会整体。（钱学森、孙凯飞：《建立意识的社会形态的科学体系》，《求是》1988年第9期。）

14. 一个国家的社会集体是一个开放的、与世界有交往的复杂巨系统。“巨”是说组成这个系统的子系统数量极大，上亿、十亿；“复杂”是说子系统的种类极多，而且其相互作用亦各式各样。尤其是子系统中有人，而人是有意识的，能根据环境信息作出判断，决定行动，不是简单的一定规律的反射。这样的复杂巨系统可以称为社会系统。（钱学森：《关于国民经济核算体系》，《统计工作简报》1998 年第 40 期。）

15. 开放的复杂巨系统中的序与混沌应再深入研究。我们看社会，则序的存在并不一定要有局部层次的混沌。如在正常的计划经济中，社会一切都按部就班，有序，但没有局部的混沌。只是在市场经济，在单个市场的运转中常会有混沌-局部混沌；而局部混沌又是有利的，它促使整体之序走向更有效。这样看也许更全面。所以序是开放的复杂巨系统的宏观稳态特征。局部也可以有混沌，也可以没有混沌。（钱学森：《创建系统学》，山西科学技术出版社，2001 年，第 50 页。）

数智时代的系统工程*

杨晓光**

摘　要：1978年9月27日，钱学森、许国志、王寿云三位科学家在《文汇报》上发表了一篇文章《组织管理的技术——系统工程》，拉开了中国系统工程事业的序幕。本文扼要回顾了中国系统学派的工作，简单总结了中国系统工程学科对中国经济发展和社会治理的标志性贡献，指出：西方的系统工程学科更接近工程科学，而中国的系统工程学科是一个横贯学科；系统工程作为一个学科对中国社会发展做出的贡献远远大于它对其他国家社会发展做出的贡献。数智时代人类的生产和生活处在快速变化、密切关联的形态之下，当前无论是生产系统还是社会系统，不仅快速变化、密切关联，而且还具有多层次性、非线性、自组织、自适应性、时变性和开放性等特点，传统的系统工程的理论与方法在数智时代迎来了很多挑战。与此同时，数智技术发展也给系统工程的发展带来了新的机遇。数智时代的系统工程，需要将人工智能嵌入其本体之内，以可计算性推动系统工程学科的变革，发展与人工智能密切结合的系统工程理论和方法，开拓系统工程新方向以满足时代需求。

关键词：系统工程　数智时代　人工智能　横贯学科　可计算性

---

*　基金项目：本文受国家自然科学基金重大项目课题“信息-物理-社会系统的复杂性机理与治理机制”（T2293771）资助。

**　作者简介：杨晓光，中国科学院数学与系统科学研究院研究员，中国科学院大学经济管理学院教授，中国系统工程学会理事长。

一、中国系统工程的缘起

1978 年 9 月 27 日，钱学森、许国志、王寿云三位科学家在《文汇报》上发表了一篇文章《组织管理的技术——系统工程》，标志着中国系统工程事业的序幕拉开[1]。按照钱学森先生的定义，系统工程是组织管理系统的规划、研究、设计、制造、试验和使用的科学方法，是一种对所有系统都具有普遍意义的科学方法。系统工程是为了实现系统的目的，对系统的组成要素、组织结构、信息流、控制机构等进行分析、研究的科学方法。它运用各种组织管理技术，使系统整体与局部之间的关系相互配合和协调，实现系统总体的最优运行。

20 世纪 80 年代，在钱学森等老一代科学家的推动下，系统工程在中国得到迅速普及和发展。钱学森等在中央人民广播电台举办系统工程系列讲座，推广系统科学和系统工程思想；他还在航空航天部 710 所举办了持续数年的“系统工程讨论班”，不仅为中国培养和造就了一批系统工程领域的领军专家，而且发展了其系统工程理论体系。在《工程控制论》的基础上，钱学森陆续提出了“开放的复杂巨系统及其方法论”“从定性到定量的综合集成法”“从定性到定量的综合集成研讨厅体系”“大成智慧工程和大成智慧学”等思想和方法，出版了《论系统工程》《创建系统学》《论大成智慧》等皇皇巨著[2]。在钱学森的带领下，一批中国科学家在系统科学与系统工程方法论方面取得了一系列成就，例如许国志提出了“物理-事理”的系统思想[3]，顾基发进一步将其丰富为“物理-事理-人理”方法论[4]，刘源张针对质量管理提出了“人机料法环”系统工程方法论[5]，于景元针对复杂大系统提出了“系统工程管理”方法论[6]，陈锡康提出了“投入占用产出”方法[7]，盛昭瀚提出了“重大工程管理系统工程方法”[8]，邓聚龙提出了“灰色系统理论”用于经济预测[9]，汪寿阳提出了“TEI@ I 系统集成预测方法论”[10]，等等。几十年来，系统工程的理论和方法论在中国蓬勃发展，以钱学森为代表的中国系统工程学界，在国际上被称誉为系统学“中国学派”，与系统学“欧洲学派”“北美学派”

鼎足而立。一向把功劳往外推的钱学森把“中国学派”的系统工程视为“中国人的发明、我们的命根子”。1991年，钱学森获得“国家杰出贡献科学家”荣誉称号，他是我国目前唯一一位获得此最高科学荣誉称号的科学家。钱学森在领奖后说：“两弹一星工程所依据的都是成熟的理论，我只是把别人和我经过实践证明可行的成熟技术拿过来用，这个没有什么了不起，只要国家需要，我就应该这样做。系统工程与总体设计部思想才是我一生追求的。它的意义，可能要远远超出我对中国航天的贡献。”[11]

系统工程在中国有一个很高的起点，在国际上有着举足轻重的影响。钱学森等战略科学家对中国系统工程学科的建设居功甚伟，为新时代中国系统工程的跨越式发展奠定了坚实的基础。

二、中国系统工程对中国社会发展的贡献

系统工程对中国社会的发展做出了巨大贡献。在工程领域，钱学森一从美国回来，就投身于中国的导弹和航天事业，提出了中国特色的运载火箭研发和迭代模式：研制体制上将研究、规划、设计、试制、生产和试验一体化；组织管理上采用“总体设计部—两条指挥线”的管理方式。这一模式极大促进了中国航天事业的发展，同时其自身也不断丰富和完善，被应用于从东方红一号到北斗通信卫星、载人空间站、登月飞行等实践之中，进一步形成了由相互促进和相互制约的五个要素（即目标、功能、组分、结构、环境）与“战略科学家—总体设计部—两条指挥线”三大维度共同构成的航天系统工程。

系统工程被中国工程技术人员广泛应用于复杂的工程系统之中，例如国家电网将系统工程应用于特高压输电工程，实现了大面积的西电东输；中石化、中石油、宝钢等应用过程系统工程，显著地提高了生产效率，降低了单位能耗；华为、商飞等应用基于模型的系统工程（MBSE），实现了高精尖产品的突破；港珠澳大桥、青藏铁路等建设部门应用重大工程管理系统工程方法，取得了傲视全球的成就。此外，基于系统工程思想的生态循环农业也有助于

解决中国人多地少的困境，草业系统工程、林业系统工程实现了生态效益和经济效益的协同，使得人口庞大的中国社会在可耕地、草原、森林等资源较为紧张的状况下，实现了将基础性生活物资的“饭碗”牢牢地端在自己手里。

在社会领域，中国各级政府和社会组织应用系统工程的思想与方法，在社会建设、社会管理方面取得了空前的成就。例如，在社会建设方面，中国的改革开放就是一项人类历史上最伟大的系统工程，中国政府采取先试点再推广、由易到难逐步推进的做法——被邓小平同志总结为“摸着石头过河”的试错法，其中蕴含着极富智慧的系统思想。中国政府对内搞活，通过实行农村联产承包责任制、发展城镇个体户、发展乡镇企业、改革国有企业和放开民营企业等政策激发经济内生活力；对外开放，通过招商引资、建立三资企业、大力发展加工贸易、加入世贸组织、提出“一带一路”倡议等，引进技术、资金和管理，获得国际市场。纵观中国改革开放的整个过程，可以从中发现中国政府高超的系统观念，这使得中国的经济转型成为人类历史上最成功的经济转型典范。与之相比，苏联经济转型的“休克疗法”则是巨大的失败。在社会应急管理方面，中国政府在应对地震、洪涝灾害、重大疫情、东南亚金融危机、次贷危机等重大事件中动员社会整体力量，从全盘的角度采取系统性措施，快速高效地应对这些事件演变过程中出现的各种问题，保障了中国社会平稳发展，使得中国在遭遇区域或全球性冲击时能在世界舞台上表现出色，成为世界经济平稳的压舱石。再如，改革开放以后，中国逐渐发展为世界第一制造大国，被誉为“世界工厂”，但由此也带来了较为严重的环境问题。党的十八大以后，中国政府重视污染治理，提出“绿水青山就是金山银山”，采取了一系列系统治理办法，迅速提高了环境质量。习近平总书记在总结党的十八大以来中国社会取得的历史性成就时指出，“在这个过程中，系统观念是具有基础性的思想和工作方法”[12]。

从系统工程方法应用对象的角度来考察，如果按照系统内部大多数组员的自主性高低来区分系统工程方法，我们可以把处理组员自主性低的系统工程方法称为“硬系统工程方法”，这类系统工程方法更多体现系统的“物理、事理”；把处理组员自主性高的系统工程方法称为“软系统工程方法”，这类系统工程方法不仅体现系统的“物理、事理”，还需要体现“人理”。对比中国和西方系统工程的发展，一个显著的特点就是西方的系统工程研究更多是硬系统工程方法，其应用主要是在工业和军事部门，这是因为工业和军事部门有很高的组织性、纪律性，适合硬系统工程方法。西方发展和应用硬系统工程方法取得了诸多成功，比如阿波罗登月计划的实施、海湾战争的压倒性胜利等，但在社会管理领域，西方系统工程的贡献并不显著。中国的系统工程则是硬软系统工程方法兼重，其应用不仅在工业和军事部门，而且在社会部门也非常活跃和广泛。之所以中国系统工程在社会领域繁荣，是因为中国社会的体制优势，使得中国政府有运用“全国一盘棋”解决各种问题的便利，能够采用系统工程的思想和办法，解决中国社会发展遇到的各个难题。改革开放以来，中国从落后的农业国快速成长为世界第一制造大国和世界第二大经济体，短短四十多年实现了从人力、畜力到数字化、智能化四代技术的迭代，其中非常重要的因素就是中国社会“坚持系统观念”，善于利用系统思维来解决前进中遇到的各种问题，并由此实现了国家快速且平稳的发展。中国系统工程学科在社会领域有长足的发展，也与中国系统工程工作者响应钱学森倡导的“用系统思维提升社会治理能力，以系统工程方法为党和国家领导社会主义事业建设提供决策咨询和智力支撑”的理念，长期以来在社会领域孜孜以求地发展软系统工程方法有关。本文认为，西方的系统工程学科更接近工程科学，而中国的系统工程学科是一个横贯学科；系统工程作为一个学科对中国社会发展做出的贡献远远大于它对其他国家社会发展做出的贡献。这两条是中国系统工程学派最大的特色。

三、数智时代系统工程的挑战和机遇

信息技术的发展使得人类进入了数智时代。与既往相比，数智时代的人类社会发生了巨大的变化。人工智能算法、大数据、互联网、物联网等技术与研发、生产、销售、服务等相结合，生产端的自动化程度大大提高，实现了无人生产和智慧运维；人工智能赋能科学研究和技术研发，显著地加快了研发的速度；网络销售碾压实体店销售，数智化服务渗透到社会的每一个毛孔。信息技术、交通技术等使得物流、人流、信息流、资金流得以全球相连、万物相连、瞬时相连，自媒体使得每一个人都能把或真或假的声音通过网络在社会上传播，传统媒体的权威性被消解，深度造假难以被辨识并产生巨大的蛊惑力，一些既往被认为不起眼的事情可能迅速被引爆，形成蝴蝶效应。特别地，数智时代的个体更加自我，越发诉诸感性，越发追求个人不假思索的感性化表达；同时民众也更加容易被影响，越发容易被操纵，越发容易形成“乌合之众”，社会极化、社会波动、社会骚乱更容易形成。在数智时代，整个社会连接之紧密、“能量”传导之迅速、“假事实”之多、起爆点之繁杂，都与既往社会有着本质性不同，并且此趋势会以加速度的方式继续演进，人类社会的复杂性正以前所未有的速度增强。

人类在数智时代的生产、生活处在快速变化、密切关联的形态之下，既往的系统工程理论与方法的刻画能力和适用性都与这种新形态的要求存在差距。当前系统工程要处理的，无论是生产系统还是社会系统，不仅具有快速变化、密切关联的特点，还具有多层次性、非线性、自组织、自适应性、时变性和开放性等特点。而以往对相应系统的理解、认知和应用工具的开发，很少顾及这些特点，因此在被应用于新的系统时就会显得力有不逮。系统工程的理论与方法在数智时代迎来了很多大大小小的挑战。

在面临挑战的同时，数智时代也给系统工程的发展带来了新的机遇。复杂性科学、大数据、人工智能算法以及强大的计算机算力，为运用系统工程解决复杂系统关联问题提供了强有力的工具。

过去几十年来，复杂性科学得到了长足发展。复杂性科学关注系统内部的复杂结构和相互作用，通过研究系统中各要素之间的关联性和相互作用，揭示系统的整体行为和演化规律。复杂性科学强调系统的自组织性和自适应性，认为系统具有一定的自我修复和适应能力，能够在外部环境发生变化时自动调整自身结构和行为，以保持系统的稳定性和适应性。复杂性科学注重跨学科的整合和协同，复杂系统的研究需要融合多学科的知识和方法，通过跨学科的合作和交流，共同解决复杂系统面临的问题。2021 年诺贝尔物理学奖颁发给三位从事物理复杂系统研究的科学家，也表明了复杂性科学具备的澎湃生命力和持续获得的关注度。复杂性科学研究所取得的成就，为揭示工程系统和社会系统的规律性奠定了理论和工具基础。

建立在大数据技术上的人工智能，利用机器学习、自然语言处理、计算机视觉和大数据分析等技术，将自主学习、感知和交互等能力融入到算法工具之中，使得精细化实时感知系统变化与实时优化应对成为可能。通过机器学习算法，人工智能能够自动从海量数据中提取关键信息，并经过反复训练和优化，持续提升预测和决策的准确性。人工智能的数据处理和分析能力卓越，面对庞大的数据集，人工智能可以迅速识别出其中的模式和趋势，为系统优化和决策提供科学依据。人工智能系统可以借助自然语言处理和计算机视觉技术，与人类进行自然、流畅的交互，真正实现钱学森所设想的人机融合的系统工程。

除了复杂性科学和人工智能两项技术性要素以外，数据成为当今世界最为重要的经济要素之一，各种数据收集设备正源源不断地收集从微观到宏观的各种数据，人类数据增长的速度一日千里。数据交易市场的发展，使得广泛性的数据共享和数据挖掘成为可能。以芯片技术为代表的计算机技术以突破摩尔定律的速度发展，计算机超算力水平增长迅猛。大数据和计算机算力的发展，也为系统工程的新发展准备好了软、硬两方面的条件。

与西方相比，政府的重视和推动是中国系统工程学科独有的、世界其他各国无法比拟的优势。党的十八大以来，习近平总书记十分重视系统工程，多次在不同的场合强调系统工程、系统思维的重要性。党的二十大报告把系统观念列为“六个坚持”之一，面对百年未有之大变局的新形势，需要发展新的系统工程理论和方法。特别地，大力发展新质生产力，需要发展与新质生产力相适应的系统工程理论和方法。而新质生产力的核心是“以科技创新为要义，以高质量发展为目标，融合了人工智能、大数据等新技术、新要素，要走出一条生产要素投入少、资源配置效率高、资源环境成本低、经济社会效益好的新增长路径”[13]。服务新质生产力的系统工程需要拥抱新质生产力的核心要素，要与人工智能、大数据密切结合。政府的重视和新质生产力发展的需求，也是新时代系统工程发展的巨大促进力量。

我们前面提到，系统工程是一个横贯学科，像数学一样可以被应用于各个学科和社会层面。近年来，人工智能取得了一系列突破性的进展，2024 年诺贝尔物理学奖和化学奖均颁发给人工智能领域的工作者。与数学学科一样，人工智能也是一个横贯学科，其触角现已渗透到人类生产、生活的每一个角落。平心而论，系统工程的应用远远不如人工智能的应用那么成功，系统工程作为一个学科对于人类社会的贡献也远远小于人工智能学科。当下，人工智能作为一个学习科目是从幼儿园到博士培养的整个教育系统的焦点，而系统工程作为一个学习科目对学子的吸引力多少有些相形失色。反思这种现象，一个至关重要的因素是人工智能具有可计算性(数学作为一个横贯学科更是以可计算性作为其安身立命的根本)，人工智能所实现的一切，都有相应的算法作为支撑。反观系统工程，不仅其中有不少是偏向理念的理论和方法论，主要给人们一些思想性、原则性的指导，而且即便是一些被应用于工程实践的系统工程方法，在可计算性上都有些不尽如人意。观察系统工程中一些发展较好的方向，例如基于模型的系统工程(MBSE)、投入占用产出技术、灰色系统理论等等，可以发现这些方向恰恰都具有比较好的可计算性。因此，系统工程未来的发展，需要在可计算性上不断强化，使其能够像数学、人工智能一样以可计算能力实现组织管理系统的规划、研究、设计、制造、试验和使用，这样才能不断焕发勃勃生机，成为数学、人工智能那样的参天大树，荫及各个领域。

四、嵌合人工智能的系统工程

人类社会是“时势造英雄”，学科的发展也一样要拜时势所造，与时俱进。人工智能具有鲜明的可计算性特征，数智时代的系统工程需要将人工智能嵌入其本体之内，作为其出芽、长叶、开花、结果的基座。因此，需要多方面地推动系统工程学科的变革，发展与人工智能密切结合的系统工程理论和方法，开拓基于人工智能的系统工程新方向。

（一）嵌合人工智能的系统工程理论变革

数智时代的系统工程理论和思想需要将目光从传统物理世界继续延伸到数字世界和智能世界，在系统工程方法论上需要高度重视数智时代复杂系统的快速变化和紧密关联性，将数据驱动、智能决策和自适应性纳入理论构建之中。嵌合人工智能的系统工程的理论应该包括以下几点。

第一，数据驱动与智能决策成为系统工程的核心驱动力。通过收集、分析和利用数据，决策者能够更准确地理解系统行为和性能，从而做出更为科学的决策。同时，智能决策系统利用人工智能技术，如机器学习、深度学习等，自动从数据中提取有用信息，支持复杂的决策过程。

第二，互动性、自适应性和动态性成为系统工程设计的重要原则。经过系统工程设计而成的系统应该能够自动检测和响应变化，主动与用户进行互动，通过调整其结构、功能或参数来适应新的环境或需求，以保持最佳的性能和效率。

第三，复杂系统理论成为系统工程的理论基础。数智时代的系统工程要处理的很多系统，比如物联网(IoT)系统、社交网络、智慧城市等都是涉及众多组件、快速交互和动态演变的复杂系统，需要应用复杂系统理论来理解和分析。复杂系统理论强调系统的整体性、关联性、层次性、动态性和不确定性，为处理复杂系统问题提供了深刻的视角和丰富的手段。

第四，体系工程与数智孪生技术为系统工程提供了新的视角和方法。系统工程趋向于采用体系工程的思维方式，将系统看作是由多个相互关联的子系统组成的整体，通过理解和优化子系统之间的相互作用和关系，实现整个系统的优化和协同。而数智孪生技术通过将物理世界与数字世界相结合，为系统工程师提供了在虚拟环境中进行系统设计、测试和优化的可能性，进一步提高了系统的性能和可靠性。

第五，开放性与可扩展性成为系统工程设计的重要原则。系统需要能够与其他智能系统进行无缝集成和交互操作，以满足不断变化的业务需求和技术发展。开放性需要在系统设计之时考虑与智能系统的兼容性，易于与智能系统进行连接和通信。而可扩展性则体现在系统能够支持新的功能、组件或模块的添加，以适应未来的变化和需求。

（二）融合数智技术的系统工程方法

不论是在生产系统的设计、开发、测试和维护等阶段，还是在社会系统管理的感知、追踪、决策、处置、反馈等环节，融合数智技术的系统工程方法都是充分利用数智技术，将其融合到系统工程方法的各个环节之中，从而使之成为能与系统、环境实时动态交互的方法。融合数智技术的系统工程方法需要包括以下几个方面。

第一，数智驱动的生产设计与政策设计。系统工程人员利用互联网、通信技术、物联网和传感器技术等实时收集相应的生产或者社会系统运行数据，通过数智技术提取有价值的信息，识别系统运行的模式和趋势，预测系统行为和性能，识别潜在问题，与强化学习、数字孪生技术等结合起来，优化生产系统设计和产品设计以及社会系统的机制设计和政策设计。数据驱动的生产设计与政策设计能够确保系统运行更加符合实际需求，提高系统运行的性能和可靠性。

第二，智能化系统建模、仿真。这是通过数字孪生和高级仿真技术，在虚拟环境中模拟和测试系统的行为。数字孪生技术能够实时反映系统的状态和性能，帮助决策人员在实际部署之前进行设计验证和优化。这种虚拟环境能够模拟各种复杂场景，评估不同设计选择的影响，从而减少实际生产运行或者政策实施的成本和风险。

第三，嵌合人工智能的过程管理和决策。使用数智技术实时跟踪分析和监测生产过程数据与社会运行数据，进行人工智能驱动的因果推断，实时发现生产过程、社会运行中的异常现象，将机器学习预测方法与决策工具相结合，自动进行过程干预和过程管理。

第四，智能化监测、维护和反馈。这是利用数智技术实时感知系统外部环境变化以及系统运行内部的各种实时性问题，对生产系统和社会系统进行实时自动化调整与优化，并且将信息反馈至中心系统，使得中心系统对系统内部的其他成员进行预防性干预。智能化手段提高了系统的鲁棒性和响应能力，使其能够适应各种复杂和不可预测的环境。同时，通过数智技术和大数据分析进行智能维护与预测性维护，能够预测潜在故障/风险并进行预防性维护和预防性处置，减少生产系统的停机时间和维护成本，对社会系统未雨绸缪，提前排除风险隐患。

第五，协同设计与跨学科集成。这是利用云计算和协同软件工具，使多个团队和用户在一个平台上实时协作，分享设计创新思想、文档、模型、数据和客户个性化需求。这种协作方式能够加快生产系统的设计过程，提高设计质量，并促进跨学科的知识和技术整合，实现系统的整体优化和创新。而对于社会系统，这种协作方式更为重要。由于人类有情感、贪婪、欲望等本能，人类提出的各种理论和思想往往追求“语不惊人死不休”，甚至只有偏执才能获得更多的关注，而且人类在决策时总是感性先行。协同设计与跨学科集成有助于克服单一思想/方法的偏执，寻求系统中利益冲突各方的均衡，促进社会系统的和谐稳定。

第六，持续集成与持续部署。这是通过数智化构建、测试和部署，实现系统的快速迭代和优化。这种持续集成与持续部署能够迅速响应反馈机制，追赶技术进步的步伐，使得系统工程方法一方面及时把先进技术纳入其中，另一方面及时发现和修复自身存在的问题，不断迭代改进系统，提高系统的迭代速度和质量。在飞速进步的数智时代，这一点尤为重要。

（三）系统工程元宇宙

元宇宙作为数智时代的重要产物，为系统工程提供了新的工作范式。在元宇宙中，人们可以构建虚拟的、与现实世界相互映射的系统，并通过数智技术实现系统的智能化管理和优化。系统工程元宇宙代表了一个深度集成和数字化的虚拟环境，将现实世界的数据、物理系统和人工智能融合在一起，不仅前瞻性地为现实世界寻找、比较各种解决方案，而且丰富了人类的精神生活，拓展了人类的精神世界。系统工程元宇宙的几个要点如下。

第一，元宇宙为系统工程提供了数字化整合的平台。在元宇宙中，系统工程人员能够充分利用先进的数字化技术和虚拟化平台，整合来自多个领域的数据、物理系统和智能算法。这种整合可以突破传统系统工程的界限，创造出一个更加动态、互联和智能的系统设计与管理环境。

第二，元宇宙可以为系统工程人员提供强大的虚拟仿真与测试能力。在元宇宙的虚拟环境中，系统工程人员可以模拟各种复杂场景和系统行为，对系统设计进行深入的测试和分析。这种虚拟仿真和测试能力可以帮助决策者在实际部署之前发现潜在问题，优化系统设计，降低风险，提高系统的性能和可靠性。

第三，元宇宙支持实时数据反馈与优化。在元宇宙中，系统工程人员可以通过实时数据反馈机制，监测系统的运行状态和性能表现。借助人工智能和大数据分析技术，元宇宙能够自动分析数据，识别潜在问题，并给出优化建议。这种实时数据反馈与优化机制可以帮助决策者快速响应环境变化，实现系统的持续改进和优化。

第四，元宇宙可以促进系统工程人员协同工作与跨领域合作。在元宇宙中，工程师、科学家和决策者可以共同参与到系统工程的实践中，共享数据、模型和经验。这种跨团队、跨学科的合作模式可以加速创新和技术进步，为解决复杂的系统挑战提供强大的支持。

（四）数据系统工程

数据是数智时代的核心要素之一。数据要素有着很多与传统的生产要素截然不同的特点，例如数据要素具有独特性、非竞争性、非排他性等其他生产要素没有的特征；数据要素具有边际递增效应，数据量越大，价值越大；数据中常常蕴含着各类隐私信息；等等。随着数据要素在经济社会生活中越来越重要，需要有面向数据要素的系统工程方法来处理数据要素从产生、交易、利用到价值发现、利益分配等各个环节的相关工作，而数智技术又是数据系统工程的重要手段。数据系统工程应包括以下几个方面。

第一，规模数据收集与处理。这不仅需要使用互联网、物联网、传感器网络、遥感卫星等智能设备，而且需要云计算和分布式数据库技术等软件工具。数据的收集与处理还涉及形形色色的数据源，处在不同的物理和社会环境之下，同时人工智能本身还在不断地生产数据；数据的形式五花八门，不仅有数值型数据，还有大量的文本、图形、音频、视频、函数型数据；数据频度高低、空间范围大小也差距巨大；数据的采集、清洗、融合、存储等等，需要有数智技术支撑的系统工程方法。数据质量有保证，才能为后续的数据分析提供坚实的数据基础。

第二，数据识别和追踪。数智时代的数据流通是经济社会发展的重要组成部分。但是，不同来源的数据质量良莠不齐，数据真伪辨识困难，数据流通几经转手，数据源模糊不清。因此，要利用数智技术开发新的系统工程方法进行数据性质分析和数据属性识别，对数据的质量进行检验，识别数据源，对数据流通过程进行追踪，设计与区块链技术相结合的数据流动监测方法和技术，提高数据的可信任性，为数据要素低成本可信流通以及数据的进一步开发等奠定基础。

第三，数据价值发现和价值分配。数据的流通和第三方使用需要对数据的价值有所预估。数据价值涉及数据产生者、数据收集整理者、数据交易中介、数据使用者、数据产品的消费者等很多主体，数据的价值对于不同的关联方差别很大，数据价值的分配与其他商品和要素价值的分配有很大的差别。因此，要开发与机器学习、数据挖掘、大语言模型等技术相结合的系统工程方法，对数据的潜在应用领域和应用市场进行识别，对数据的“公允”价值进行评估，同时利用机器学习、大语言模型等对数据价值在关联方之间的分配进行预判，建立数据公允定价的系统工程方法。

第四，数据安全性与隐私保护。这是数据使用向善的基本保障，需要与先进的数据加密、访问控制和匿名化技术等相结合的系统工程方法，确保数据在收集、存储和传输过程中的安全性。尤其是与大语言模型等相结合的系统工程方法，需要保障数据在从原始数据产生到数据产品消费全生命周期中都能遵循相关法律法规，保护用户隐私，确保用户数据不被滥用或泄露。

（五）系统工程大语言模型

随着自然语言处理（NLP）技术的发展，大语言模型（Large Language

Model，LLM）如 ChatGPT 等已成为各行各业咨询、生成现实问题解决方案的重要工具。大语言模型可以理解人类的语言，帮助人们系统梳理一个领域的知识，自动生成系统文档，设计规范和解决方案，生成代码和测试用例，测试脚本，等等。系统工程作为一个横贯学科，有着丰富的理论、方法和应用案例的积累。构建系统工程大语言模型，利用先进的自然语言处理技术和大规模语言模型，不仅可能用来服务各种系统工程领域的应用需求，而且可能通过大语言模型打通不同应用领域、不同子学科分支的系统工程的理念、模型、方法和技巧，实现系统工程新理论与新方法的涌现。系统工程大语言模型需要着重发展以下几个方面。

第一，系统工程知识图谱。系统工程大语言模型可以建设与维护系统工程知识图谱，对普通用户进行自主回答，回应用户有关系统工程的各种疑问，帮助用户快速获取和更新系统工程的关键知识，协助用户对现实问题开展系统性分析，帮助用户生成针对现实问题的系统工程解决方案。

第二，项目研发需求分析。针对以开发系统工程项目为对象的专业性用户，系统工程大语言模型可以通过人机对话，利用自然语言处理技术识别人机对话的关键信息，提取用户的技术要求，对以自然语言表达的系统工程项目需求文档进行快速分析和语义理解，生成需求规范，设计项目任务需求书，识别和比较用户的需求变化，进行文档智能管理，提取文档的差异，标明文档进阶。

第三，项目方案智能设计。针对专业性用户，系统工程大语言模型通过处理和分析用户需求文档，识别和理解各种需求之间的关系和依赖，人机互动生成潜在的项目解决方案，并进一步生成各种测试场景，对大语言模型生成的预案进行虚拟测试，支持解决方案的迭代和完善，对解决方案的内部逻辑以及解决方案的修正完善给出说明，提高解决方案的可理解性，确保解决方案设计符合用户的目的和价值观。

第四，技术文档生成与沟通支持。针对专业性用户，系统工程大语言模型能够根据项目的特定需求生成具有专业性和逻辑性的技术文档、摘要、总结与报告。这些文档帮助外部委托客户以及内容项目工程师更好地表达和传达设计思想与决策依据，提高沟通效率和信息传递的准确性。

第五，持续学习与自适应性。系统工程大语言模型具有持续学习和自适应性等特点，随着训练数据的丰富和模型在系统工程领域的应用增多，不断提升自身的语言理解能力、知识水平以及解决方案生成能力，不断进行自身的进阶，使得模型适应复杂和多变的环境演化。模型通过基于大知识的强化学习，实现知识的涌现，"无中生有"地创造出求解复杂问题的系统工程新方案。

五、总结

被誉为"中国学派"的中国系统工程学科是世界系统工程三大学派之一，对全球系统工程的发展以及对中国社会的发展做出了巨大的贡献。随着数智时代的到来，经济社会的运行发生了重大的改变，对以往系统工程的理论和方法提出了很多挑战，也带来了系统工程学科新发展的巨大机遇。作为一个横贯学科，系统工程需要向数学、人工智能等学科学习，全力提升自身的可计算性。人工智能技术为数智时代的系统工程提供了非常好的工具。应该发展嵌合人工智能的系统工程，建立嵌合人工智能系统工程的新理论，建立和丰富嵌合人工智能系统工程的新方法，开发建立系统工程元宇宙，发展数据系统工程理论与方法，开发构建系统工程大语言模型，通过人工智能的可计算性来促成系统工程的可计算性，通过人工智能的学习进化来促成系统工程的学习进化，通过人工智能的知识创造来促成系统工程的知识创造，让系统工程像数学、人工智能一样长成枝繁叶茂的参天大树。

参考文献

[1] 钱学森,许国志,王寿云.组织管理的技术——系统工程[N].文汇报,1978-

09-27(1,4).
[2] 钱学森,等. 论系统工程[M]. 长沙:湖南科学技术出版社,1982.
[3] 许国志. 论事理[A]//《系统工程论文集》编委会.《系统工程论文集》[G]. 北京:科学出版社,1981:12-17.
[4] 顾基发,唐锡晋. 物理事理人理系统方法论——理论与应用[M]. 上海:上海科技教育出版社,2006.
[5] 刘源张. 中国的全面质量管理(TQC)——特征、成就和期待[J]. 中外管理导报,1990(4):3-9.
[6] 于景元. 创建系统学——开创复杂巨系统的科学与技术[J]. 上海理工大学学报,2011,33(6):548-561+508.
[7] 陈锡康. 投入占用产出分析[A]//中国系统工程学会. 企业发展与系统工程——中国系统工程学会第七届年会论文集[C]. 北京:中国科学技术出版社,1992:7.
[8] 盛昭瀚. 大型复杂工程综合集成管理模式初探——苏通大桥工程管理的理论思考[J]. 建筑经济,2009(5):20-22.
[9] 邓聚龙. 社会经济灰色系统的理论与方法[J]. 中国社会科学,1984(6):47-60.
[10] 汪寿阳,余乐安,黎建强. TEI@I 方法论及其在外汇汇率预测中的应用[J]. 管理学报,2007(1):21-27.
[11] 光明网. 薛惠锋:"钱学森精神"永远不可替代[DB/OL]. (2020-10-14)[2020-10-29]. http://topics.gmw.cn/2020-10/14/content_34268626.htm.
[12] 习近平. 关于《中共中央关于制定国民经济和社会发展第十四个五年规划和二〇三五年远景目标的建议》的说明[N]. 人民日报,2020-11-04(2).
[13] 中国政府网. 向新质生产力要增长新动能[EB/OL]. (2020-01-29)[2020-10-29]. http://www.gov.cn/yaowen/liebiao/202401/content_6928827.htm.

System Engineering in the Era of Digital Intelligence

Yang Xiaoguang

Abstract: On September 27, 1978, H. S. Tsien, K. C. Hsu and S. Y. Wang, published an article in *Wen Wei Po* entitled "Technology of Organization and Management—System Engineering", which marked the beginning of research of system engineering in China. This paper reviews the main work of the Chinese school of systems research, briefly summarizes the landmark contributions of the Chinese system engineering discipline to China's economic development and social governance. The paper points out that the Western system engineering discipline is closer to engineering science, while the Chinese system engineering discipline is of cross-cutting research. The contribution of systems engineering as a discipline to the development of Chinese society is far greater than what in other countries. Currently, systems, no matter production systems or social systems, are not only rapidly changing and closely interconnected, but also have the characteristics of multi-level, nonlinear, self-organization, adaptability, time-varying and openness, etc. The traditional theories and methods of system engineering meet many challenges, and the development of digital intelligence technology also brings new opportunities to system engineering. Therefore, system engineering in the era of digital intelligence needs to embed artificial intelligence into its main body, reform system engineering discipline with computability, develop theories and methods of systems engineering by integrating artificial intelligence technology, and create new branches further to satisfy the demand in the new era.

Keywords: System Engineering; Digital Intelligence Era; Artificial Intelligence; Cross-Cutting Research; Computability

华为公司系统集成思维和实践的演进与跃迁

周　晶　赖苑苑　高　尚　罗　婷*

摘　要： 本文全景式展现了自20世纪90年代起华为公司系统工程从客户导向阶段、平台赋能阶段到“新系统工程”阶段的实践历程。分析表明，华为系统管理思想越来越清晰地显现出从一般系统工程向复杂系统工程、从一般系统性管理向复杂系统性管理的演进路径。研究发现，不论在哪个阶段，系统集成逻辑都是核心逻辑，并连贯成一条完整统一的系统集成核心逻辑链，这是华为公司系统管理的本质方法论。基于此，本文从系统集成视角对华为三个不同阶段的系统工程系统集成逻辑与方法论进行深入分析，逐步梳理清楚其系统集成逻辑演进的基本特征。特别地，针对华为在新时代复杂环境背景下提出的“新系统工程”这一新的标识性概念，本文对其中蕴含的系统集成学理逻辑进行了理论辨析和要点诠释。本文全情景地认知、分析和思考了华为公司如何与时俱进地应对各类复杂变局的系统集成思维与实践，一方面有助于我们加深对我国一流企业如何健全科技安全制度和风险防范机制的基本内涵与规律的认识，另一方面也可以为提升企业内部管理水平，把制度优势转化为正确的方法论与治理效能提供“华为经验”。

关键词： 华为公司　系统集成　系统工程　复杂系统管理

---

* 作者简介：周晶，南京大学工程管理学院教授、博士生导师，研究方向为复杂系统管理；赖苑苑，南京大学工程管理学院博士研究生，研究方向为复杂系统管理；高尚，湘潭大学商学院讲师，研究方向为系统分析与优化；罗婷，南京大学工程管理学院博士研究生，研究方向为系统分析与优化。

一、引言

中国华为公司创立于1987年，总部位于广东省深圳市，是全球领先的ICT(信息与通信)基础设施和智能终端供应商。公司专注于ICT领域，不断完善现代企业制度与法人治理结构，坚持以客户为中心，通过产品创新为客户创造价值，坚持稳健经营，与供应商合作伙伴、产业组织、大学、研究机构等共同构建科技创新开发环境，在电信运营商、企业、终端和云计算等领域构筑了端到端的解决方案优势。

目前，华为公司约有20万员工，业务遍及170多个国家和地区，服务30多亿人口，形成了健康良性的产业生态系统。华为公司近40年的发展历程中，既有落实国家新型工业化，实施制造强国、网络强国、质量强国与创新驱动战略的新格局、新台阶、新发展，又有在世界百年未有之大变局中推进区域和多边合作，反对“筑墙设垒”、“脱钩断链”、单边制裁以及极限施压的斗争。在这一历程中，华为公司始终坚持以系统观念、系统集成方法论与系统工程技术应对各种变化与挑战，持续优化公司科技与经营风险防范机制，汲取当今时代精神，把握时代发展基本规律[1]。

2024年5月23日召开的企业与专家座谈会上，习近平总书记强调，在当前解决中国式现代化重大体制与机制问题、深层次矛盾和问题的过程中，要坚持正确的改革方法论，其中重要的一点是要在坚持系统思维的前提下，更加注重系统集成；各项工作的联动与集成，任务之全面、内容之深刻、影响之广泛前所未有。

因此，在上述战略思想的指引下，在当前完善中国特色现代企业制度、培育更多一流企业的重大任务面前，本文全情景地认知、分析和思考了华为公司近40年如何与时俱进地应对各类复杂变局的系统集成思维与实践，这有助于我们加深对我国一流企业如何健全科技安全制度和风险防范机制的基本内涵与规律的认识，并且可以为提升企业内部管理水平，把制度优势转化为正确的方法论与治理效能提供“华为经验”。

二、华为系统集成思维与实践演进概述

（一）系统集成概述

集，聚集、汇集、汇合之意；成，成为、变成、实现之意，指某一新物形成。是故，集成意为使原来分散、无关联的要素汇集在一起，产生联系并形成一个新的有机整体的过程。在系统科学领域，系统集成既表达了系统形成的过程，又表达了打造系统化品质的方法论。因此，系统思维、系统工程与系统集成在系统概念下，具有同根同源的学理同一性。

为什么在不同的发展时期和情景下，系统集成始终对于华为公司的管理战略、重大决策以及运营模式变革具有重要意义呢？

既然系统性是管理的本质属性，那么坚持系统集成就是在公司管理中坚持系统观念与系统工程。相较于系统思维与系统工程，系统集成作为方法论，不仅是管理系统思维与系统工程之间的桥梁，而且更贴近管理实践行为的“操作”与“落地”，体现出管理的实践准则。依据管理的系统性属性，系统集成自然属于关于管理的本质方法论。因此，系统集成保证了对华为企业管理优良品质的支撑。

习近平总书记在谈到解决复杂问题时说，零敲碎打调整不行，碎片化修补也不行，必须是全面的、系统的改革和改进，是各领域改革和改进的联动和集成[2]。华为公司的管理与变革越来越进入攻坚期和深水区，国内外环境发生着广泛而深刻的变化，公司推进企业全面深化改革任务更艰巨，只有统筹考虑着各领域、各方面的需求和目标，才能确保公司整体工作的顺利进行[3]。因此，注重系统集成可以将各项常规举措与改革措施有机整合起来，确保各领域、各层面、各主体之间相互衔接、相互促进，进一步提高整体举措的系统性、整体性、协同性；也有助于避免各项措施之间的冲突和不适应，有效降低风险和成本，提升整体效应和综合效益；还有利于加强企业各项制度之间的衔接和配合，形成更加完善、科学的制度体系，提升制度的适应性

和有效性，更好地推动制度优势转化为治理效能。

特别重要的是，在华为的管理活动与过程中，系统集成自始至终表现出赋能驱动的操作性内涵，这是系统集成的核心实践价值，本文将用较多篇幅对此进行诠释。

系统集成，无论是创造一个新的系统，还是重构一个系统，都体现为一个具有新的“质性”系统的形成过程，这一过程既需要集成主体具有必要的能力，更需要集成主体开展“驱动”与“打造”新的“质性”系统物理形态和系统属性的活动。换言之，一个系统集成活动将表现为某一个“赋能驱动”并且“打造”系统实体的现实场景；反之，某一个具有复杂结构和有限目标，有序演进，可控可逆，能够将潜在能力“外部化”的高度协同的“赋能驱动”全情景，才是一项整全化的系统集成。

具体来说，华为作为全球领先的ICT基础设施和智能终端供应商，无论是公司战略的竞争力，还是公司产品的竞争力，其潜在能力的外部化主要源于数智技术以及以数智赋能为核心的协同管理平台技术。在现实场景中，这就是作为硬核技术链的数智技术创新体系以及紧密围绕着硬核技术的战略管理、运营管理等综合管理技术创新协同体系。

因此，华为公司系统集成的核心将聚焦数智技术如何为公司增加和提升基于数字化、智能化的能力，并且通过正确的路径形成更高水平的驱动抓手，将这类能力深度融入打造公司的技术创新与管理创新实践之中，即实现使原本潜在的数智能力转换成现实化、外部化的打造（驱动）活动与行为，其实践意义不仅在于能够提升公司管理效率，而且在于能够通过把数智技术的创新与应用投向“新质”层面，破解公司发展中的堵点、难点、“卡脖子”点，这就是华为公司系统集成内涵的特质。显然，这也是华为公司全部活动的底蕴与压舱石。

综上所述，华为公司的系统集成不仅是“数智赋能”，更是数智赋能后的“赋能驱动”，其中包含着“赋能”与“驱动”两次转换。需要重点指出的是以下两点。

第一，华为公司技术与经营的先进性、复杂性，导致公司即使充分发挥自身知识与经验的作用，仍然会感到力不从心或能力有限，因此需要新的思维与范式，特别是运用最新的数智技术来提升自己，此即华为系统集成中的“数智赋能”。

第二，在华为公司发展实践中，主体接受了数智技术赋能的意义完全在于以新的更高水平实施对公司复杂活动的打造，这就是华为系统集成中基于数智技术的“赋能驱动”，简称“数智驱动”。

将以上两点综合起来，可见华为公司的系统集成的内涵是基于硬核数智技术的“数智赋能驱动”。“赋能”是前序、是准备，“驱动”是根本，体现了公司的“生命性”与“生命力”。

进一步来看，华为公司系统集成充分表现出以下两个维度上的复杂整体性。

第一，华为公司产品一般都具有物质型的整体硬结构、物理性功能及工程技术动力学机理，因此，充分尊重技术和工程现场情景、现象和问题的现实性、现象性与实在性，自然就尊重了产品品质的现实性、现象性与实在性，这也构成了华为公司系统集成中数智驱动的原理之一。在数智产品形成过程中，“驱动”一般都是一个从0到1的完整过程。其中，由于工程实体的物理性、物质性特征，数智产品系统自身从零部件、小零件、中部件、大构件，再一步步向系统整体性集成，或者由若干相对独立的子系统整合集成。显然，该过程充分显示出华为技术创新与产品创新链的机理性，主要是自然、技术与工程规律的表征，在感知上可观、可测、可控、可分解与标准化。与此同步，数智技术融入点或者数智驱动嵌入点必然同步呈现为三维实体空间中“点—线—面—体”的几何形态。这种“点—线—面—体”数智赋能路径，通过劳动密集向自动化“少人”和智能化“无人”转型，成为华为公司系统集成数智化进程的重要标志。这表明，华为系统集成中广泛采取了“点—线—面—体”一体化的核心路线与基本准则。

第二，数智驱动不仅仅是在驱动单元环节上赋予某些智能化技术，而且要构建相应的数智技术体系，例如，要以数智赋能为抓手，设计并形成新的驱动路径，包括新的管理思维、组织模式、管理流程，还包括找准数智驱动的现实抓手，并且以此为导向，设计和建构数智平台。因此，对华为公司而言，系统集成中的数智赋能驱动本身就是一项复杂系统工程，包括了管理范式的深刻变革。

这表明，不宜把华为公司系统集成的数智赋能看作是一项纯粹的技术创新，而要从本质属性上认识到数智赋能作为华为培育新质生产力新引擎的重要作用。这样，“数智赋能驱动”才可以以一种新质生产力形态融入打造（驱动）华为数智产品品质的实践中，也意味着“数智赋能驱动”本质上是华为公司产品创新设计和建构一类新质生产力的现实路径。

也只有在这个高度上认知华为公司的系统集成内涵，才能够形成华为以数智生产力为核心的新的战略格局，并且涌现出“降维打击”新能量，逐一解决“打造”高品质华为产品的难点、堵点、断点、关键点，乃至“卡脖子”点，或者深层次实现公司底线管理、和谐管理、社会责任等新质价值观。所有这些，都因为通过数智驱动形成了新质生产力的系统集成逻辑而成为现实。

这就要求华为公司系统集成不仅以客户需求，而且以造物现场与现实环境情景为导向，依据技术创新与产品创新的物理复杂性—系统复杂性—管理复杂性的有序范式，从战略规划开始，做好数智驱动的顶层设计、整体规划、技术选择、平台构建、数据治理、程序开发、场景应用等各项不可或缺且逻辑有序的环节，这就构成了华为系统集成的实践原则。

根据这一实践原则，华为公司系统集成需要进一步建构为推动和实现数智技术潜在能力“外部化”的数智化平台，该平台的核心功能不是数智技术的“传授”与“赋予”，而是为数智技术融入华为技术与管理创新的“打造”和“驱动”活动提供环境与条件。另外，华为系统集成的“主战场”和“第一线”主要汇聚于工程技术创新、产品设计与制造现场。而在互联网、物联网与智能化环境中，“现场”的概念已经远远不仅包括最终技术与产品实体成型地点，还包括分布在不同地点的制造装备、构件和相关中间产品的场所，以及相应的产业链供应链实体空间。

有了赋能平台作为保障和数智现场作为现实空间，华为公司的系统集成就可以“有声有色”地开展，无论是从技术创新、产品设计、生产到市场营销的纵向有序性，还是从智能制造、有序管理到行为规范的物—事—人横向协同，公司都可以在平台的支撑下，在现场的空间中，分别聚焦公司造物中的物（物质型产品实体制造）、事（公司诸要素的协同管控）与人（公司多元主体的价值观与行为协调）三类不同场景，进行基于数智技术的分解和综合驱动，并且构成系统集成的主要驱动着力点。

回顾华为公司近40年的发展历程，系统思维、系统工程与系统集成等理念在不同层次、不同阶段、不同场景中发挥了重要的引导与基础性作用。但就兼顾认知性与操作性、统筹技术性和管理性而言，系统集成在华为各项管理活动中，凸显为华为公司应对各类复杂性管理的本质方法论，并且作为华为公司的一类本质管理保证了对华为公司系统工程品质的支撑。

另外，华为公司近40年的系统工程实践大体上可分为三个阶段，每个阶段各有自身的特点与重点，本文后续将做较为详细的介绍与分析。无论在哪个阶段，系统集成逻辑都是核心逻辑，并连贯成一条完整统一的系统集成核心逻辑链。特别是通过对照，以上介绍的基于数智赋能驱动的系统集成内涵、架构、关联逻辑等，都能够在华为系统工程三个阶段的思维与实践中得到充分反映，由此也充分体现了系统集成对于华为公司活动的基本逻辑与方法论的重要意义和作用。

（二）华为系统管理三个阶段概述

华为公司创立于20世纪80年代末。随后的90年代是我国社会经济快速发展和变革的时期，政治、经济、文化等各个领域都经历了巨大的变化，党中央首次正式提出“现代企业制度”的概念。在信息化和知识经济的浪潮中，互联网开始普及并逐渐改变了人们的生活方式。另外，早在20世纪70年代末，钱学森等人发表了《组织管理的技术——系统工程》一文，指出“系统工程”是组织管理“系统”的规划、研究、设计、制造、试验和使用的科学方法，是一种对所有“系统”都具有普遍意义的科学方法[4]。此后，全国逐步掀起了研究和应用系统工程的热潮。

在这样一个大背景、大环境下，系统思维、系统工程与系统集成必然对华为企业管理具有整体性的指导意义。其基本学理是，任何企业与企业管理都是系统，整体性与功能性是系统的基本属性，称为系统性；任何企业管理的实践都既是系统的实践，又是实践的系统，基于系统概念与原理的管理活动被称为系统管理。[5]

因此，系统思维成为华为系统管理的基本认知，系统工程成为华为组织管理技术，系统集成则成为华为系统管理方法论，这就构成了华为系统管理思维与实践整体性架构。在这一架构中，除了明确的认识论、方法论与组织管理技术外，还需要系统集成架构下的方法体系和行为准则，这就是华为系统管理过程中的各类系统集成场景与集成行为。

从大时间尺度纵向观看华为系统管理近40年的历程，起点场景是自20世纪80年代起，华为依据企业与市场、客户系统整体性原则，以满足客户需求为企业发展目标导向，组织配置企业资源，解决多生产要素之间存在的组织僵化、职能割裂、流程不畅、效率低下等组织结构及关联方面的问题，借助先进的信息技术实现高效的人、财、物、信息的共享与交互，取得了显著的效果。业界普遍认为华为这一始于1999年的管理模式（IPD，集成产品开发）变革是华为历史上系统管理演进的起点，并且在后来的企业发展现实场景中，形成了特征鲜明的三个阶段（如图1所示）。

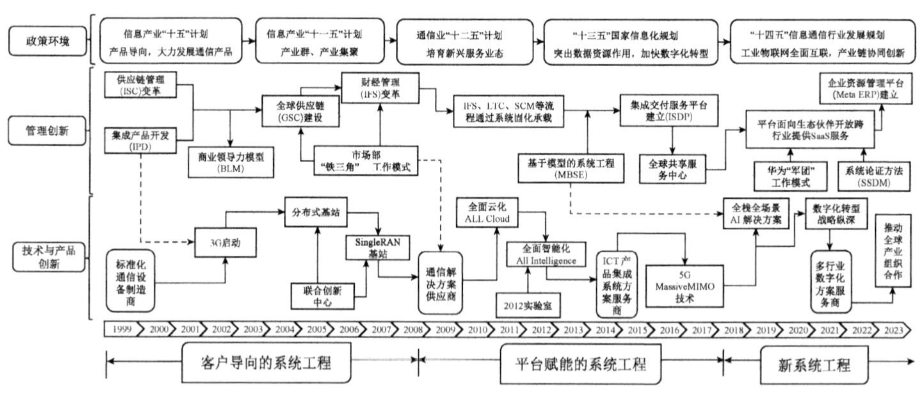

图1　华为企业管理变革的主要举措

从图1中可以大致看出，随着华为企业规模逐步扩张、业务多元化、技术创新升级以及市场环境的深刻变化，华为的系统管理形态呈现为一个不断发展、不断适应、与时俱进的演进过程，这也是技术创新和管理创新相互耦合、相互促进的过程。从企业技术创新和管理创新举措来看，华为的系统管理思维与实践历程主要经历了如下三次较大变革。

在第一阶段(1999—2009年)，企业系统边界进一步扩大，产品逐步走向海外市场，企业突出“以客户为中心”的经营理念，以集成产品开发(IPD)、集成供应链(ISC)、集成财经服务(IFC)等为代表的一系列管理变革是这一阶段创新变革的主旋律，对企业整体组织结构与业务流程进行了客户导向下的管理变革，旨在系统化地整合企业内部生产要素，提升生产效率和管理效率，从而解决企业标准化供给与客户定制化需求之间的突出矛盾[3]。我们将这一时期的举措称为“客户导向的系统工程”。

在第二阶段(2010—2018年)，随着我国加快构建国家创新体系，明确企业是创新的主体地位，华为突出技术创新的举措，并在全球范围内进行技术要素研发的布局。同时，华为敏锐地抓住数字化时代的机遇，将数据作为重要的生产要素，实施企业数字化转型，通过数字化平台的连接作用，整合分布全球的生产要素，使系统新动能涌现，数字化赋能企业生产力发展的作用得到初步的显现[6]。我们将这一时期的举措称为“平台赋能的系统工程”。

在第三阶段(2019年至今)，国际形势风云变幻，西方国家对我国进行核心技术封锁，并打压华为、中兴等一批具有核心技术的高科技企业。华为首当其冲，面临着来自政治、经济、技术等多重矛盾冲突叠加的复杂环境，企业遇到前所未有的生存压力和挑战。这一时期的华为已经不仅仅是站在企业自身角度谋求发展变革之路，而且是从国家科技自主创新和产业发展变革这一更高的视角，积极探索复杂环境下的创新变革之路。华为管理者称之为“新时代的系统工程”，简称“新系统工程”。这是一个环境深度不确定、众多复杂因素交织的“复杂企业管理”深水区。

三、华为系统管理三个阶段系统集成逻辑演进诠释

虽然我们在前面指出了系统思维、系统工程与系统集成具有同根同源的

学理同一性，但它们各自的内涵与意义还是有不同之处的。其中，系统思维是以系统概念与属性形成对某一对象或者问题的认识；系统工程是以系统思维开展对对象的组织管理；系统集成则是在系统的整体现象、情景以及演化过程中的逻辑路径与方法论。

因此，我们习惯上称以上三者为不同阶段的系统工程，这主要是因为它们描述了该阶段造物工程的现实场景与相关人、事、物融为一体的整体现象、情节、情景与演化。但如前所述，其中又必然存在着某种系统集成方法论，即作为系统工程场景的逻辑路线。正因为如此，我们一方面仍然使用华为公司三个阶段系统工程的称谓，另一方面以系统集成视角开展对该阶段系统工程系统集成逻辑与方法论的分析，并逐步梳理清楚系统集成逻辑演进的基本特征。

另外，不宜把华为公司三个阶段的系统工程绝对化地理解为时间尺度上不相关联的前后端。就其各个阶段的系统集成逻辑而言，虽然各个阶段有其不同特点，但在系统集成逻辑意义上彼此是相互渗透、相互联通的，不能认为不同阶段的属性彼此完全相异，甚至相互冲突。

（一）客户导向(第一阶段)的系统工程及系统集成分析

1. 客户导向系统工程概述

这一时期全球通信技术飞速发展，市场规模不断扩大，竞争日趋激烈。华为意识到单纯的设备制造已经无法满足客户的需求，开始将业务重心转向提供更为全面、灵活的通信解决方案和服务。1999 年，为适应持续发展和构建竞争优势的需要，华为明确将“以客户为中心”作为其核心价值观。SingleRAN 等创新产品的推出成为华为战略转型中的一个重要的里程碑。SingleRAN 是一种创新性的分布式基站技术，它采用多模、多频、多制式的设计，能够支持 2G、3G、4G 以及 5G 等多种网络制式。这种设计使得运营商可以更加灵活地部署网络，降低建设和运营成本，提高网络性能和覆盖能力。这一转型不仅使得华为能够更好地满足客户的需求，也增强了其在全球通信市场中的竞争力。

在产品策略层面发生深刻的战略性转变的同时，华为企业管理层面相应地建立了全面、系统、高效的管理体系来支撑其运营和发展，原有的管理思维逐渐演变为构筑客户导向的系统工程，通过强调管理体系的整体性和系统性，将企业的各个部门和环节紧密地联系在一起，形成一个协同作战的整体以提升生产力，从而更好地实现企业的战略目标。

在组织和流程的系统优化方面，华为在 1999 年与 IBM 合作，引入了 IPD 方法，标志着公司管理流程的重大革新，实现了以系统思维为核心的端到端管理流程优化。IPD 的实践超越了研发流程，扩展为全面的“大 IPD”管理思想，覆盖了产品管理、技术研发、变革管理、项目管理等关键领域，优化了流程，进一步提升了组织对市场变化的响应能力。

在产品系统集成交付方面，华为在 2007 年组成了由客户经理、解决方案专家和交付专家组成的“铁三角”工作模式，加强了组织流程的柔性。这一模式通过跨部门合作，打破了传统壁垒，简化了决策流程，提升了市场响应速度，体现了系统性思维在企业管理中的运用，增强了组织的竞争力。

在资源要素的系统性整合方面，华为对企业供应系统采取了集成供应链变革。从 1998 年到 2003 年，华为致力于构建和完善其集成供应链，不仅打破了传统部门间的壁垒，推动了跨部门、公司级的紧密协作，确保内部不同职能部门与供应链上的多个系统和利益相关者之间实现信息和资源的无缝对接与共享，还从公司整体管理的高度出发，对销售、采购、制造、物流和客户服务等核心业务系统进行了全方位的整合和优化。

在战略制定与战略执行的系统协调方面，华为在注重业务执行效率和短期市场客户需求外，还加强了对集团战略和发展方向的掌控。2005 年，华为引入了 IBM 的商业领导力模型（BLM），通过提供战略规划方法论，帮助华为精确制定和执行战略，显著提升了生产力和管理效率。

客户导向下的系统工程极大地增强了华为对社会-自然环境系统与企业管理系统的复合系统内在关联的整体性把控能力，显著提升了对国家政策导向、市场变化的响应速度和效率以及企业可持续发展能力。

2. 客户导向系统工程系统集成属性分析

客户导向(第一阶段)系统工程基本物理场景包括：确立“以客户为中心”的核心价值观；建立全面、系统、高效的管理体系来支撑其运营和发展；引入集成产品开发方法以强化公司资源要素的系统性整合能力；以所谓“铁三角”工作模式加强组织流程的柔性。核心目的是适应外部环境的变化，增强华为产品和服务的市场竞争力。

这些管理变革既体现了公司这一时段的现实性、实在性，又体现了这一阶段公司系统集成的基本属性。第一，华为所有工作的内涵可以表述为：基于现代企业制度，坚持以市场为中心，以系统思维探索、打造和逐步完善公司治理体系；进一步，客户导向系统工程的系统集成逻辑都以建构自主技术创新体系为基石，紧密围绕公司自主技术创新体系，并以公司拥有的自主知识产权为后盾。第二，华为公司的自主技术创新不是一般性的低层次、单一性技术改进，而是具有原创性、突破性、综合性的革新。虽然在建构自主技术创新体系中有一些相对简单的技术问题，但华为的技术创新总体上都属于对那个时段高层次、高难度，甚至“卡脖子”问题的破解。

因此，这一阶段相应的系统集成逻辑在创新体系品质上，表现为通过互联网、软件、硬件、芯片、云、端之间的协同，以ICT领域内完整的业务组合，形成技术解决方案的最优解，通过克服国外封锁，提高技术自主供给安全性与供应链优势。

随着产品技术难度越来越大，公司原来的技术系统内涵不断丰富，包括互联网、物联网、车联网、量子计算、AR/VR(视觉增强/虚拟现实)、机器人、区块链、元宇宙、自动驾驶，不仅原来的技术体系越来越复杂，技术体系集成的难度也不断升级，简单的技术分工与协作中出现了越来越多的技术创新碎片化问题甚至难以集成收敛的风险，需要由技术物理集成系统向技术多业态生态系统演变。这就好比，原来希望由技术物理集成这一棵大树为企业遮风挡雨，而现在更需要由技术生态体系这一片森林让公司生机盎然。华为公司在这个重要问题上，一开始就表现出清晰的系统集成战略思路与实施路线。

事实上,“技术创新生态系统”的核心是具有“生命力”和“进化力”。作为复杂自适应系统,它既具有“开放”“共生”“演化”“涌现”“不可逆”“自组织”等复杂行为,又有实现该系统“有序”“发展”“可控”的“他组织”行为,是一种将“自组织”与“他组织”融为一体,并且着力于通过“他组织”来诱导与催化系统“自组织”的有序进化行为。

在这一点上,作为华为创新生态系统自生长、自演化的客观规律,“自组织”表征为“天”之道,而“他组织”则是人对创新生态系统的引导、管理和协调,表征为“人”之道,二者的结合体现了中国哲学的“天人合一”。这是华为技术创新生态系统和谐、可持续发展的较高境界,也是华为公司在重大技术创新活动中坚持发挥举全国之力优势的道理。

(二)平台赋能(第二阶段)系统工程及系统集成分析

1. 平台赋能系统工程概述

在第一阶段系统工程整合企业内部生产要素的基础上,华为的业务规模呈现大幅增长趋势,产品逐渐向全球市场扩展。同时,随着数字化技术的迅猛发展,市场竞争已经演变成深度集成型产品创新的竞争。在这一时期,顺应国家创新体系战略,华为以技术创新驱动产品创新战略,前瞻性地布局2012实验室、海思、鸿蒙等创新实验室,并充分吸收全球智力资源,在全球范围内布局和加速技术自主创新研发,主要表现如下。

第一,企业技术系统整合与集成能力提升。华为依次提出All IP(全面互联网协议)、All Cloud(全面云化)、All Intelligence(全面智能化)的创新战略。2005年,通过All IP战略,华为通信领域的各类技术制式和协议从多种标准走向统一,即从“七国八制”走向统一的IP标准,支持了全球170多个国家和地区1 500多张网络的稳定运行。在此基础上,2011年提出的All Cloud战略推动用云计算的理念和技术来改造电信网络,并通过“资源池化、软件分布化、运行自动化”来实现网络的开放和敏捷。进一步地,华为提出All Intelligence的战略,把AI(人工智能)引入到电信网络中,提出“自动驾驶网络”的发展目标,彻底改变电信网络的运行和维护方式,逐步实现“无人值守”网络。

第二，产品系统集成供应能力提升。华为以ICT基础设施为坚实基础，逐步打造了技术驱动的全栈全场景解决方案。在这一过程中，华为积极推动从传统的基于文档的迭代开发模式向基于模型的系统工程（MBSE）转型。2018年，华为提供了基于芯片的全栈全场景AI解决方案，这是华为在AI领域的一个重要里程碑。这一方案通过Ascend系列芯片（如Ascend 910和310），结合CANN芯片算子库、自动化算子开发工具、MindSpore统一训练和推理框架，以及ModelArts全流程AI服务，体现了从底层硬件到顶层应用的全面覆盖的系统性思维从战略到实施的落地。由此，华为充分把握数字化转型的机遇，以数字化平台赋能企业管理，积极开展平台化转型，构筑平台赋能下的系统工程与系统集成，围绕流程、组织和界面等企业内部关联要素不断地进行优化变革和循环反馈。各项举措形成了基于“流程数字化、项目交付平台化”的企业管理数字化、平台化和服务化的转型路径。

第三，业务流程管理数字化。2013年，华为相继上线ERP（企业资源计划）、CRM（客户关系管理）、SCM（供应链管理）等平台，标志着企业管理系统中核心流程的数字化工作完成。华为将采购、供应、财经、销售、交付等相关子系统的管理经验逐步固化进流程，保障了跨部门、跨地区、跨文化组织成员的管理规范和在线协作，构建了“流程数字化”能力。

第四，项目集成交付数字化。2016年，华为开发了交付集成服务交付平台（ISDP平台）。这一平台在横向上集成销售、供应、采购、财经等管理子系统，在纵向上对项目管理、实施作业管理和现场作业三层进行数字化。同年，华为还建立了首个全球共享服务中心（GSC），进一步强化了其全球服务网络。2017年，华为提出了创新的“两岸三中心”交付模式，涵盖现场与远程（onsite/offsite）作业、交付运营中心（DOC）、现场作业中心（FSC）和区域服务中心（RSC）。

整体来看，在这一阶段，华为一方面在全球范围内布局技术要素的创新研发，另一方面通过企业数字化转型，基于数字化平台的连接作用，整合分布全球的生产要素，使系统新动能涌现，赋能企业提升生产力的发展水平[6]。

2. 平台赋能系统工程系统集成属性分析

平台赋能系统工程基本物理场景包括升级企业技术系统整合和集成能力战略的设计与实施、逐步完善打造技术驱动的全栈全场景解决方案、以数字化平台赋能企业管理，形成了基于“流程数字化、项目交付平台化”的企业管理数字化、平台化和服务化的转型路径，开发了交付集成服务交付平台。

这些管理活动对于华为公司全局性、整体性管理具有重要的战略转型与系统集成方法论跃迁意义，主要表现如下。

第一，在这一阶段，华为公司在巨大的困境与挑战面前，需要通过系统集成的逻辑设计实现全局性、整体性管理思维范式转移和新的范式选择。同时，全球范围内数字化时代的到来，对于华为这样一个全球领先的ICT企业更是一次实施企业数智化转型的难得机遇，通过数智化平台的作用，整合分布全球的生产要素，使企业新动能涌现，就成为最现实的赋能驱动抓手。

第二，在系统集成逻辑视角下诠释华为“平台赋能”系统工程，其内涵要远远超越以互联网为技术基础的网络服务支持系统和网络服务活动，因为这是一种面对复杂技术创新和管理范式形成的新的重大变革。正如我们在本文前面所述，“该平台的核心功能不是数智技术的‘传授’与‘赋予’，而是为数智技术融入华为技术与管理创新的‘打造’和‘驱动’活动提供环境与条件”。因此，华为“平台赋能”系统工程的系统集成核心逻辑与功能是华为的“赋能驱动”。这一逻辑过程包含着两个转化：第一个转化是华为主体对自身的数智赋能，实现了基于数智技术的自身技术创新与管理能力和本领的提升；第二个转化是基于新的更高水平的能力与本领，主体成功实现华为系统工程的完成。从整体性与全过程思考这两次转换的复杂过程中不难发现，华为“平台赋能”系统集成活动有以下三个特点：（1）以数智赋能为抓手，以形成新的驱动力为路径，以全面、高质量提高企业生产力与竞争力为目的；（2）第一次转化的实质是华为全覆盖、全过程数智化过程，第二次转化则是包括管理思维、组织模式、管理流程在内的一系列管理范式的深刻变革；（3）在整个过程中，除需求导向、目标导向、路径规划以及关键技术选择等系统集成基本要素外，基础性的要点是数智赋能平台的设计，没有这一平台，数智赋能驱动会因不能体系化与缺乏整体性而难以形成驾驭企业管理复杂整体性的能力。

第三，华为“平台赋能”系统工程的系统集成要点包括：构建数智驱动平台，找准数智驱动的导向与抓手，设计和建构数智驱动平台作为环境与条件，形成现实化和外部化的数智生产力；打造数智驱动现场，本质上是为数智驱动活动提供数智赋能空间，从企业生产的纵向有序性与管理的横向协同性出发，有效管控数智造物活动中的人、事与物；数智驱动的场景导向，重点是依据企业技术与管理场景中现实问题的特征（复杂整体性、关联要素“无穷多”、涌现、非结构化）同复杂系统思维与数智技术（复杂性思维、异构数据融合、深度学习、数据挖掘、跨界跨学科建模）之间的紧密关联，通过如三度（维度、尺度、粒度）缩放、跨界关联、全息情景、场景导向等技术把这“两极”连贯起来；等等。

第四，华为“平台赋能”系统工程阶段的系统集成提供了一种新的逻辑主线与总体架构。为此，我们先用一个简单的等式描述这一主线与总体架构：企业数智+系统集成=企业系统智能集成。这里的“企业数智”是指华为在产品制造领域中广泛运用的如互联网、大数据、物联网、人工智能等信息和计算机技术，特别是数字化技术与智能化技术；“系统集成”是指遵照一定的目的将相关要素汇聚综合，形成一个具有某种功能的系统，如华为产品创新、企业管理变革等都属于系统集成；“企业数智+系统集成”可以理解为将产品制造领域的数字化与智能化技术深度运用和融入企业产品制造与管理活动之中，“=”表示了这类运用与融入在实践上实现了一种转换和涌现；而“企业系统智能集成”则是指这一转换的本质逻辑是涌现出新的企业系统的生产力、新动能及新的动力学机理。具体而言，“企业系统”是基于“平台赋能”的华为实体及其品质，“智能集成”则是支承企业系统品质形成的保障、条件与环境，即实现这一转换的“总成”体系，而“企业系统数智集成”就是华为系统工程的品质与目标。由此可见，在形成华为“企业系统”的过程中，“企业数智+系统集成=企业系统智能集成”表明，华为企业系统被一种新的动力学机理驱动打造，成为一种实实在在的新的产品、企业实体，这一机理就是智能集成。

为什么数智集成能够成为打造华为系统工程品质新的动力学机理？这不仅是由于数字化技术与智能化技术的单元性、局部性作用，更是由于数智技术体系形成的系统集成逻辑在华为各阶段系统工程中，以其自身的能量与功能融合了产业链供应链的支撑力量，促进了相关产业变革与企业战略调整，多维度、大幅度提升了华为数智化管理需要的理念创新、技术创新、范式创新与全要素生产率的跃迁，推动了华为新的生产力的质量、能力与效率变革，并综合成为华为多生产力要素与管理新格局变革的“黏合剂”。总体上，所有这些不仅全面解决了华为复杂技术创造与复杂产品制造的一般规范化、标准化、专业化、信息化问题，而且有效解决了各阶段系统工程中的各类复杂性问题，造就了高品质、可靠性与鲁棒性。

由上可知，在华为“平台赋能”系统工程阶段，数智集成在系统集成逻辑中，如同汽车底盘一般发挥了全过程的支承与保障总成作用。

（三）新系统工程（第三阶段）概述及系统集成分析

1. 新系统工程概述

自 2018 年以来，华为遭遇到前所未有的危机，以美国为首的西方多国对华为实施了核心技术封锁和市场准入限制。尤其是 2019 年对华为实施制裁的“5·16”事件，使华为无法获取关键技术资源。与此同时，量子计算、区块链、元宇宙、自动驾驶等前沿技术的快速发展和产业化，也为华为突破困局带来了新的机遇。但华为这时面临的已经不是单一行业的市场竞争，而是多技术领域集成创新和商业变现能力的竞争。在此复杂环境下，华为提出“从战略防御到战略准备再到战略反攻”的突围路径与“争取战略主动、构筑战略纵深、扩大高质量生存空间”的发展策略。构建“行业数字化战略纵深、产业组合战略纵深、全球战略纵深”是这一阶段企业系统工程的主要任务。为此，华为提出运用“新时代的系统工程”方法论应对和破解企业复杂性系统工程问题。

在突破复杂关键技术方面，华为继续加大研发资金投入。2022 年及近十年研发总投入分别为 1 615 亿元和 9 773 亿元，开发出一系列经过华为全球各部门应用实战考验的创新技术产品：MetaERP（元企业资源计划）；14 nm 以上的 EDA（电子设计自动化）工具；具有高性能、低延迟、高可靠性的灵衢存储系统；欧拉和鸿蒙操作系统。这改变了企业以往偏重新技术的设计而忽视商业变现的状况。

在技术整合创新方面，华为实现了从芯片、硬件到软件的“硬系统”技术要素的端到端持续创新。通过搭建统一的技术架构，制定统一的数据格式和接口标准，复用跨平台、跨语言的代码，华为的技术整合策略涵盖了从底层硬件到顶层应用的全栈技术。该策略通过垂直整合优化整体性能，提供端到端的解决方案。在云计算领域，华为提出云管端协同的发展理念，强调云服务、网络管道和终端设备的紧密协同与一体化发展。

企业在追求技术创新和复杂硬系统创新与应用的同时，更关注如何有效管理由社会和环境构成的复合系统的复杂整体性问题。在此背景下，华为提出了新系统工程方法论，前瞻性地构筑应对环境深度不确定性的“防波堤”，即搭建数字化平台基础底座，围绕供应链优化、生态化组织变革和产业纵深发展等举措积极优化行业生态系统，从而指引企业高质量发展及驱动相关产业升级。

在供应链韧性管理方面，华为采取了应对复杂不确定环境的适应性供应链网络和流程的设计方法，通过灵活调配各类供应链资源，实施适应性调整供应链策略，涵盖了追求效率的高效型供应链、旨在风险分散的对冲型供应链、快速响应市场变化的快捷反应型供应链，以及能够迅速适应市场和技术变化的敏捷型供应链，从而增强了供应链的韧性和稳健性。面对西方国家对华为实施的技术封锁，华为早在 2018 年便未雨绸缪，采取了“备胎”转正策略，构建起一个基于核心能力备份的敏捷型供应链体系，致力于开发芯片替代方案。此外，华为通过积极与硬件、软件、平台等多个领域的国内供应商建立合作关系，不仅使自身的供应链更加多元化，也显著提升了企业在全球供应链中断风险面前的鲁棒性和自给自足的能力。

在组织结构生态化方面，华为采取了基于集成化技术架构的平台开放策略，旨在打造一个充满活力、协同共进的平台化生态系统。这一系统集成思维，借助数字化平台进一步把握生态系统内各主体之间的复杂关联性，实现管理组织的整体性和协同性价值。

复杂环境下的新系统工程阶段，是华为持续优化内部管理和外部社会关系的重要新标志。在这一阶段，华为的管理重心更加偏向"生产要素"和"生产关系要素"的整体性协同，对供应链稳健性、组织结构适应性和产业链纵深性等复合系统整体形态都进行了重构与优化。

2. 新系统工程系统集成属性分析

华为新系统工程阶段的重要物理场景包括："从战略防御到战略准备再到战略反攻"的突围路径与"争取战略主动、构筑战略纵深、扩大高质量生存空间"的发展策略，以及"行业数字化战略纵深、产业组合战略纵深、全球战略纵深"的主要任务；在技术整合创新方面，通过从芯片、硬件到软件的"硬系统"技术要素的端到端持续创新，构建起基于技术整合的复杂硬系统的竞争优势；通过构筑应对环境深度不确定性的"防波堤"，增强了供应链的韧性和稳健性，构建起一个基于核心能力备份的敏捷型供应链体系；在组织结构生态化方面，采取了基于集成化技术架构的平台开放策略，打造了一个充满活力、协同共进的平台化生态系统等。

这些管理活动对于华为公司通过创造性、适应性的系统工程思维与运用而不断破解发展历程中的困局，对于丰富和拓展系统工程思想与系统集成方法论，均具有重要现实意义。其主要表现如下。

第一，在这一阶段，一个重要的标志是提出和运用"新系统工程"方法论，应对与破解企业复杂性问题。虽然华为系统工程的前两个阶段，也都主要是为了应对和破解企业复杂性问题，但尚未明确提出一个新的标识性概念，即"新系统工程"。特别是这一概念由企业家提出，在我国系统工程发展历程上是很有意义的。标识性概念是指一个学科中基本的、有别于其他学科的语言符号聚合体。提炼标识性概念可能是创造完全的"新话"，也可能是对已有的甚至是传统的概念赋予新的内涵，这两种方式都是可行和有效的。华为之所以在系统工程第三阶段提出"新系统工程"这一标识性新概念，主要是因为在我们面对现实问题并以问题为导向开始研究科学问题时，不能一开始就预设一套概念作为话语框架。相反，只有真正从问题中凝练出反映问题本质属性的理性思维，再坚持运用中国话语回答问题，才能够形成自主性的话语内容，包括标识性新概念。在这一过程中，最重要的是提炼出问题的本质属性和形成关于问题的理性思维。即使我们在概念术语表述上还表现出一些自然语言的痕迹，也能够显示出新概念的新学理。

第二，就这一学理而言，“新系统工程”概念的提出既有其认识论逻辑，即华为关于企业复杂性管理问题的认识论变革；也有其方法论逻辑，即华为关于企业复杂性管理问题的方法论变革。下面我们根据华为“新系统工程”应对和破解企业复杂性管理问题时的系统思维与实践，对其中的系统集成逻辑进行要点梳理。

（1）华为“新系统工程”中的系统集成逻辑突出表现为复杂性管理问题的跨界、跨领域，甚至传统边界的消失。例如，学界把一般的科学发现与技术发明称为“伽利略创新”，而把基于商业化生产与市场化赢利的创新称为“熊彼特创新”。由于华为产业核心科技创新平台表现出强烈的市场需求导向，因此必然在平台目标设计与实施过程中表现为工程科学发现与工程技术发明的工程造物化，即既具有工程化“伽利略创新”属性，又具有产业化和赢得市场占有率的“熊彼特创新”属性。这样，华为核心科技创新平台的科技创新活动相比一般科技创新而言，具有更加深刻和丰富的跨界内涵，其本质属性是“伽利略创新”与“熊彼特创新”的融合，这也充分体现了华为“新系统工程”中系统集成内涵的复杂整体性。紧接着，该系统集成必须通过不同创新主体之间的行为交互实现两类创新的有序迭代、转化与融合，协同实现企业关键核心技术的突破与企业可持续产业增值。这就需要在华为的赋能平台上，打通将“伽利略知识创新”与“熊彼特知识创新”进行知识集成的路径和渠道，突破或者跨越“卡脖子”技术跨界阈值。

由于这两类知识具有高度跨领域、跨行业、跨学科与知识转移转化等特征，知识形成与创新的过程涉及众多创新主体，因此需要在“新系统工程”创新平台上，通过“政产学研用金”协同合作模式与场景，针对不同因素（如知识需求、知识转移能力、知识转移位势差、知识存量、知识转移环境等）对平台知识转移绩效进行动力学分析，重点研究原先针对某一领域具体问题的科学技术知识如何与新的领域知识融合，以及在和其他领域知识转移过程中如何克服破碎化、排异性倾向。所有这些，都是华为“新系统工程”系统集成新的内涵。

（2）华为“新系统工程”中明确出现了深度不确定、组织生态化、生命力与韧性等思维。这些都是系统集成中涌现现象的基本起因，充分反映了复杂性管理问题中的多重关联性、非确定机理性等特征，让我们看到牛顿树状世界观思维之外，还存在块状思维：因果少，关联多；必然少，或然多；确定少，不确定多；连续少，不连续多；有序在无序中；不要凡事追求确定和对称，而应更关注可能和为什么可能；未来包含着现在和过去，但又不被现在和过去所包含，若失去连续性，未来难以依靠经验与原有成功机理外推。

这样，在许多系统工程场景下，不能只讲一般不确定，更要重视深度不确定和本质不确定；注重强关联导致多重事故以及正常意外事故等各种复杂涌现现象。当然，也因为涌现原理，才有了从0到1的突破可能，才让我们体验到，在当今系统集成实践中，运用复杂系统世界观与方法论认识、分析和解决问题，势必成为当今企业家与领导干部管理能力现代化水平的新标识。例如，“巧妇难为无米之炊”是平凡思维，“巧妇能为有米之炊”是一般系统思维，“新系统工程”的系统集成逻辑则要求“巧妇能为高质量无米之炊”，这就是华为公司在新系统工程中新的资源整合与配置观。

（3）依据系统集成视角，能够发现“新系统工程”概念中关于“前瞻性”“全局性”“开放性”以及“科学性”等认知都蕴含着多方面的新内涵。结合本文前面的论述，我们越来越清晰地观察到华为公司系统工程的演进路径：从客户导向阶段、平台赋能阶段到“新系统工程”阶段，从一般系统工程到复杂系统工程，从一般系统性管理到复杂系统性管理。[5]这不仅是管理从系统性到复杂性这一全球性演进与升华大趋势的缩影，更是华为在系统思维和系统工程方面——特别是在系统集成逻辑与方法论能力的现实化过程中——日益走向成熟与完善的表现。

四、结语

如果把华为近40年系统工程演进历程与近几十年来中国学者遵循钱学森先生的复杂系统思维，建构具有中国特色的复杂系统管理知识体系的历程联系起来，能够发现，我国学术界与企业界在过去几十年里分别从理论与实践两个维度上，既相对独立又相互促进地在基本范式上共同为创建复杂系统管理这一管理学新领域而持续不懈地努力探索[7]。特别令人高兴的是，在复杂系统管理的基本学理、哲学思维、学术内涵、实践原则、基本范式等一系列基础性架构上[8][9]，学术界与企业界表现出异曲同工、殊途同归的特点。这不仅充分表明了我国的复杂系统管理学术以及系统集成方法论存在深厚的理论逻辑与实践逻辑，也让我们进一步认识到扎根实践开展管理理论研究的范式能够直接提高我国管理实践水平，有利于推动我们做出原创性管理理论创新。

当今，我国正进入新发展阶段，要贯彻新发展理念、构建新发展格局，需要解决的问题越来越多样，越来越复杂。因此可以认为，复杂系统管理将成为我国发展新阶段、新格局下越来越重要的一类新管理思维范式、实践范式与研究范式[10][11]；进一步深化钱学森先生的复杂系统管理理论与实践创新，是我国管理学发展道路重大转折对当今管理学理论时代化与本土化优秀品格的呼唤，是在新的历史阶段和历史高度创立我国自主性管理学术的新标志。这需要我国学术界与企业界、专家学者与企业家携手共进、行稳致远，做出时代性贡献，可谓“任重道远”。

参考文献

[1] 华为大学. 熵减：华为活力之源[M]. 北京：中信出版社，2019.
[2] 中共中央文献研究室编. 习近平关于全面深化改革论述摘编[M]. 北京：中

央文献出版社,2014.
[3] 吴晓波,穆尔曼,黄灿,郭斌. 华为管理变革[M]. 北京:中信出版社,2017.
[4] 钱学森,许国志,王寿云. 组织管理的技术——系统工程[N]. 文汇报,1978-09-27(1,4).
[5] 盛昭瀚. 管理:从系统性到复杂性[J]. 管理科学学报,2019,22(3):2-14.
[6] 华为企业架构与变革管理部. 华为数字化转型之道[M]. 北京:机械工业出版社,2022.
[7] 于景元,盛昭瀚,曾赛星. 构建中国气派的重大工程管理理论 我国学者运用钱学森系统科学思想赢得学术自我主张和话语权[N]. 文汇网,2018-09-28.
[8] SHENG Z H. Fundamental theories of mega infrastructure construction management: theoretical considerations from Chinese practices[M]. Cham: Springer, 2018.
[9] 盛昭瀚. 重大工程管理基础理论——源于中国重大工程管理实践的思考[M]. 南京:南京大学出版社,2019.
[10] 盛昭瀚,于景元. 复杂系统管理:一个具有中国特色的管理学新领域[J]. 管理世界,2021,37(6):36-50+32.
[11] 盛昭瀚. 管理理论:品格的时代性与时代化[J]. 管理科学学报,2019,22(4):1-10.

The Evolution of Huawei's System Integration Thinking and Practice

Zhou Jing Lai Yuanyuan Gao Shang Luo Ting

Abstract: This paper presents a panoramic view of Huawei's practical journey in system engineering from the customer-oriented phase, platform enablement phase, to the "new system engineering" phase since the 1990s. The analysis indicates that Huawei's system management philosophy has increasingly manifested a clear evolutionary path from general system engineering to complex system engineering, and from general systematic management to complex systematic management. The study finds that, regardless of the phase, system integration logic has become the core logic chain that is consistent and unified across different stages, representing the essential methodology of Huawei's system management. Based on this, the paper conducts an in-depth analysis of Huawei's system integration logic and methodology in system engineering across these three distinct phases from a system integration perspective, gradually elucidating the basic characteristics of its evolution in system integration logic. Specifically, focusing on Huawei's new iconic concept of "new system engineering" proposed under the background of a complex environment in the new era, the paper theoretically analyzes and interprets the academic logic of system integration embedded within it. This paper provides a comprehensive understanding, analysis, and reflection on how Huawei adapts to various complex changes with its system integration thinking and practice. On the one hand, it will contribute to our understanding of the basic connotations and laws of how leading Chinese enterprises improve their technology security systems and risk prevention mechanisms. On the other hand, it offers "Huawei experience" on how to enhance integrated management levels and translate institutional advantages into correct methodologies and governance effectiveness.

Keywords: Huawei; System Integration; System Engineering; Complex System Management

探索复杂系统管理理论，提升重大工程管理水平

乐　云　张馨月*

摘　要：重大工程管理领域面临着复杂性和整体性日益凸显的挑战。传统的系统集成理论和全寿命周期集成管理理论虽在一定程度上解决了部分工程管理问题，但在应对重大工程的组织复杂性、动态适应性和系统开放性等方面存在明显局限。本文论述了重大工程管理情境中的“复杂整体性”问题，提出了引入复杂系统管理理论的必要性和重要性。该理论以系统科学思想为基础，突破还原论思维限制，强调还原论和整体论相结合的“综合集成”的思维方式与方法论，旨在解决重大工程管理中存在的复杂整体性问题。本文还进一步探讨了该理论在重大工程管理中的应用潜力，并提出未来研究的方向和议程。

关键词：复杂系统管理理论　重大工程管理　复杂整体性

一、引言

重大工程的系统管理正在全球范围内受到广泛关注[1]。在重大工程管理

---

* 作者简介：乐云，同济大学经济与管理学院、复杂工程管理研究院教授，研究方向为重大工程管理；张馨月，悉尼大学项目管理学院、约翰·格里尔(John Grill)项目领导力研究院讲师，研究方向为重大基础设施管理。

实践中，已经有大量引人注目的失败[2]，例如，英国希思罗机场五号航站楼在启用当天出现了一系列问题，导致大量航班被取消，数千件行李箱丢失，航站楼不得不暂时关停[3]；德国柏林-勃兰登堡机场由于建筑规划不符合运营需求一再延期，导致建设后期徒增大量返工工作，最终比预期晚了近十年才投运，超出初始预估造价约50亿欧元[4]；英国横贯铁路在交付的集成和测试中遭遇严重挑战，项目被描述为“崩溃”“支离破碎”，最终项目于2022年投运，超出预算约20亿英镑[5]。这些引人注目的失败引发了学术界和实践界对重大工程系统管理的广泛关注。在英国，有对重大工程采取系统方法的工作[6]。荷兰也将系统工程方法应用于重大工程，以管理重要的交通基础设施[7]。国际系统工程理事会也制定了基础设施系统工程指南[8]，并与欧洲大型基础设施项目合作，以应用这一指南[9]。国际土木工程师协会主张将思维方式转变为系统方法并制定了研究议程[10]。全球的学术界和实践界都呼吁开展更多的研究来理解重大工程管理中的系统工作[11]。

同时，在我国重大工程管理活动日益复杂的形势下，传统项目管理知识体系在认识、分析和解决重大工程管理中一系列“特别复杂”的管理问题时表现出明显的“力不从心”[12]，即明知问题很重要，却难以认识其本质、明晰其机理、捕捉其规律。长久以来，我国重大工程管理实践和理论背靠背发展，相关管理理论仍大幅滞后于实践，亟待对实践经验加以深度凝练，对模式理论进行系统性创新。源于实践对理论的深切呼唤，我国学者基于钱学森系统科学思想[13]，将复杂社会经济重大工程系统中不宜用一般的管理理论和方法来认识与解决的一类复杂管理问题抽象为“复杂整体性”问题，并系统地提出了旨在解决这类问题的一个管理学新理论——复杂系统管理理论[14]。盛昭瀚教授在《管理世界》上发表的系列文章已阐述了复杂系统管理的学理逻辑、思维原则、基本范式、学术内涵、方法论和方法体系。该理论建立了从物理复杂性抽象到系统复杂性，再转换为管理复杂性的思维原则；提出了解决该类复杂整体性问题的“综合集成”的方法论，该方法论综合了还原论和整体论思维[15][16][17][18][19][20]。

本文将首先评述相关理论和研究在解决重大工程系统管理问题方面的局

限性；其次剖析重大工程管理中的复杂整体性问题，以阐明重大工程管理领域引入复杂系统管理理论的必要性及重要性；最后将提出重大工程管理领域应用及发展复杂系统管理理论的未来研究议程。

二、已有相关理论在解决重大工程管理问题方面的局限性

（一）系统集成理论

系统集成相关理论研究始于20世纪50年代，最初旨在协调航空航天和国防工程复杂系统的设计与集成，如北极星弹道导弹和阿波罗登月计划[21]。从那时起，复杂项目就依赖于系统集成商定义系统的整体设计、组件以及组件间接口，协调涉及规划、设计、生产、集成、调试和移交运营阶段的组件与子系统供应商网络[3]。系统集成研究将复杂项目视为一个由相互依赖的组件组成的系统，这些组件必须集成才能实现系统的总体目标和功能[5]。在完全可分解的系统中，子系统的任务可以被隔离并单独执行。然而在复杂项目中，一个组件中执行的任务经常需要修改以匹配其他组件执行的任务，系统集成商需要整体性设计、协调、装配并调整组件和组件间接口，使其集成为一个具有完整功能的系统[22]。

相较于航天复杂系统，重大工程系统具有更显著的组织复杂性、动态适应性和系统开放性。航天复杂系统有一个单一的目标，与外部环境的互动有限，应用于这类复杂系统的系统集成方法集中于技术和工程问题的封闭世界。譬如，美国航空航天局(NASA)制定自己的时间表，设计自己的硬件，并使用自己设计的装备，其交付物是一个封闭系统[23]。然而，重大工程系统的复杂性和不确定性跨越了工程系统边界，包括大量异质利益相关组织[24]，连接开放的系统环境[25]，需要充分考虑系统与外部社会、政治、技术等环境的边界，以管理人造复杂工程系统和外部环境系统的相互作用[26]。此外，重大工程的系统集成商在项目开始时面临着关于未来状况的不完整信息，在动态发展过程中，需要某种形式的变更控制流程来发现和解决在子系统与元系统层级发

生的问题，以保持系统整体的稳定性[27]。

1. 局限一：无法解决组织复杂性

航天复杂系统组织及其目标单一，而一般重大工程项目的性质意味着其必须与大量基于项目的组织接触，以具备交付重大工程的能力[28]。重大工程项目由分布在多个供应链层级的基于项目的组织网络构成，这些组织根据其在项目特定方面的专业知识做出贡献。重大工程项目本质上是大型跨组织项目，面临跨组织边界的固有挑战，尤其需要来自不同领域的参与组织之间的密切合作和协调，而这些参与组织具有不同的利益取向和组织程序[29][30][31]。鉴于重大工程项目有特定的时间压力和与任务相关的相互依赖性，参与组织可能具有相互矛盾的优先级特征，这通常会导致组织间目标冲突和合同分歧[32]。

2. 局限二：无法解决动态适应性

项目是一种时间上的变化，或不断发展的现象。来自不同学科的专业人员和组织在不同的交付阶段加入和离开工程项目，虽然可以(也应该)在一开始就了解复杂性和不确定性，但由于重大工程项目规模巨大，出现的复杂性和不确定性必须在系统集成的过程中解决。这意味着建筑业的系统集成不能仅仅从达到一个固定和稳定的系统的角度来解决，该系统可能会在项目的整个生命周期和运营过程中经历变化，而且还需要关注系统本身在集成过程中的情况。灵活地、适应性地识别和管理新出现的复杂性与不确定性成为管理重大工程系统整合的关键[4]。

3. 局限三：无法解决系统开放性

项目不是“孤岛”，而是以错综复杂的方式与周围环境关联，重大工程系统也同样是开放的复杂系统[4]。与航天系统不同，由于重大工程项目介入了极其广泛的系统，它们必须跨越其边界，被整合到复杂的社会、物质和环境系统中[2]。

综上，目前系统集成相关研究成果距离应对重大工程实践瓶颈、解决基础问题仍存在较大的差距。系统集成理论建立于相对组织单一、过程静态、系统封闭的航天、国防复杂系统，对于解决重大工程这类组织多元、过程动态、系统开放的复杂巨系统显得“力不从心”，需要系统性重构重大工程系统的基础逻辑，针对重大工程管理的具体情景，关注不同层级系统的动态变化，并管理人造复杂工程系统和外部环境系统的相互作用。

（二）全寿命周期集成管理理论

20世纪80年代起，国际上开始探索将全寿命周期管理思想延伸至建设工程项目管理领域，将整个项目的全过程集成起来，从传统的建设造价、工期和质量目标转变为全寿命周期目标，建立全寿命周期项目管理模式（Building Lifecycle Management，简称BLM）。丁士昭教授将工程项目全寿命周期管理定义为“为建设一个满足功能需求和经济上可行的项目，对其从项目前期策划，直至项目拆除的项目全生命的全过程进行策划、协调和控制以使得该项目在预定的建设期内，在计划的投资范围内，顺利完成建设任务，并达到所要求的工程质量标准，满足最终用户的要求；在运营期进行设施管理、空间管理、用户管理和运营维护管理，以使得该项目创造尽可能大的有形和无形效益”[33]。全寿命周期管理相关研究强调基于还原论思维对前期管理、项目管理和运营管理三个彼此分离且各自独立的子系统进行“简单相加”的集成化管理。

全寿命周期集成管理理论及相关研究与在解决重大工程管理实践中的系统集成问题上具有一定的相关性，但该理论在解决重大工程管理问题时仍存在显著的局限性。囿于还原论思维的束缚，全寿命周期集成管理研究依赖于将全过程整体问题分解到各个不同的阶段，并聚焦于不同阶段间的接口阶段，但这种基于还原论的实践和研究只能解决“局部相关”和“基本可分”的一般系统性问题。然而，重大工程管理实践是典型的复杂整体性问题，具有“还原论不可逆、非可加”的特征。不同子系统及其内含要素间存在紧密、复杂的显性或隐性关联，各类关联的机理在时间、空间、主体维度上会发生变化并传导至其他要素。基于还原论的全寿命周期集成管理理论和方法将切断、损伤重大工程系统各部分之间的复杂关联与耦合，破坏问题原本的整体性机理。

综上，全寿命周期集成管理能够解决部分重大工程管理实践问题。但由于基于还原论，它在解决“整体性”问题时存在极大的局限性，在实践和研究中均需要注重重大工程系统的“复杂整体性”特征。

三、重大工程管理的复杂整体性日益凸显

重大工程系统是一类典型的具有“复杂整体性”特征的复杂巨系统。重大工程是由工程系统、社会系统、环境系统耦合形成的社会经济人造复杂巨系统，具有突出的主体目标多元、参与组织异质、要素关联繁密、资源约束紧张、决策主体认知有限、情景深度不确定等“复杂整体性”特征。

（一）主体目标多元与整体目标的矛盾日益凸显

根据项目总体目标，一般工程管理方法通过建立以目标为导向的工作分解体系和组织分解体系，制定任务分解结构和责任分配矩阵，将目标逐层分解到相关方和各部门[34]。在重大工程实践中，一般由各主要投资主体的建设单位分别制定各自的工程目标，其中包括项目总目标、总承包企业管理目标、分项管理目标及具体工作指标等多级目标。在项目前期，工程目标的相对分离实施鲜有矛盾暴露。然而，各工程、项目及工作等子系统及元素间的复杂关联，如时间衔接、工序交叉、空间共用等始终存在，并随着项目推进不断衍生和演化。随着项目进展，时间、空间资源的紧缺约束使得各类关联产生的复杂界面的矛盾与冲突被瞬间暴露和激化，各界面上不同相关责任主体的目标出现冲突甚至对立，基于还原论思想的各单位原有分离的工程目标不再具有可实施性。

（二）组织异质性和统一计划及整体控制的矛盾日益凸显

重大工程项目的投资主体、驻场单位、涉及专业众多，是一个涉及多主体、多专业的综合系统。多主体、多专业组成的群体通过职能、经验、知识与智慧互补，在整体上进一步形成管理能力来驾驭重大工程建设及管理的难

题。但同时，各主体、各专业根据自己的需求及目标进行建设活动，这不可避免地形成了多元价值观和多元利益并存的格局，进一步导致信息不对称、界面接口衔接不顺畅等问题。而一般工程管理方法无法对工程进行统一计划和目标整体控制，易造成目标失控和资源浪费。不仅如此，由于多主体、多专业之间的广泛联系，不同问题的决策结果也会对其他问题产生影响，进而可能诱发工程整体的失控。各主体、各专业的设计单位、施工单位数不胜数，各类参与主体的目标异质性特征显著，需要实现跨专业、跨组织的协调与协同，将分散的单元目标有机融合到系统整体目标中。

（三）交叉界面接口复杂与跨组织协调的矛盾日益凸显

重大工程复杂系统综合性强，内部及内外间存在大量显性或隐性联系，表现为工程不同阶段、不同专业、不同工序的子系统或元素间的交叉界面和接口繁多。例如，各类手续办理与开工时间匹配、各区域交叉施工、各子项目交叉施工、建设与运营筹备工作交叉、土建与设备安装交叉、外围能源供给与工地能源需求衔接等大量需协同推进的工作给重点工程管理带来了巨大挑战。交叉施工量大和工序异常复杂对科学组织、合理施工及科技创新提出了极高的要求。建设过程中极易出现进度计划不合理、工作任务不匹配、实施流程混乱、信息传递失真以及决策失误等问题。为实现主体差异甚至相斥目标的融合以及各元素及子系统间界面及接口类矛盾的平衡，需要不同层级、同一层级不同主体间的跨组织协调、协同和协商，从而体现了重大工程系统中超越一般边界管理的复杂整体性。

（四）资源约束紧张与合理统一配置的矛盾日益凸显

重大工程是集大量子项目共同组成的工程系统。这些异质的工程组成了重大工程项目的工程现场。每一个工程的现场又都是由人、事、物以及复杂动态的现场环境等要素组成的。这些要素具有不同的属性，而要素之间的关联方式又具有异质性和自适应性，由此造成了重大工程建设要素的强关联和多约束。在有限的时空条件下，如何进行资源配置，如何管理人、事物、环境间的要素关联，是一般工程管理方法面对的棘手问题。此外，针对现场要素紧密关联、资源多维约束的情况，执行组织相对缺乏驾驭能力是普遍存在的现象，而一个要素的滞后可能会演变为全局性的问题。但基于一般工程管理方法的决策和执行是相对微观的，无法降解这些中观及宏观层面的关联及涌现问题。所以，需要将有限的时空资源合理地分配给每一个系统元素及子系统，在实现各元素及子系统目标的基础上确保系统整体目标的实现。

（五）决策主体认知能力有限与科学决策的矛盾日益凸显

重大工程的决策问题呈现出数量极多、复杂性极高、专业性极强的特征，对决策主体的决策能力提出了极高的要求。决策主体需具备就重大问题做出科学、恰当决策的本领和能力，拥有高水平经验、知识与智慧。这与决策主体拥有必要的行政权同等重要。否则，决策主体即使有了决策权，也可能因为缺失必要的决策智慧与能力而做出有问题甚至错误的决策。特别是当涉及一些复杂决策问题时，由于其跨专业、跨领域、跨区域、跨时间、跨层次的特点，仅靠决策主体的智慧和能力可能无法保证决策方案的科学性。

（六）情景深度不确定与保持管理方案稳健性的矛盾日益凸显

重大工程是嵌于社会-经济-自然复合环境空间的人造复杂系统，其处于深度不确定、动态演化的环境之中。重大工程管理面临工程本身的技术复杂性和环境不确定性，管理问题与现象自身的状态或运行结果具有多种可能性，即事态发展具有客观不确定性。重大工程的复杂性将诱发深度不确定性的情景涌现，而基于一般工程管理流程制度的决策是相对静态的，无法保证决策与管理方案能在情景深度变动下保持稳健性，以及能在工程长生命周期内持续发挥功能。这需要由各层级管理主体构成的治理体系在应对外部环境、管理主体以及工程对象变化的过程中，不断完成组织模式和机制的适应性迭代与演进，在宏观层面涌现出治理体系的自适应和自调整功能。而该类管理复杂整体性特征不仅体现在该系统内部和整体功能上，而且体现在对外部自然、政治、社会、经济环境变动与演化的适应性和鲁棒性上。

综上，一般工程管理方法基于工作分解、组织分解和流程制度将工程整体目标进行细化，体现了“还原论”的思维。但一般工程管理方法无法把还原后的重大工程项目的各种环境、属性、关联等固有的系统属性复原，这就使得工程整体面临着工程目标分离、接口界面冲突、组织多元异质、管理主体认知不足、工程资源约束与要素关联、情景深度不确定诱发等一系列问题。

四、重大工程管理领域引入复杂系统管理理论的必要性及重要性

复杂系统管理理论的认识论和方法论与上述重大工程管理中一类具有“复杂整体性”特征的管理问题具有高度匹配性。一方面，复杂系统管理理论的“复杂整体性”思维原则可以为进一步剖析并整体性重构重大工程系统提供重要的理论支撑；另一方面，其综合还原论和整体论的综合集成方法论与方法体系可以为重大工程管理相关研究和实践提供方法论指导。

（一）还原论与整体论结合

针对重大工程，传统的工程项目管理是必要的，但其还原、局部性质限制了对整体、全局的认识和理解。因此，特别需要复杂系统管理的思想来统领，以确保工程各部分的协调与衔接。复杂系统管理与传统工程项目管理不属于一个层次，但在重大工程管理中，它们需要紧密结合、融为一体。综合集成方法论是还原论与整体论的有机结合。它在处理复杂问题决策时，要求我们既要运用还原论分解问题，也要从整体的角度进行综合，以实现系统整体的功能与任务。以综合集成方法论为指导的有效分解过程，其核心是非结构化问题向半结构及结构化问题转化，而系统综合是对子问题求解模型的综合集成以获取原问题的解决方案的过程。两者的结合能更好地“降解”并“还原”复杂整体性。

（二）实现动态迭代与适应

综合集成过程是一个动态的迭代过程，涉及对复杂系统的设计、协调和组织的逐步实现。这是一个认识—实践—再认识的螺旋式逼近过程。在这一

过程中，建设管理主体逐步减少了对工程认识的模糊性与不确定性，增强了关于工程建设管理的知识、智慧和驾驭能力，增强了工程系统与外部环境系统的耦合。综合集成的过程，是一个不断改进、不断完善的系统序列，逐步实现对一个复杂系统的认识、组织与管理。

（三）认识—协调—操作系统

复杂系统管理理论为重大工程管理提供了一种新的视角和工具，使得管理者能更好地认识系统、协调系统和操作系统。具体分析如下：第一是认识系统。复杂系统管理理论提供了一种全面认识和分析工程项目的方法论。它强调系统之间的相互依赖和相互作用，帮助管理者识别和理解项目中的复杂性。通过这种认识系统，管理者能够更准确地评估项目风险，预测未来变化，并制订出更有效的计划，形成更有效的策略。第二是协调系统。在复杂的工程项目中，各子系统和部门需要高度协调。复杂系统管理理论强调整体性，可以促进跨部门和跨学科的合作。这种协调有助于资源的有效分配，同时还能提高团队的协作效率和项目的整体性能。第三是操作系统。复杂系统管理理论支持创建灵活和适应性强的操作流程，这对于应对不断变化的外部环境和内部项目需求至关重要。

（四）工程系统与外部系统的耦合

重大工程往往不是孤立的实体，而是与周围环境、社会和经济系统相互交织、相互依存的复杂网络。这种耦合性使得工程项目的管理不仅需要考虑内部构建的技术和组织问题，还需要全面理解外部系统对工程项目的影响，以及工程项目对外部系统的影响。复杂系统管理理论可以帮助我们更好地理解和应对这种耦合关系，通过系统性的方法和综合性的思考，有效应对重大工程的复杂性和不确定性。这种综合性的思考方式有助于更准确地预测和评估重大工程可能面临的各种挑战和风险，有针对性地设计和实施管理策略。另外，复杂系统管理理论还强调系统的自组织、自适应和非线性特性，鼓励管理者采用灵活、开放的管理方式来适应变化和不确定性。

（五）多种方法融合

重大工程中的复杂整体性问题往往要处理各种意义下的多样性，协调各方面的差异和冲突，做好不同部分的协调、不同阶段的衔接、不同子系统的耦合。这就需要运用各种方法论来降解复杂整体性的各个方面。在这一点上，综合集成方法论的优势十分明显。它能够在系统意义上对重大工程进行认识分析，构建整体性的管理体系，并实现对工程现场的综合控制。

综上所述，随着重大工程的复杂性不断增强，规模不断增大，传统的工程项目管理方法已经不能满足对整体性、全局性的需求，亟待引入复杂系统管理理论的思想和方法。复杂系统管理理论的“复杂整体性”思维原则为重大工程系统提供了重要的理论支撑，可以帮助我们更好地理解和协调工程系统的各个部分。同时，综合还原论和整体论的集成方法论为重大工程管理提供了指导，使我们能够更有效地处理复杂整体性问题。

五、重大工程复杂系统管理研究要点

（一）跨越项目边界，重新认识重大工程开放性

在阐述已有相关理论和研究的局限性以及重大工程的复杂整体性后，我们认识到有必要重新理解重大工程复杂系统。本文呼吁关注重大工程作为开放系统的复杂性和不确定性，它们跨越了项目边界，连接社会政治、经济、技术和生态系统。是故，我们需要进一步考虑与重大工程系统相关的外部系统及其与重大工程系统之间的接口和相互依赖。正如本文所述，系统集成理论的相关工作倾向于将项目交付物视为封闭系统。系统集成方法无法应对更加复杂和不确定的重大工程项目。正如在对波士顿“大开挖”项目的研究中，休斯(T. P. Hughes)指出了系统集成方法如何聚焦于技术和工程问题的封闭世界，而未能驾驭一个包含复杂的社会、政治和环境问题的项目开放系统[34]。因此，本文呼吁探究跨越项目边界，与更广泛的外部经济-社会-技术-环境系统建立联系的方法，以实现项目的价值。另外，重大工程的净零排放、装配

制造、数字化、交付运营等领域都需要对作为开放系统的重大工程有更广泛的理解。

（二）重大工程管理主体的整体系统设计师职责

本文认为需要扩大对重大工程内部复杂系统管理的讨论，以解决跨组织边界的复杂性和不确定性。据此，本文呼吁关注重大工程系统中的边界，以更好地理解如何在组织中创造和克服这些边界。初步观点是，虽然在简单、重复的项目中，有可能将系统管理的责任下放给顾问或主要承包商，但在高度复杂的重大工程项目中，业主是复杂系统管理的主体。业主不能完全外包这一责任，必须保留对整个系统和子系统间接口的监督。当然，这并非指复杂系统管理全部由业主负责。但是，有且仅有业主能够肩负起“整体系统设计师”的职责，并协调不同利益相关者，通过整合不同组织，构造多层多维系统以进行整体性的组织管理。

（三）重大工程复杂整体性协调系统

重大工程被视为一个由多个相互关联的部分组成的复杂整体，需要构建分解及还原复杂整体性的协调系统。第一，重大工程通常由多个子系统组成，这些子系统相互作用并共同实现工程项目的目标。这些子系统可以包括设计、采购、施工、交付等，它们之间的协调与交互对于项目的成功至关重要[35]。第二，重大工程往往具有复杂的组织结构，涉及多个层次的管理和决策。从项目层面到组织层面再到行业层面，各级管理都需要协调一致，以确保整个系统的有效运作。第三，重大工程的成功实施离不开资源的合理配置和优化利用。这包括人力资源、物资资源、财务资源等的合理分配，以及在项目的不同阶段动态调整资源配置以达到最佳效果。第四，重大工程往往涉及多个利益相关方，包括政府、业主、承包商、供应商等。管理者需要平衡各方利益，建立良好的沟通与合作机制，确保所有利益相关方的需求得到满足。

（四）重大工程交付与运营集成操作系统

重大工程交付物具有深远的影响。重大工程的复杂性和不确定性不仅出现在交付组织和交付系统中，也出现在后续运营使用的环境系统中。本文呼吁对重大工程系统的理解应将项目管理和项目治理的注意力从对成本、进度、质量和合同的管理拓展到认识重大工程中出现的内在和外在的复杂性与不确定性，以及在复杂和不确定的背景下管理系统的交付与后续的运营。

（五）重大工程复杂系统数字化平台

基于复杂系统管理理论发展重大工程复杂系统数字化平台，具有广阔的未来。第一，未来的数字化平台将更加智能化和自适应，能够根据实时数据与环境变化进行智能决策和优化。例如，利用机器学习和人工智能技术，平台可以不断学习和优化，适应不同的工程场景和需求，提供更加个性化和精准化的管理支持。第二，数字化平台将实现对重大工程全生命周期的管理，从规划和设计阶段到建设和运营阶段，实现全方位、全过程的管理。通过整合各个阶段的数据和信息，平台可以实现对工程整个生命周期的优化和控制，提高工程的整体效率和可持续性。第三，未来的数字化平台将更加强调多维数据的整合与可视化，实现对复杂系统的全面理解和分析。通过整合不同来源和类型的数据，平台可以为管理者提供更加全面和准确的数据支持。同时，可视化技术将使数据以直观、易懂的形式呈现，由此帮助管理者更好地理解系统的运行状况和变化趋势。

此外，本文认为，在重大工程管理的更广泛领域，也亟待进行有关复杂系统管理理论的基础理论研究、管理方法研究及工具开发和应用研究。

第一是基础理论研究，即深入研究重大工程复杂系统的基本特性，如非线性、自组织、适应性等，以及这些特性如何影响重大工程的决策和管理过程。探索由复杂系统管理理论可能衍生出的相关重大工程理论，如复杂系统涌现与演化理论、复杂社会网络理论、人机协同决策理论等，构建复杂系统管理理论在重大工程研究中的主要理论体系。还应探索如何将这些理论应用于实际工程管理中，以提高决策和管理行为的质量和效率。

第二是管理方法研究及工具开发。一方面，应发展重大工程多层次、多尺度建模与仿真方法（在研究中考虑不同层次和尺度上的系统特征与问题，包括微观层次的局部行为与宏观层次的整体性质之间的关系）和复杂系统数据融合与智能优化方法（借助大数据分析、机器学习和人工智能等技术，将复杂系统管理理论与数据驱动的管理方法相结合，实现对工程项目的智能化监控、预测和决策支持）。另一方面，应开发和完善适用于重大工程管理的“还原论+整体论”综合集成方法与工具，包括系统建模与仿真工具、决策支持系统、风险管理工具等。这些方法与工具可以帮助管理者更好地理解和预测重大工程的系统行为，从而做出更明智的管理决策，采取更有效的管理行为。

第三是应用研究，即将复杂系统管理理论应用于具体的重大工程项目（如大型基础设施建设、生态系统保护、社会治理等），以解决这些领域中的实际问题。这包括研究如何在不同的环境和条件下应用复杂系统管理理论及其拓展理论，以及如何根据项目的具体需求相应调整理论和方法。

六、结语

本文通过深入分析作为复杂系统的重大工程，强调复杂系统管理理论在理解和解决这些工程中出现的“复杂整体性”问题时可以发挥关键作用。通过回顾相关理论（系统集成、全寿命周期管理）及传统项目管理方法应对重大工程复杂整体性的局限性，本文也探讨了复杂系统管理理论如何提供一种更为全面和综合的视角来应对这些挑战。

复杂系统管理理论的引入不仅为重大工程管理提供了新的理论框架，其综合集成方法体系也为实践者提供了一套全新的工具和方法。这些工具和方法有助于更好地理解重大工程的复杂整体性，从而做出更加明智和有效的管理决策。

综上所述，复杂系统管理理论的引入为重大工程管理领域带来了新的契机和挑战，需要学术界和实践界共同努力，不断深化理论研究，拓展方法应用，推动重大工程管理实践的发展和创新，进而为社会经济的可持续发展做出更大的贡献。

参考文献

[1] WHYTE J, DAVIES A. Systems integration in construction: an open-ended challenge for project organising[M]//ADDYMAN S, SMYTH H. Construction project organising. Hoboken: Wiley-Blackwell, 2023: 33-49.

[2] ZHANG X, DENICOL J, CHAN P W, LE Y. Designing the transition to operations in large inter-organizational projects: strategy, structure, process, and people[J]. Journal of operations management, 2023, 70(1): 107-136.

[3] BRADY T, DAVIES A. From hero to hubris—reconsidering the project management of Heathrow's Terminal 5[J]. International journal of project management, 2010, 28(2): 151-157.

[4] WHYTE J, DAVIES A. Reframing systems integration: a process perspective on projects[J]. Project management journal, 2021, 52(3): 237-249.

[5] MURUGANANDAN K, DAVIES A, DENICOL J. The dynamics of systems integration: balancing stability and change on London's Crossrail project[J]. International journal of project management, 2022, 40(6): 608-623.

[6] HALL J W, HENRIQUES J J, HICKFORD A J. Systems-of-systems analysis of national infrastructure [C]//Proceedings of the Institution of Civil Engineers-Engineering Sustainability, 2013: 249-257.

[7] DE GRAAF R S, VROMEN R M, BOES J. Applying systems engineering in the civil engineering industry: an analysis of systems engineering projects of a Dutch water board[J]. Civil engineering and environmental systems, 2017, 34(2): 144-161.

[8] KOUASSI A. Systems integration [J]. INCOSE infrastructure working Group, 2015.

[9] STAAL-ONG P L, KREMERS T, KARLSSON P O. 10 Years of managing large infrastructure projects in Europe: lessons learnt and challenges ahead [M]. Amsterdam: Netlipse Netwroking Knowledge, 2016.

[10] Institution of Civil Engineers. A systcms approach to infrastructure delivery: a review of how systems thinking can be used to improve the delivery of complex infrastructure projects[R]. London: ICE, 2020.

[11] WHYTE J, MIJIC A, MYERS R J. A research agenda on systems approaches to infrastructure[J]. Civil engineering and environmental systems, 2020, 37

(4): 214-233.

[12] 盛昭瀚. 管理:从系统性到复杂性[J]. 管理科学学报,2019,22(3):2-14.

[13] 钱学森,于景元,戴汝为. 一个科学新领域——开放的复杂巨系统及其方法论[J]. 自然杂志,1990(1):3-10+64.

[14] 盛昭瀚,于景元. 复杂系统管理:一个具有中国特色的管理学新领域[J]. 管理世界,2021,37(6):36-50+2.

[15] 盛昭瀚,程书萍,李迁,李敬泉,陈永泰,徐峰. 重大工程决策治理的"中国之治"[J]. 管理世界,2020a,36(6):202-212+254.

[16] 盛昭瀚,陶莎,曾恩钰,俞俊英,庞欣怡,常河,赵楠. 太湖环境治理工程系统思维演进与复杂系统范式转移[J]. 管理世界,2023,39(2):208-224.

[17] 盛昭瀚,梁茹. 基于复杂系统管理的重大工程核心决策范式研究——以我国典型长大桥梁工程决策为例[J]. 管理世界,2022,38(3):200-212.

[18] 盛昭瀚,刘慧敏,燕雪,金帅,邱聿旻,董梁. 重大工程决策"中国之治"的现代化道路——我国重大工程决策治理 70 年[J]. 管理世界,2020b,36(10):170-203.

[19] 盛昭瀚,薛小龙,安实. 构建中国特色重大工程管理理论体系与话语体系[J]. 管理世界,2019,35(4):2-16+51+195.

[20] 盛昭瀚. 重大工程管理基础理论[M]. 南京:南京大学出版社,2020.

[21] HUGHES T P. The evolution of large technological systems[M]//BIJKER W E, HUGHES T P, PINCH T. The social construction of technological systems: new directions in the sociology and history of technology. Massachusetts: MIT Press, 1987: 51-82.

[22] DAVIES A, MACKENZIE I. Project complexity and systems integration: constructing the London 2012 Olympics and Paralympics Games [J]. International journal of project management, 2014, 32(5): 773-790.

[23] SAYLES L R. Managing large systems: organizations for the future [M]. Milton Park: Routledge, 2017.

[24] JONES C, LICHTENSTEIN B B. Temporary inter-organizational projects [M]//The Oxford handbook of inter-organizational relations. Oxford: Oxford University Press, 2008.

[25] ENGWALL M. No project is an island: linking projects to history and context [J]. Research policy, 2003, 32(5): 789-808.

[26] DAVIES A, BRADY T. Explicating the dynamics of project capabilities[J]. International journal of project management, 2016, 34(2): 314-327.

[27] WHYTE J, LINDKVIST C, JARADAT S. Passing the baton? Handing over digital data from the project to operations[J]. Engineering project organization journal, 2016, 6(1): 2-14.

[28] DENICOL J, DAVIES A, KRYSTALLIS I. What are the causes and cures of poor megaproject performance? A systematic literature review and research agenda[J]. Project management journal, 2020, 51(3): 328-345.

[29] DILLE T, SÖDERLUND J. Managing inter-institutional projects: the significance of isochronism, timing norms and temporal misfits [J]. International journal of project management, 2011, 29(4): 480-490.

[30] O'MAHONY S, BECHKY B A. Boundary organizations: enabling collaboration among unexpected allies[J]. Administrative science quarterly, 2008, 53(3): 422-459.

[31] DILLE T, SÖDERLUND J, CLEGG S. Temporal conditioning and the dynamics of inter-institutional projects [J]. International journal of project management, 2018, 36(5): 673-686.

[32] DAHLGREN J, SÖDERLUND J. Managing inter-firm industrial projects—on pacing and matching hierarchies[J]. International business review, 2001, 10(3): 305-322.

[33] 丁士昭. 建设工程信息化导论[M]. 北京:中国建筑工业出版社,2005:35.

[34] HUGHES T P. Rescuing Prometheus: four monumental projects that changed our world[M]. New York: Vintage, 2000.

[35] 乐云,胡毅,陈建国,唐可为,张馨月,姜凯文. 从复杂项目管理到复杂系统管理:北京大兴国际机场工程进度管理实践[J]. 管理世界,2022,38(3):212-228.

Exploring Complex Management Systems Theory to Improve Megaproject Management

Le Yun　Zhang Xinyue

Abstract: The field of megaproject management is increasingly facing challenges related to complexity and holism. While traditional systems integration theory and lifecycle integration management theory have addressed some issues in construction management, they exhibit clear limitations in dealing with organizational complexity, dynamic adaptability, and system openness in megaprojects. This paper discusses the issue of "complex holism" in the context of megaproject management and underscores the necessity and importance of introducing complex systems management theory. Based on systems science, this theory moves beyond the constraints of reductionist thinking, emphasizing a mindset and methodology that integrates both reductionism and holism, known as "comprehensive integration", to address the challenges of complex holism in megaproject management. The paper further explores the potential applications of this theory in megaproject management and proposes future research directions and agendas.

Keywords: Complex Systems Management Theory; Megaproject Management; Complex Holism

复杂性应对之道

——体系工程有机适应性设计

张宏军*

摘　要：由海森堡的不确定性原理可知，多主体、多目标必然引发不确定，而不确定是复杂性大幅增加的主要根源。这为体系的设计者和用户都带来众多困惑和挑战。破解体系的复杂性既呼唤理论的创新，也需要方法的创新。借鉴自然界“适者生存”的自然法则，本文发现通过赋予装备体系生命有机特点来构建适应性机制是一个有效的复杂性解决之道，进而探索性地提出了复杂性研究的有机适应性理论，以及基于跨尺度“V++”模型和适应性指数引导的复杂性设计方法。

关键词：复杂性　有机适应性　“V++”模型　适应性指数

随着科学技术的高速发展，各类复杂系统比以往任何时候都规模更大，内涵更加丰富，边界更加模糊，复杂程度更高，影响领域也更广。为了更好地理解、描述、处理并运用当今人类面临的复杂性问题，体系及体系工程应运而生。体系的建构是复杂系统发展的必然趋势，人类将多个独立的复杂系统组合起来协同工作，就形成了系统之系统（System of Systems），也即体系。与此同时，体系难以分解还原的复杂性、难以描述预测的不确定性、难以调

* 作者简介：张宏军，中国船舶集团有限公司科技委常委、研究员，航母工程副总设计师，研究方向为体系工程与复杂性。

控的跨时空演化性、非线性和涌现性等行为特性，给体系的构建和演化带来了新的挑战。习近平总书记提出的坚持系统观念，既是顶层要求，更是解构复杂性的良方。在此哲学视角的指导下给出复杂性解决之道，是当下之要务。

传统的体系工程设计方法是西方“还原论”主导下的“降维解析”法。面对体系的复杂性带来的分解不可逆问题，还原论暴露出其局限。复杂性的本质就是不确定，而降维解析法是把不确定问题分解成若干确定性问题加以解决。但在实践中，复杂体系在降维分解后，无法还原甚至近似还原体系的原貌，这使体系的适应性降低，整体效能发挥受限，给研究体系工程的理论和方法提出新的要求与挑战。同时，经典科学体系强调稳定、有序、均匀和平衡，以封闭性环境为对照，以机械论、控制论为遵循，以原子、钟表、控制为代表。而现代科学则把注意力从实体转移到虚体，转移到关系、信息和时间上。近年来，现代科学体系越发开始直面多样性、无序性、不确定性和复杂性，这也对系统工程的基础理论——维纳(Norbert Wiener)的《控制论》提出了现实的挑战。因此，若要真正破解体系工程的设计挑战，须从其复杂性特性的机理出发，结合体系工程构建和演化过程，通过实现系统科学理论层面与系统工程操作层面的双重创新来完成。

自然界启示我们，适应性造就复杂性。因此，研究复杂性就要从适应性入手。霍兰(John Holland)提出的“复杂适应系统”正是对这一论断的积极探索，也是笔者开展体系工程复杂性研究的最早启蒙。在主持我国第一艘航空母舰的航空指挥和保障系统以及世界第一艘智能船(“大智”号)等项目的过程中，笔者认识到，大到天体，小到微尘，在熵增的进程面前无有例外，只有生命逆熵而行。自然界的自组织生态是因生命而负熵，而人造工程体系要走出还原论不可逆的困局，其核心就是以建构近似有机生命的开放系统为破局的目标，将人造体系设计成自组织的耗散结构，通过构建负熵流而赋予人造体系新的内涵。

一、体系的重新认知

（一）从降维到升维

体系是动态的。传统认识体系的手段——基于还原论的降维解析过程有其致命的局限。还原论是静态分解，是通过降维来规避体系复杂性的理论，其过程弱化或忽视了体系在时间上的动态演化特征。体系的整体性状态是一个在时间上连续变化的函数，是由体系的各个主体之间通过交互共同决定的。只有从三维扩展到时间的第四维度，体系才表现为状态的持续变化，形成一股连续的状态流。任何体系都是多主体的物质与能量在时间维度上的状态流，体系的协同与适应是由体系内主体之间随时间变化的流程来表达的，是一种时间的升维。所以，只有站在更高的维度上才能更全面地认知体系。

（二）从隐性到显性

认知体系的关键是提炼体系运行的隐性规律。就蚁群的活动而言，我们看到的是每只蚂蚁简单的行动引起群体涌现出非凡的复杂结果。但是，我们看不到它们行动的规则。只有通过大量的观察和挖掘，我们才能提炼、总结规律，从而认知蚁群是怎么协作的。认知隐性的关键不仅是发现认知隐性的方法和手段，更重要的是隐性规律的提炼和显性应用。这是从隐性到显性的认知过程，也是认知体系复杂性的一个新视角。

（三）从中心化到去中心化

简单的系统，如汽车有驾驶员、飞机有飞行员、公司有老板，一般都是有中心的管控系统。但是一个城市的协调运作，似乎是物质和能量永不停歇的流动，没有哪个主体可以主宰。尽管如此，城市本身却动态地演化发展起来。城市呈现出类似生态的多样性，并在广泛的多样性主体的相互作用下达成了高度的协调性。在没有单一的行动指挥中枢的复杂社会体系中，一个人只有依靠一系列包括道德规范、行为准则、交通法规、单位规章等在内的规则，才能有序地开始每天的工作和生活。这就说明了简单系统基于控制实现有序，而复杂体系基于规则抑制熵增。

（四）从无机到有机

从大自然的生物个体角度来看，有机性表现为生物的智能水平，它是生物为达到某种目的而产生正确行为的一种生理机制，也可以说是一种适应性机制。生物有机体表现出其他物体所不具有的一系列特征：它是一个自组织系统，是一个通过耗散结构[1]实现自发生长的过程，是一个从低级到高级、从简单到复杂的过程。在人类认识自然、改造自然的过程中，人造体系的终极目标基本是对自然界的无限模仿。从简单的系统到可以协同的复杂系统，乃至联合体系，人造体系的发展呈现出非常明显的从非智能到智能，也就是从无机到有机的发展趋势。

（五）从智能到适应性

随着人工智能与数字化建模技术的发展，智能化已成为工程体系尤其是联合作战体系的新特征。一方面，大量的智能无人系统加入到作战体系中来，提升了作战体系的自主性。另一方面，智能技术与信息技术的深度结合，在侦察感知、情报融合、指挥决策、火力打击等杀伤链的各环节提升了作战体系的智能化水平。但是，智能化并不是终点，而只是手段，通过“感知—调整—决策—执行”（Observation-Orientation-Decision-Action，OODA）的循环来提升作战体系对外部瞬息万变的战场环境的适应性，使作战体系根据不同的战场态势调整形成最佳应对策略，并通过大数据的积累与分析、学习与演进，不断提升自身的适应能力。

在对体系重新认识的过程中，我们走过了一条从降维到升维的路。体系的概念不再那么模糊虚无，开始逐渐清晰。体系不仅有组成体系的外在特征，更重要的是发掘内在规律和秩序；体系是由若干有中心的系统或多中心的复杂系统组成的无中心的综合体；体系开始从静态走向动态，从冰冷的无机走向智能的有机，并最终走向学习与适应性，涌现出自然界的生态性。体系的新内涵说明，体系的本质是一种生态，体系的范围是弹性的，体系的主体是多元的，体系的核心是无(弱)中心化的资源整合和配置，体系的发展是渐进式的规则引导下的自主演化。这些都让我们在认识体系、运用体系的实践中产生了革命性的思想飞跃。

至此，我们尝试给人造工程体系赋予一个全新的定义：工程体系不是系统，而是一种有机生态，是由复杂工程系统构建的有机综合体；是由多主体相互作用形成的有机关联，并依据一系列规则演化出的适应性机制；是从有中心的无机系统向无中心(或弱中心)的智能综合体的升维，是从管控向引导转变的自主适应性演进。

二、体系设计的难点与对策

人造工程体系的组成主体是多样的、多层的，主体之间的相互关系更是复杂多变的。我们在体系设计时遇到的最大难题主要有三个。第一，由于体系一般是由设备、系统和顶层的不同层次与使命组成的，如何进行整体设计？第二，体系的各种模式和作用之间的关系是非常复杂的，甚至可以说是无穷的，如何认知体系？虽然在体系实体运行中，我们可以对当初未认识的主体之间的作用关系(隐性秩序)进行再认知，但这样带来的周期和代价是难以承受的。第三，体系的组成是庞大和复杂的，如何实现对体系的有效管理，以及体系的有序演进？能事无巨细地控制每个主体吗？

为解决体系整体设计问题，让我们先来参照比较成熟和高效的国家治理的法律体系。该体系分为三层。第一，宪法，稳定而不可侵犯。第二，规范社会各领域的法律，归类而有指导。第三，指导实践的法规或条例，灵活而可操作。其中，下位法不得抵触上位法；但是在执行中，下位法优于上位法，以体现法律与实际的适应性；同位法之间具有同等效力，在各自的权限范围内施行，并由上位法予以制约。

借鉴于此，我们把体系设计分成宏观、中观和微观三个层级。宏观层效力优先，追求稳定；中观层协作优先，追求最优；微观层适用优先，追求成本最小。三层的粒度和反应等都不同，宏观少而精，微观多而细；宏观反应慢，但作用力大，微观反应快，但作用力小，中观衔接过渡。三层相互适应和制约，共同构建复杂体系的适应性机制。同时，在传统体系设计“面向能力”“基于架构”和“模型支持”等三个关键要素的基础上，我们创造性地引入了“流程”“环境”“生命力”等一些新的关键要素，开展了“数据驱动的体系流程设计方法”的探索。为此，我们提出了体系设计的“V++”模型和DE-CAMPS关键要素模型[2]，第一次实现了对体系三层的跨尺度整体描述(见图1)。

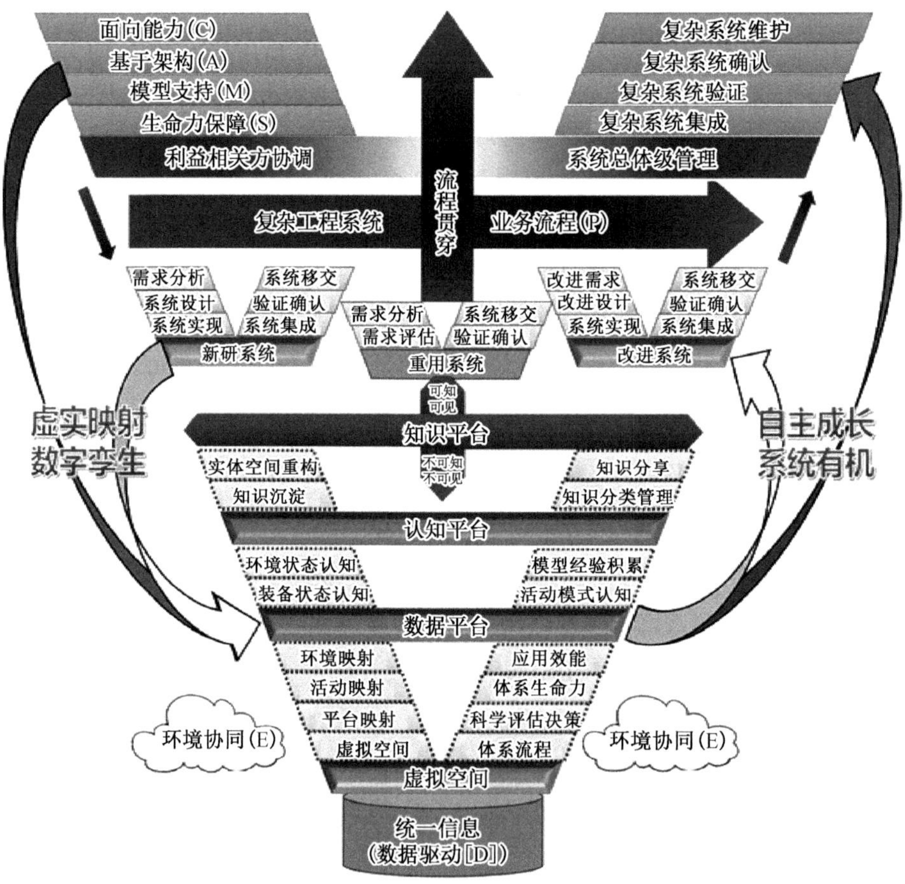

图1 “V++”三层跨尺度设计模型

为解决体系的认知问题，我们借鉴了霍兰教授在《隐秩序》一书中的观点。隐秩序是系统进化、适应的内在决定因素。所以，尽量去挖掘和认知隐秩序，并将其转化为显规则，是认知体系的关键。体系是永续变化的，而且体系的隐秩序既不可能被全部认知，同时其自身也是不断变化的。所以，无论是用仿真手段还是实体迭代来认知体系，结果要么是仿真效果不好，要么是代价大。只有从虚实映射(Cyber-Physical Systems，CPS)入手，利用数字孪生的手段，在赛博空间中寻找隐秩序，在虚实映射中形成显规则。为此，我们在"V++"模型中构建了微观层的数字孪生，因为中观层的系统和宏观层的总体都是微观主体的相互作用和关系的涌现，所以让活跃的微观层在虚实映射中穷尽主体间的各种相互作用，体系的隐秩序才能被更多地认知。

为了解决体系治理问题，我们学习了霍兰教授提出的"复杂适应系统(CAS)是由用一系列规则描述的、相互作用的多主体系统的组成"这一观点。体系中的这些主体随着时间和经验的积累，靠不断调整变换规则来适应。你无法想象一个大城市的治理是由市长控制了每个市民，城市的治理依靠的也是规则。众所周知的激光原理，正是通过控制激光器输入的电流强度，使原子自组织起来，放射相同频率、方向的相干光，这里施加的仅仅是一种微小的"引导"，所有电子都被引导到有序状态，产生激光这一宏观巨大的变化。当然还存在一种可能，就是借助特殊光场从外界对激光器里每个电子施加控制，使它们按相同的节奏放射光波，形成激光。虽然也能产生激光，但是后一种方式的能耗无疑是巨大的，因而是不可接受的。所以针对复杂系统，如果采取"控制"的管理方式，要么代价无法承受，要么由于过度管制或无效管制从而引起体系的混沌过程。因此，体系的运行要基于规则的治理。而为使规则的运行也基于规则，我们设计了三层规则引擎[3]，让体系的治理由基于中心的控制转变为基于规则的引导(见图2)。

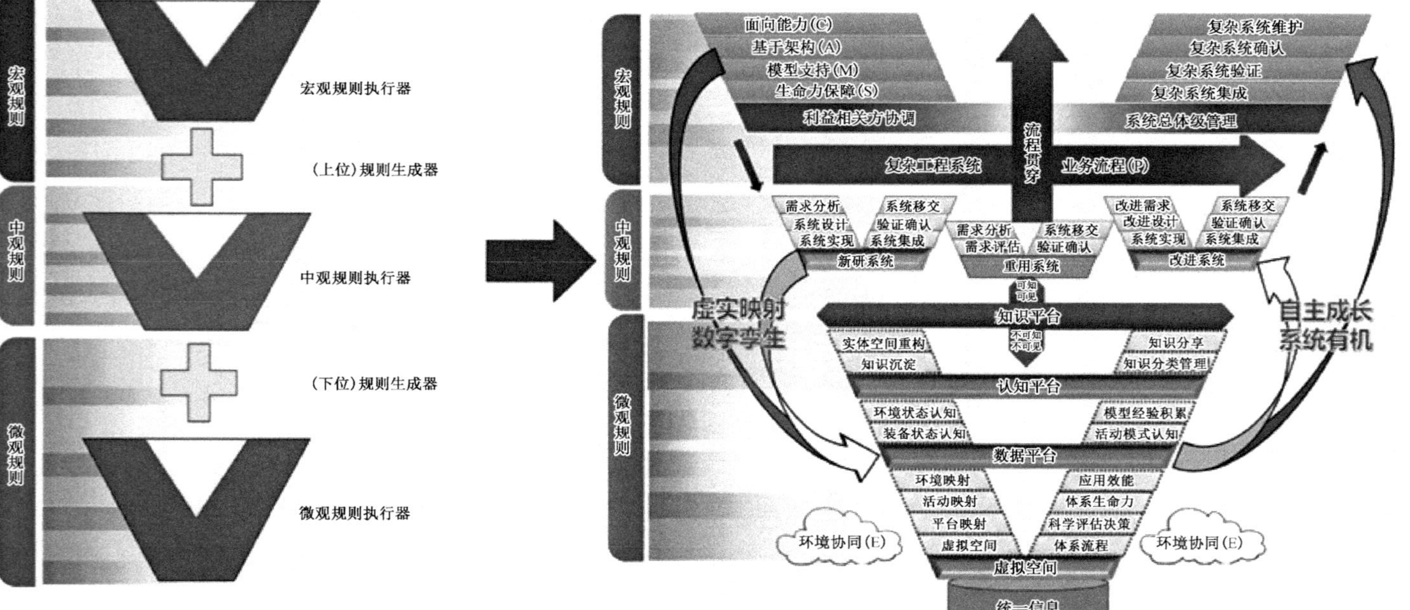

图 2　加载了规则引擎的“V++”跨尺度规则模型

三、体系有机适应性研究基础与特征分析

（一）生物群体的有机性模拟研究现状

复杂工程体系的有机性设计，需要学习生物群体的有机性研究的成果。群体有机性的模拟可分为模拟种群进化和模拟种群协作等两类。

生物群体中的“涌现”，表现为通过简单智能个体的协同工作呈现出复杂有机行为的特性，从而实现以群体超越最优秀个体能力的突破。生物群体中由简单个体组成的复杂而有序的种群自发行为没有中心控制，其中任意个体的行为模式都遵循某种规则，个体之间的相互影响和作用在群体层面呈现出复杂宏观行为的涌现。集群行为鲁棒性强、并行性好，实现了相对简单、无需中央控制的机制。在生物群体协作的有机模拟形成群体智能中，个体必须能够在环境中表现出自主性、反应性、学习性和自适应性等特征。生物群体协作的核心是由众多简单个体组成的群体能够通过简单合作来实现某一功能，或完成某一任务。

模拟种群进化类中最具代表性的是遗传算法。遗传算法是一种通过对生物遗传学和自然选择的模仿构建的优化搜索算法，由约翰·霍兰于 1975 年首次提出。遗传算法为那些难以进行传统数学建模的难题找到了一种新的解决途径。

（二）体系有机适应性特征分析

基于对体系的全新认识和难点对策分析，我们知道自然界有其自身的自然法则和适者生存的适应性机制。而人造体系要想学习大自然的生态构建和自主演化，就要赋能体系以生命有机特性。人造体系首先要把自身从无机非智能体升维到有机智能体，其次要制定人造体系内各主体的运行以及主体间协同的规则，并设计一个引擎以驱动体系构建起适应性机制，从而实现自然界“生命以逆熵为生”的自主演化。

体系的主体通过与环境以及其他主体的交互不断学习和适应，根据所学

的知识或经验改变自身结构及行为。其间，可能产生新的主体，形成新的结构，出现新的层次，从而实现整个体系的演变。霍兰的复杂适应系统理论提出，主体在不断的相互作用中学习，并在学习中通过变换规则、结构和行为方式，产生不断适应环境变化的能力[4]。

人造体系有机适应性借用生物学有机性概念，意指体系具有生物有机体的特征，主要体现在“自学习”“自组织”“自适应”“自修复”“自进化”等五个方面：“自学习”是模仿生物的学习功能，它能在体系运行过程中通过评估已有行为的正确性或优良度，自动修改系统结构或参数以改进自身品质，经学习而得到的改进可以保存并固定在体系结构之中；“自组织”是体系能按照相互默契或约定的规则，各尽其责而又协调地自动完成某些功能；“自适应”是体系的主体之间，以及体系与外部环境的适应能力，可以通过确定适应性因子和计算适应性指数进行评价；“自修复”是指就像生物有机体的某个部位被损伤后能自我修复一样，人造体系有机体也具有自身不断更新和再生的能力，当然这种修复能力是有限的，当受到的损伤达到致命程度，超出修复能力范围时，体系将会无法遂行使命；“自进化”就是体系在学习、适应中改进其行为、状态和结构以形成新的有序状态，并在与环境相互作用的条件下，通过自身的演化而形成新的结构和功能。

四、体系工程有机适应性机制构建探索

（一）当前复杂工程体系有机性研究的困境

1. 工程体系组成的多主体带来的隐秩序复杂性

随着工程体系的规模和组成的扩大，体系的组成不再是一个紧密联系的结构，而是主体多样化的综合体。任何单个主体的持续生存都依赖其他主体提供的环境。当主体的生存发展产生了可以被其他主体利用的相互作用时，这个主体也就成为其他主体生存的客体，主体的多样性也就发展了，使得复杂工程系统的内在秩序也呈现出前所未有的复杂性。这种内生秩序就如约

翰·霍兰描述的，是需要认知和学习的，而且这种内生秩序在主体的相互作用中还会不断创造出新的秩序，进而出现动态的复杂性[4]。

2. 工程体系控制的多中心带来的非线性复杂性

基于一个中心控制的简单系统发展到复杂工程体系，开始出现多个中心，因为复杂系统的目标不是单一的，而是多样化的，并且实现目标的功能组成也是多样甚至异构的。所以，系统没有一个放之四海而皆准的控制逻辑，也就没有一个统领全局的控制中心。这就使得复杂工程的管理无法呈现一个线性的过程，而非线性所引起的复杂性既不易认知，也不便控制。

3. 工程体系功能的软件化带来的特殊复杂性

在软件定义一切的趋势下，工程体系的功能越来越多地为软件所实现，而软件系统是特殊的存在。对于软件逻辑规律来说，由顺序语句、条件语句、循环语句与跳转语句等基本语句组成的软件代码既存在着执行路径的组合爆炸，也存在着输入空间的组合爆炸。而随着软件在系统中所占的比重越来越大，软件的逻辑复杂性已成为导致人造工程系统复杂性的关键因素之一。在当前的技术体制下，软件的逻辑一旦被设定，执行中便无法更改，即使发生错误且被操作者所察觉，也无能为力。

4. 工程体系中的计算机带来的智能复杂性

虽然我们无法把计算机的物理组成和生命属性相联系，但是它的算力和存储功能使得智能机器人等在工程系统中得到广泛应用。冯·诺依曼(John von Neumann)的元胞自动机所实现的自我复制，使得系统的感知、学习和决策逐渐呈现出人类智慧的一些特征，通过赋予人造工程以反馈与学习机制，使得无机系统具备了一定的自适应能力和有机特性。这些智能的出现正在深刻改变着以外部驱动为主的工程系统的逻辑控制思路[5]。

5. 工程体系中人的决策过程带来的博弈复杂性

一般工程体系中，人主要基于技能来决策。而随着系统自动化程度的提高，人又更多地开始基于规则来决策。无论是基于技能还是基于规则的决策过程，我们都可以通过学习和训练来使操作者熟练掌握，这里也体现了个体的适应性能力。随着系统的复杂度提高，对人的决策要求也呈指数攀升。虽然技能或规则娴熟后，会产生基于经验的决策，但是这些经验的积累需要漫长的实践过程和各种状况的处置积累，并且代价大、周期长。没有哪个人能掌握所有设备的操作和故障处理。所以，在人机交互的过程中，如何解决复杂博弈迫在眉睫。

6. 工程体系复杂性的度量带来的复杂性

工程体系的复杂性越来越大，但是衡量系统的标准五花八门，莫衷一是。梅拉妮·米歇尔(Melanie Mitchell)在《复杂》中介绍了大小、熵、算法信息量、逻辑深度、热力学深度、计算能力、统计、分形和层次性等九种方法[6]。但每种方法只是抓住了复杂性的某些方面，都存在理论和实践验证的局限性，还远不能刻画实际工程系统的复杂性。

7. 工程体系熵增的不可逆趋势带来的复杂性

热力学第二定律揭示了宇宙从可能性较小的(有序的)宏观状态演化为可能性较大的(无序的)宏观状态的趋势。熵增定律等同于真理的程度与“把一杯水倒入大海以后，就不可能再取回同一杯水”的程度相同。基于比特的熵，一方面度量信息量，另一方面则度量无序程度。这种无序的趋向是工程系统所不希望的，但是如何抑制或用负熵来对冲，是工程系统的永恒课题。

8. 工程体系的内在模因带来的复杂性

用著名哲学家丹尼尔·丹尼特(Daniel Dennett)的话说：“一个模因就是一个自行其是的信息包。”[7]模因不应被视为基本粒子，而应被视为生物体。模因可以是故事、食谱、技能、传说或时尚等。工程系统中，这个模因可以类比于能力包，是带有信息或知识的组成结构。各个模因会相互竞争，以争夺有限的资源。如何产生并利用模因是工程系统升级和进化的关键问题之一。

以上分析虽然只是笔者雾里看花或管中窥豹的认识，但可以确定的是，以还原论为理论基础的无机工程系统遇到了前所未有的挑战，而挑战的核心就是外部控制已经不能使复杂工程体系实现有序和进化，无机系统需要向生命有机学习。

（二）复杂工程体系有机适应性分类

自然界中，有机性赋予生命体“智能”。对于低等生物而言，它的有机性主要体现在生存和繁衍行为中。更高层次的有机性还能形成更高等的生物智能。以人类为例，除却极强的生存能力，人类还具有感受、识别、表达和获取信息及知识，并进行复杂思考和判断的能力。

使复杂工程体系具备有机性，事实上就是使其具有一定的智能。根据生物有机性等级的启示，可以将复杂工程体系的有机性分为干预式有机性、半自主有机性和全自主有机性三个层次、十个等级(Organic Level)。干预性有机性是指复杂工程体系需要在有人操作(人在回路)的情况下的有机性，这是低级别有机性(OL-1 至 OL-4)。半自主有机性是指复杂工程体系在有限人工干预的情况下，通过预设规则或动作实现有机性，这是中级别有机性(OL-5 至 OL-7)。全自主有机性则强调不需要人工干预，复杂工程体系能够完全自动实现有机性，这是高级别有机性(OL-8 至 OL-10)。复杂工程体系的有机性等级划分见表 1。

表 1　体系有机适应性层次定义

层次	等级	定义
干预性有机适应性	OL-1	体系可控制或遥控
	OL-2	体系实时故障诊断
	OL-3	体系自主失效恢复与健康管理
	OL-4	体系的组成、结构、功能与流程可重构
半自主有机适应性	OL-5	面向任务体系自主协调各个成员
	OL-6	面向任务与环境，在人的干预下体系可自主实施战术重规划
	OL-7	面向任务与环境，在人的干预下体系可自主实施战略重规划
全自主有机适应性	OL-8	体系可全自主对各个成员实施分布式控制
	OL-9	面向任务体系进行全自主作战任务与战术的重规划与实施
	OL-10	体系进行全自主战略重规划，并相应实施任务的全自主规划

从体系的隐秩序与有机性的概念和内涵上看，目前复杂工程体系的有机性还处于低级别。要实现复杂工程体系的全自主有机性，大量的技术和方法还有待发展。目前，通过群体有机性和个体有机性的模拟是实现复杂工程体

系有机性的有效途径。

（三）用“V++”三层规则模型设计复杂工程体系的探索

从复杂工程体系的有机性层次和级别定义来说，目前基于生物有机性模拟的智能算法并不能完全支撑工程体系有机性的实现。实现体系有机性的基础理论、关键技术和核心算法取得实质性进展尚需时日。为此，笔者借鉴耗散结构的自组织理论，探索性地提出了基于“V++”三层规则模型的设计之法，希望为复杂工程体系研究开辟出一条新路。

基于对体系有机适应性的新认知，本文提出了基于规则“升维”和基于虚实映射“深维”的“V++”三层模型和耗散结构分析(见图3)。

“V++”模型包含上下两个模型，上面的“V+”模型是工程体系构建“V+”模型，基于规则和流程把体系层和系统层连接起来；下面的“+V”模型是通过构建虚实映射的虚拟空间数字孪生体系，实现对系统的动态认知和挖掘，并最终实现工程系统的自组织、自适应构建。

1. 复杂工程体系构建“V+”模型——实现体系与系统的贯通

复杂工程体系分为体系级与系统级两个层次，体系构建过程的核心就是对体系工程关键要素模型DE-CAMPS模型进行定义。

C：概念设计。通过概念设计，明确体系的使命任务与能力要求，作为整个工程体系设计的输入。

A：架构确认。概念设计明确了体系的主要任务，基于任务确认体系的基本架构。

M：模型支持。以基于模型的系统工程(MBSE)为方法基础，对复杂工程体系管理的所有装备平台进行数字化、模型化建设，建立规范、统一、可信的装备平台数字模型库，为后续装备的全数字化仿真设计与推演提供支持。

P：流程贯穿。根据体系使命任务，以效能为目标，以流程为纽带，贯通体系和系统。

S：生命力保障。类比自然界生命有机系统的有机特性，通过制定一定的规则，采用一定的控制机制、技术框架与技术手段，构建一种具有重构能力

1. 开放：数字孪生，虚实映射

2. 远离平衡态：宏观、中观和微观三层规则内容、粒度和数量不同；作用力和反应时间不同；隐秩序的认知产生新秩序等造成不平衡

3. 涨落和突变：规则的加载和新规则的产生引发涨落，达到一定阈值引起层级突变的涌现

4. 自发的非线性相互作用：以适应性为目标的隐秩序认知引发主体间非线性的相互作用，但不是自发的

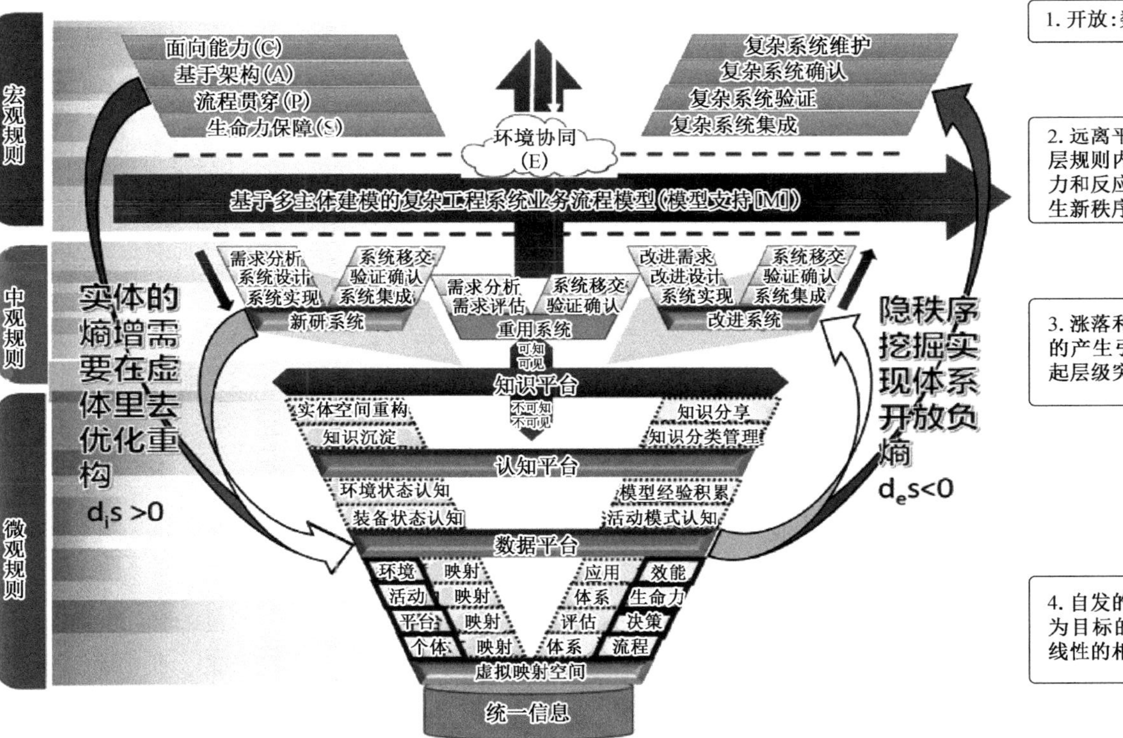

图 3 “V++”跨尺度规则模型的耗散结构分析

的弹性的工程体系，提升体系的生命力。

D：数据驱动。结合装备数字工程，建立统一的装备数字化模型数据库，用数据驱动工程体系全流程运行。

E：环境协同。复杂工程体系运行的环境既包括内环境，也包括外环境，体系与环境既融为一体，也可以相互转换。

在体系层级与系统层级之间，一方面是通过顶层来管理整体的需求，另一方面是通过中层和基层涌现出新的需求。在系统层级，涉及各类平台系统，而在复杂工程体系的运用过程中核心的转变是从控制转为引导，高层决策者需要做的是制定规则和设定规则适用条件[8]。

2. 复杂工程体系动态演化管理“+V”模型——实现系统的动态管理与有机的自组织、自适应构建

复杂工程体系演化管理主要通过构建虚实映射的虚拟空间数字孪生模型来管理体系的演化过程。此过程涉及从数据平台到信息平台再到知识平台的递进关系。

首先是构建数据平台，通过对系统的功能映射、性能映射、流程映射与环境映射，为工程体系数字孪生模型的构建提供数据输入，并按层次分别开展装备系统建模、系统交互建模、工程体系建模与场景建模，并最终建立体系各层级的数字孪生模型。

其次是构建信息平台，通过对数字模型的仿真推演，并运用大数据分析与人工智能学习技术，挖掘体系内部装备间协调运行的隐秩序，并探索体系的运行机理，从而形成专门挖掘复杂工程体系隐秩序的信息平台。

最后是构建知识平台，通过挖掘工程体系内部协调运行的隐秩序，构建出体系应对外部环境变化的适应性机制，实现工程体系能力包的形成与运用，并最终达成体系的动态重构以及自主学习作业样式的目标。

通过“V++”模型中上下两个V之间的反馈与循环，按照耗散结构的开放、远离平衡态、涨落和非线性相互作用等四个条件，将复杂工程体系的一级系统映射到“V++”宏观层、二级系统映射到中观层、设备组件和数字孪生映射到微观层，构建起复杂工程体系的适应性机制，从而实现复杂工程系统的自组织、自适应演化发展，并最终使得复杂工程系统的设计和验证从基于中心的控制转变为基于规则的引导。

五、有机适应性评估

体系工程适应性的强弱，取决于体系与外部环境之间、体系内部成员系统之间、成员系统内部主体之间相互作用及耦合关系的有序性和协调性。为此，笔者归纳了与人造工程体系适应性及效能涌现行为强相关的关键能力因素，提炼出主体、关系、能力包、规则、流程和环境六大适应性因子[8]，将多层次工程系统内部的非线性交互作用及耦合关系的适应性评估作为评价人造体系工程设计好坏的量化指标(见图4)。

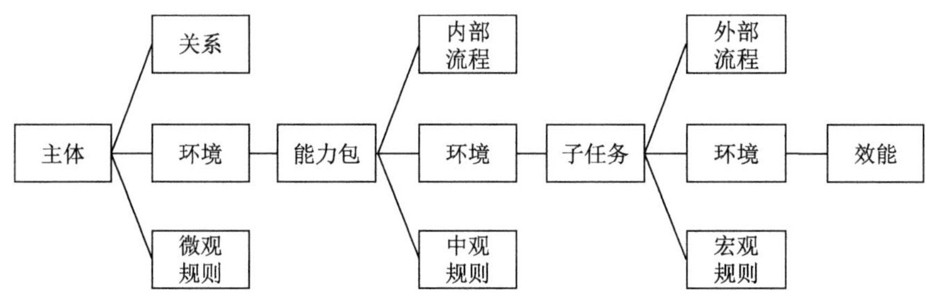

图4　适应性因子设计

作为刻画要素间复杂交互关系的理想数学工具，复杂网络及其运算为刻画工程系统内部非线性交互作用适应性及其跨层次效能涌现行为，提供了有力的表征及计算支撑。为此，笔者运用网络化建模手段表征复杂工程体系的六大适应性因子，基于网络结构特性发现系统内在适应性生成的本质，定义多层级体系工程的适应性指数为：

适应性指数=F(主体；关系；能力包；流程|规则；环境)[8]

运算F定义了在环境协同的适应性规则引导下，体系工程微观主体间的耦合作用关系、中观作业级能力包间的时序流程及宏观外部任务组织协同流程的有序性和协调性，从系统组分间交互作用的适应性角度评估了顶层任务效能的有序涌现程度，为工程系统设计方案评估及优化工作提供了有效的数学分析手段。

体系工程微观层的适应性，依赖系统内部单元级主体之间的高效协作。在构建的工程体系复杂要素聚合网络中，单元级主体之间的交互作用和耦合关系被描述为组织协作关系边、协同约束关系边，而“V++”适应性规则引擎中的微观层引擎规定了上述连接边关系的权重。笔者基于要素聚合网络，并利用非负矩阵最大特征值的特性进行运算，定义微观层主体在关系、主体级环境和微观规则作用下，形成能力包的适应性聚合过程。

体系工程中观层的适应性，依赖体系内部流程支配下的成员系统或主体类群之间的高效协同。在构建的工程体系复杂要素聚合网络中，将成员系统按其提供的作业服务类型进行划分，利用相应的能力包表征。同时，受制于系统内部流程约定的作业间前驱后继执行顺序，成员系统之间的交互作用被表征为各个能力包作业群落间的有向作业顺序。笔者基于结构中心度计算权重，信息熵的倒数运算表征能力包组合的有序性，定义作业能力包在内部流程、成员系统级环境和中观规则作用下，形成子任务的适应性聚合过程。

体系工程宏观层的适应性依赖体系与外部环境的良好交互，而确保此交互行为有效运行的核心是利用“V++”适应性规则引擎中的宏观规则执行器和生成器。要充分理解外部自然及人造体系环境对工程系统的任务需求和运行约束，建立适应外部环境要求和变化的系统任务样式设计及调整机制，从而在宏观环境协调规则作用下，实现以协调多个外部订单任务优先级及作业顺序的外部流程为核心的系统多订单处理任务汇聚过程，保证体系工程顶层任务的有序高效执行。

最终，基于量化分析确定的系统序参量，优化设计体系工程适应性指数解析计算模型和适应性指数的跨层传导[8]（如图5）。

除了“抄袭”，任何创新在一开始都是稚嫩的。但我们可以大胆预言：这既是中国工程界与自然科学的一次有力对话，也是世界复杂性研究领域的一次有益探索。体系工程走出传统还原论困境的破局之路，就是远离“他组织”、无限接近“自组织”的过程，就是从外部精准控制向内部隐秩序挖掘，从

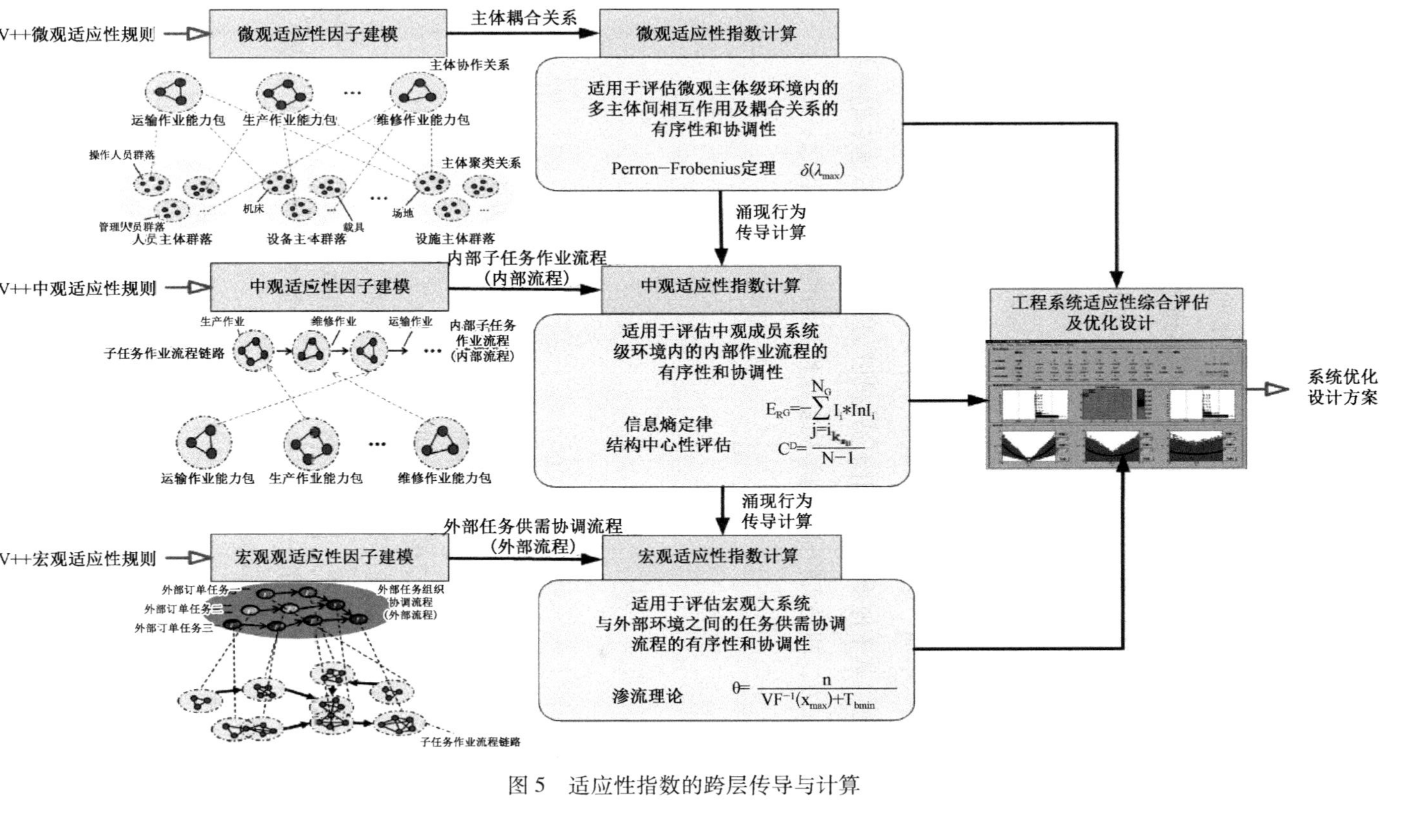

$$E_{RG}=-\sum_{j=i_{k_{sn}}}^{N_G} I_i * \ln I_i$$

$$C^D=\frac{\cdot}{N-1}$$

$$\theta=\frac{n}{VF^{-1}(x_{max})+T_{bmin}}$$

图 5　适应性指数的跨层传导与计算

而使内外秩序在学习和认知中不断适应的过程。笔者提出的体系工程“V++”跨尺度融合大模型和适应性规则引擎及指数，就是按照“适应性造就复杂性”的原理，遵循自然界“生态适者生存”的法则，学习自组织耗散结构理论的架构和条件，利用元宇宙的技术和手段，创造性提出的体系工程新的理论和方法。这一方法论使体系工程从基于逻辑的控制向基于规则的适应转变，实现了实质性的跨越，是系统工程学派的最新发展，也是复杂性研究“中国学派”的最新成果。在已经到来的智能时代，我们基于“V++”跨尺度大模型和适应性规则引擎，赋能体系工程以有机生态，这样可以实现虚界与实界的握手、过去和未来的对话，实现“虚界一天，实界一年”的千年梦想。这是转无机为有机、赋体系以生命的一次革命。这是笔者从系统工程实践向系统科学发展迈出的重要一步，所提出的“基于他规则的自组织适应性”理论，虽然不是工程系统复杂性研究的唯一方法，却是实验证明的解决复杂性策略的可信路径之一。

参考文献

[1] 颜泽贤.耗散结构与系统演化[M].福州:福建人民出版社,2007.

[2] 张宏军,黄百乔,罗永亮,等.从降维解析到映射升维——复杂工程系统原理探索[M].北京:北京电子工业出版社,2020.

[3] 张宏军,邱伯华,魏穆恒,等.从隐秩序到显规则——工程体系基于V++规则引擎的生态演进[M].北京:北京电子工业出版社,2021.

[4] 约翰·H.霍兰.隐秩序——适应性造就复杂性[M].周晓牧,韩晖,译.上海:上海科技教育出版社,2019.

[5] 埃里克·博纳博,马尔科·多里戈,盖伊·特洛拉兹.集群智能——从自然到人工系统[M].李杰,刘畅,李娟,译.北京:中国宇航出版社,2020.

[6] 梅拉妮·米歇尔.复杂[M].唐璐,译.长沙:湖南科学技术出版社,2018.

[7] 詹姆斯·格雷克.信息简史[M].高博,译.北京:人民邮电出版社,2013:256.

[8] 张宏军,黄百乔,张羽,等.从控制到引导——复杂性工程学派的有机适应性理论[M].北京:电子工业出版社,2023.

A Response to Complexity
—Organic Adaptability Design of Systems Engineering

Zhang Hongjun

Abstract: Heisenberg's Uncertainty Principle provides that multiple subjects and objectives will trigger uncertainty inevitably, which constitutes the major source of significant increases in complexity. This brings numerous confusions and challenges for both system designers and users, to crack the complexity of systems, callings for both theoretical and methodological innovations can be frequently heard. Drawing on the natural law of "survival of the fittest", adaptive mechanisms built by endowing equipment systems with organic features of lives is found to be an effective solution to complexity. Subsequently, the organic adaptability theory of complexity research, and the complexity design methodology predicated on the cross-scale "V++" model and the adaptability index are further purposed exploratorily.

Keywords: Complexity; Organic Adaptability; "V++" Model; Adaptive Index

慢性病共病管理复杂系统模型与应用*

赵林度　蒋　豆　梁艺馨　王海燕　孙子林**

摘　要： 面对严重威胁我国人民群众生命健康的慢性病共病管理的现实问题，以建立健全慢性病多病共防、多病共检、多病共管的“整合型”医疗卫生服务体系为目标，本文运用系统思维和复杂系统建模方法，在揭示慢性病共病管理的复杂整体性的基础上，一方面深入探讨了涵盖慢性病共病管理复杂系统的状态、演化和决策的基本框架，以及慢性病共病管理复杂系统建模的理论方法，另一方面从干预效果分析、患病率和患者效用分析、医疗服务提供商边际收益分析与激励机制设计等多重角度探讨了复杂系统模型的应用。研究成果将有助于提升我国医疗卫生服务供给侧、需求侧和支持侧深层次融合共创健康价值的能力，为“健康中国”科学施策提供更具创新性的管理科学理论支撑。

关键词： 慢性病共病　复杂系统管理　马尔可夫决策过程

---

*　基金项目：本文受国家自然科学基金面上项目“移动健康数据共享平台动态定价策略研究”(72071042)支持。

**　作者简介：赵林度，东南大学经济管理学院教授、博士生导师，研究方向为复杂系统分析与决策、健康管理；蒋豆，东南大学经济管理学院博士研究生，研究方向为健康管理；梁艺馨，东南大学经济管理学院博士研究生，研究方向为健康管理；王海燕，东南大学经济管理学院教授、博士生导师，研究方向为复杂系统管理、健康管理；孙子林，东南大学医学院教授、博士生导师，东南大学糖尿病研究所所长，东南大学附属中大医院内分泌科主任医师，研究方向为糖尿病及其慢性并发症发病机制和干预策略、糖尿病教育和管理模式。

一、引言

党的二十大报告擘画了中华民族伟大复兴的宏伟蓝图，在推进“健康中国”建设部分首次写入“慢性病管理”，呼吁加强重大慢性病健康管理。由于慢性病具有病因复杂、起病隐匿、病程长及病情迁延不愈等特点，部分患者往往同时罹患多种慢性病。慢性病共病与机体功能、生活质量、医疗卫生成本等远期结局有关，给中国医疗卫生服务体系带来沉重的服务供给负担和经济负担[1][2]。在“健康中国”战略背景下，如何构建符合中国国情的慢性病多病共防、多病共检、多病共管的“整合型”医疗卫生服务体系，以应对日益增长的慢性病共病患者群体及其管理支出的挑战，已经成为中国医疗卫生领域亟待解决的重要科学问题。“整合型”医疗卫生服务体系构建旨在充分发挥医疗健康数据的乘数效应，有效应对慢性病共病群体扩大和慢性病医疗支出指数增长的危机，从而进一步巩固和拓展《“健康中国2030”规划纲要》所取得的战略成果，切实保障中国人民的生命健康。

尽管中国已经见证了人均预期寿命的延长和生活质量的显著提升，但不同类型的医疗支出对健康效益的贡献差异显著[3]，如何有效配置公共医疗卫生资源已成为推进卫生健康体系建设的关键问题。为了更有效地利用公共医疗卫生资源，既需要从供给侧鼓励医疗卫生服务提供者提供高价值的护理服务，也需要从需求侧激励患者积极预防和遵从医嘱，更需要从支持侧确保资金的投入和使用都是精准而富有价值的，能够切实提升医疗卫生服务的质量，扩大覆盖范围。面对医疗卫生服务供给侧、需求侧和支持侧交叉融合的复杂场景，慢性病共病服务体系设计的重心应从“供方驱动”转向“需求导向”。因此，迫切需要探讨实现供需精准匹配的理论方法，为新的卫生政策与体系决策范式提供科学依据。

慢性病管理涵盖筛查、监测、诊断、治疗/控制及预后管理等环节，现有研究多聚焦于某一两个环节作为决策依据，例如肝细胞癌的筛查[4]、青光眼的监测与控制[5]、慢性肾脏病监测[6]、并发创伤性脑损伤的监测和预后[7]、多发性硬化的监测与控制[8]。慢性病管理活动是一项系统工程，若系统未来状态仅取决于当前状态而与过去状态无关，则可采用马尔可夫链进行建模。

马尔可夫链建模方法可进一步细化为马尔可夫决策过程(Markov Decision Progress，MDP)及其扩展模型，如部分可观测马尔可夫决策过程(Partially Observable Markov Decision Process，POMDP)，具体选择取决于系统特性及不确定性来源。状态转移概率和观测概率由患者的临床数据应用隐马尔可夫模型(Hidden Markov Model，HMM)和预测模型(Predictive Model)估计。在某些情况下，系统当前状态可能无法直接观测，仅能通过系统观测或信息构建当前状态的概率信念。POMDP 能够捕捉马尔可夫过程当前状态的可观测性，进而应对未知状态信息分析带来的挑战。POMDP 的应用伴随着两种复杂性：系统演化的随机性和当前状态的不确定性。因此，可以将马尔可夫模型及其扩展模型与辅助模型相结合来解决复杂性问题。慢性病管理模型研究的相关文献如表1所示。

表1 慢性病管理模型研究的相关文献

文献	管理问题	马尔可夫及其扩展模型与辅助模型			
		MDP	HMM	POMDP	辅助模型
Kamalzadeh et al. (2021)[5]	糖尿病筛查策略		√	√	预测模型
Nenova et al. (2022)[6]	慢性肾病随访预约计划	√			案例推理模型、Cox 比例风险模型
You et al. (2022)[9]	慢性肾病并发症用药决策	√			个性化预防干预模型
Liu et al. (2022)[10]	脓毒症预测		√	√	随机森林、神经网络
Naumzik et al. (2023)[11]	腰痛患者治疗计划		√		贝叶斯 Copula 预测

相较于单个慢性病管理，慢性病共病管理更为复杂。针对中国公共卫生服务财政投入“重医轻防”的现状，本文以慢性病共病管理复杂系统为对象，以社会福利最大化为目标，将系统思维与复杂系统建模方法相结合，研究建立由医疗卫生机构、医疗卫生服务提供商、患者群体组成的慢性病共病管理

系统基本框架，以更加有效地激励医疗卫生服务提供商的服务行为和患者遵从医嘱的就医行为，共同防止慢性病共病的发生和发展，旨在揭示医疗卫生服务供给侧、需求侧和支持侧合成的“黑箱”。慢性病共病管理复杂系统模型与应用研究的意义，不仅在于探索建立慢性病共病管理复杂系统模型的理论方法，挖掘复杂系统内在的机理及其演化规律，更在于提升医疗卫生服务供给侧、需求侧和支持侧深层次融合共创健康价值的能力，为“健康中国”科学施策提供定量化、动态化、创新性的管理科学理论支撑。

二、慢性病共病管理的复杂整体性

慢性病共病管理呈现高度的复杂性和整体性，不适宜拆分为独立子系统分别进行研究。这意味着必须以系统思维建立患者管理与疾病干预的复杂动态调控模型，包括将管理主体和管理环境从还原论不可逆性角度进行建模，以更加科学地展现慢性病共病管理的复杂整体性。

（一）慢性病共病管理的复杂性

慢性病共病管理是一个动态演化的复杂系统，其复杂性体现在病理机制、反馈机制和主体关系中。

第一是复杂的病理机制。疾病与疾病以及疾病与因素之间的两对映射关系通常蕴含复杂的病理机制[12]。心理和社会因素会通过病理机制诱发生理病症的发作和恶化。积极参加社会活动的老人，其共病患病率相对较低[13][14][15]。

第二是复杂的反馈机制。系统各要素相互影响而综合形成的累积效应，其影响或远大于各部分之和[16]，从而使简单的多种治疗方案组合方式难以应对复杂共病[17]。多病治疗容易引致不同药物相互作用，增加不良反应或减弱治疗效果[18]。

第三是复杂的主体关系。健康问题受到不同利益相关者行为的影响，忽视这些行为可能会导致意想不到的后果，或者导致无效的政策或结果低于对照临床试验[19][20]。通常，慢性病共病管理需要医生、护士、营养师、心理医生等多学科人员协作[21]，多主体参与增强了慢性病共病管理的复杂性。

慢性病共病管理的复杂性极大地增强了管理不确定性，不仅提升了慢性病多病共防、多病共检、多病共管的难度，而且难以准确评估慢性病共病的管理绩效，难以有效防止慢性病共病的发生和发展。

（二）慢性病共病管理的整体性

医疗卫生领域的传统方法往往无法完全解决医疗卫生系统的复杂性，理解和处理复杂性需要推动一种范式转变，即从线性、简化方法变为动态、整体方法。2009年，世界卫生组织的卫生政策与体系研究联盟(Alliance for Health Policy and Systems Research)提出“加强医疗卫生系统的系统思维”。范·维特马尔申(Van Wietmarschen)等人认为，复杂性科学方法能够为医疗卫生系统获得最佳干预方案提供机会，并且认为复杂系统理论方法适用于慢性病共病系统[22]，为多病共防、多病共检、多病共管提供了一种新途径。

复杂系统理论和方法能够体现医疗卫生系统组成部分之间多方面、相互关联的关系，以及不同参与者和利益相关者的观点、利益和权利[23]。换言之，系统思维能够指导关键行为者，诸如国家政策制定者和政策实施者，对卫生系统进行有效投资[24]。瓦茨(L. M. E. Vaz)等人提出了一个以实现有效覆盖为改革目标的复杂卫生系统思维框架，旨在扩大卫生干预措施的有效覆盖范围及提高卫生干预措施的实施力度[25]。

慢性病共病管理的整体性突出了医疗卫生的系统思维，有助于从医疗卫生服务供给侧、需求侧和支持侧交叉融合的复杂场景，研究构建慢性病多病共防、多病共检、多病共管的“整合型”医疗卫生服务体系。

（三）慢性病共病管理的复杂系统结构

慢性病共病背后隐藏着复杂的疾病机制。施图姆贝格(J. P. Sturmberg)等人认为，这是复杂网络系统受到内源性及外源性刺激后相互作用的结果，内部网络包括基因组、代谢组学、蛋白质组学、神经内分泌、免疫和线粒体生物能元素，外部网络包括社会、环境和卫生保健等[26]。研究表明，与非共病患者相比，共病患者的死亡风险增加了73%(HR：1.73，95%CI：1.14—

2.13)[27]，功能受限风险增加94%(HR：1.94，95%CI：1.43—2.63)[28]。慢性病共病复杂性使临床干预效果降低、治疗难度加大，患者不得不服用多种药物和花费更多的时间监测或治疗疾病[29]，既增加了患者的医疗费用，也降低了患者的生活质量。

慢性病共病复杂的疾病机制极大地增强了慢性病共病管理过程和结果的复杂性，必然引发医疗卫生服务供给侧、需求侧和支持侧深层次变革，驱动慢性病共病管理复杂系统模型的形成与演化。美国疾病预防控制中心指出，相对于传统的疾病预防路径，疾病共病管理路径是定义相关人群，探寻影响该人群健康的因素，挖掘这些因素在人群间存在差异的原因，并决定如何统筹应对。因此，探索慢性病共病的关联网络及其分布规律，有助于将疾病归类，降低慢性病防治的复杂度[30]，有助于构建如图1所示的慢性病共病管理复杂系统结构。

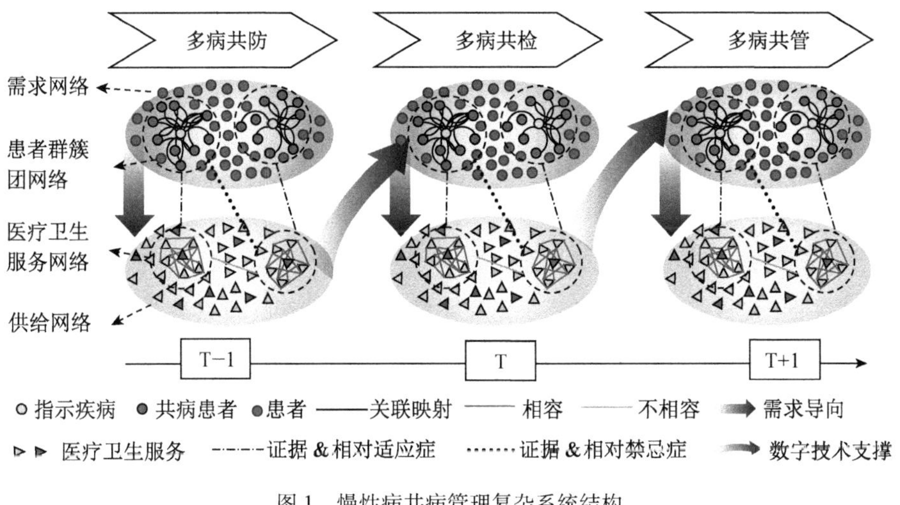

图1 慢性病共病管理复杂系统结构

慢性病共病管理复杂系统结构描绘了医疗卫生服务供给网络与需求网络之间的关联关系，深入揭示了两者在协同演化过程中的动态性和依存性。需求侧的患者群簇团网络的结构特征和行为模式对系统运行具有重要影响，供给侧则需要针对需求网络的变化做出响应，迅速调整服务内容、服务方式和服务路径，以满足患者日益增长的多样化需求。由政府部门主导的支持网络在慢性病共病管理复杂系统中担负着调节供需、平衡资源的重要角色，体现在患者需求的精准匹配和医疗资源的优化配置上。由供给侧、需求侧、支持侧共同组成的慢性病共病管理复杂系统，通过协同演化实现自我调整与优化，持续提升多病共防、多病共检、多病共管能力，为患者带来更高效、更精准的医疗卫生服务，从而创建一个高效、精准、可持续的“整合型”医疗卫生服务体系。

三、慢性病共病管理复杂系统模型

慢性病共病管理的复杂整体性对人工智能、大数据等新一代信息技术提出了新挑战，同时新技术的应用又持续增强了医疗卫生服务支持侧的力量。在新技术蓬勃发展的新时代背景下，将系统思维深度融入医疗实践，用以精准刻画慢性病共病管理复杂系统的状态、演化和决策，有助于深入剖析慢性病共病管理复杂系统的内在特性和演化规律。

（一）慢性病共病管理复杂系统的基本框架

在复杂性和整体性并重的场景中，慢性病共病管理复杂系统建模需要回答三个关键问题(如图 2 所示)。

“关键问题一”是系统状态。定义系统及系统边界，即解释何为慢性病共病管理复杂系统，包括建立和解构系统、剖析系统内在特性和演化规律。

“关键问题二”是系统演化。了解系统学习途径，即决策者行动对系统的长期影响，包括慢性病共病服务需求与服务供给之间的映射关系。

“关键问题三”是系统决策。将系统学习途径应用于研究问题并创建潜在解决方案，从而重新定位原有问题。

本文基于系统思维，有效集成马尔可夫及其扩展模型，探索构建慢性病多病共防、多病共检、多病共管的“整合型”医疗卫生服务体系的方法，并应用关键特征建立涵盖描述型模型和决策型模型的系统模型(如图 3 所示)。描述型模型是指应用系统演化特征模拟其随时间变化的特性，包括变化中固

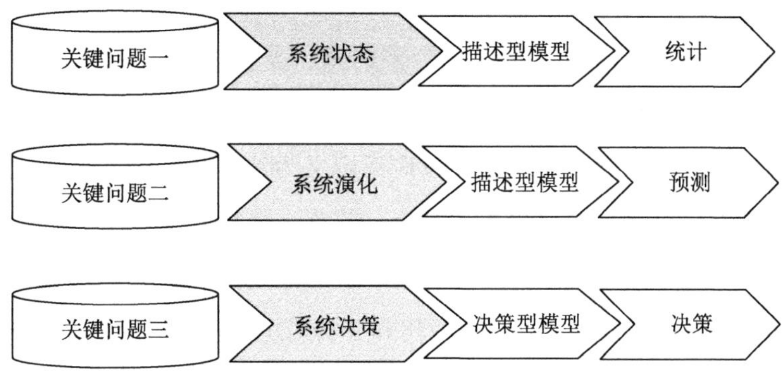

图 2 慢性病共病管理复杂系统建模的关键问题

有的不确定性。描述型模型直接从应用领域的可用数据中学习获得，为决策模型提供其自身无法提供的信息，能够尽可能多地捕捉系统异质性特征。决策型模型用于分析决策者行动对系统的长期影响，系统优化决策者据此做出决策和采取行动，同时考虑每个因素对系统的即时和长期影响。决策型模型依据不同的优化目标而有所侧重，保证了管理框架在不同领域、不同问题中应用的普适性。系统模型建立的目的不是预测未来，而是帮助人们了解慢性病共病管理复杂系统如何随着时间的推移对不同的策略做出反应，即管理策略如何影响复杂系统的短期和长期绩效。

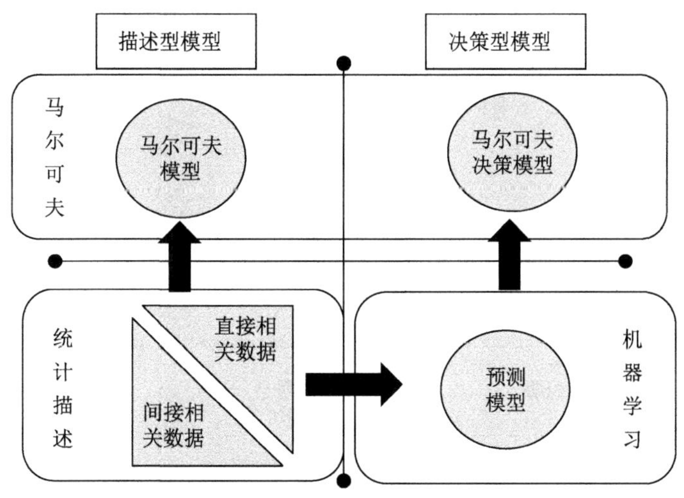

图 3 慢性病共病管理复杂系统的基本框架

1. 慢性病共病管理复杂系统状态

慢性病共病管理复杂系统是一个多因素、多变量、多层次的动态系统，涵盖了患者群体、医疗卫生服务提供商、医疗卫生机构等多个利益相关者。慢性病共病管理复杂系统的边界可以广泛定义为涉及慢性病共病管理的所有活动和流程，如慢性病共病诊断、治疗、监测、康复、预防以及相关的政策制定和资源配置。慢性病共病管理复杂系统的建立，需要明确各个组成部分及其相互之间的关系和作用。通过收集和分析历史数据，运用统计方法(如时间序列分析、回归分析等)，可以揭示系统的演化规律，为未来的管理和决策提供依据。

复杂系统管理理论提供了慢性病共病患者状态评估的理论方法，预测系统从一种状态到另一种状态的转变，例如从健康状态到疾病状态的变化。在非线性动力学方面，系统可以通过跨越临界点在多个稳定状态之间移动。未来的疾病预防方法能够基于监测系统向临界点的移动过程而设计[17]。如图4所示，临界转变表现为短时间内发生大量的状态变化，现实生活中可以通过观测系统行为的变化来预测关键状态转变。理想的管理策略应当是阻碍系统真实状态向临界点靠近的趋势。因此，慢性病共病管理复杂系统的关键点在于寻找状态转变临界点，防止系统向恶化状态过渡或尽可能维持现有状态不变。

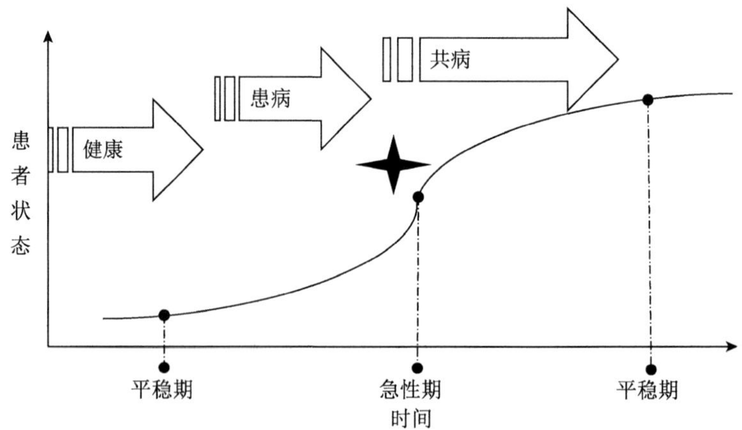

图4 慢性病共病患者状态轨迹

2. 慢性病共病管理复杂系统演化

在慢性病共病管理复杂系统中，学习途径是通过收集和分析系统的历史数据与经验来预测和理解系统的未来演化趋势。慢性病共病管理复杂系统的演化受到多种因素影响，如患者健康状况的变化、医疗技术的进步、政策环境的变化等。组合机器学习算法、系统动力学模型等预测方法，可以综合预测未来的医疗卫生服务需求趋势，并评估不同政策或干预措施对系统演化的影响。

慢性病共病管理复杂系统演化包含系统学习与预测未来两个方面，预测模型能同时满足这两个条件。如图 5 所示，慢性病共病管理复杂系统在演化过程中始终产生信号，正确识别信号传递的信息，了解系统当前特征状态，是系统建模与最佳决策的关键步骤。观测值提供有关系统实际状态的信息，系统发出的任何信号都能作为观测值，但观测的性质取决于系统的性质。慢性病共病管理复杂系统学习的目的是预测未来状况。如果从信号源收集了足够的数据，就可以应用数据分析技术将它们聚合成更准确、更有意义的观测。因此，预测模型能从历史数据中学习并收集系统历史信号，从而为系统演化提供更丰富的观测信息。

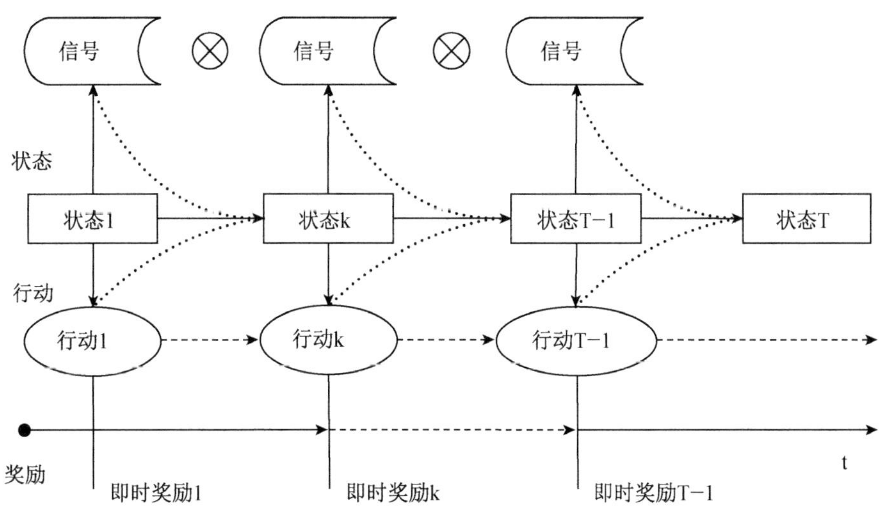

图 5　慢性病共病管理复杂系统演化

3. 慢性病共病管理复杂系统决策

慢性病共病管理复杂系统实现动态调整的关键，在于能够自动根据不断变化的环境和条件调节系统的参数与设置。系统决策问题即在涉及全面考虑系统状态、演化规律和利益相关者需求的基础上制定最优决策的过程，确保系统能够灵活地适应不断变化的环境和条件，以最大限度地提高医疗卫生服务质量和效率。

鉴于慢性病共病管理的序贯决策过程需要考虑当前决策对未来健康状况的长远影响，马尔可夫及其扩展模型不仅有助于优化决策过程，而且能够为慢性病共病管理提供科学依据。若给定系统当前状态，其未来状态与过去状态无关，则该系统可视为马尔可夫链系统。因此，选择 POMDP 作为核心决策模型，隐马尔可夫模型和预测模型作为辅助模型(如图6所示)。

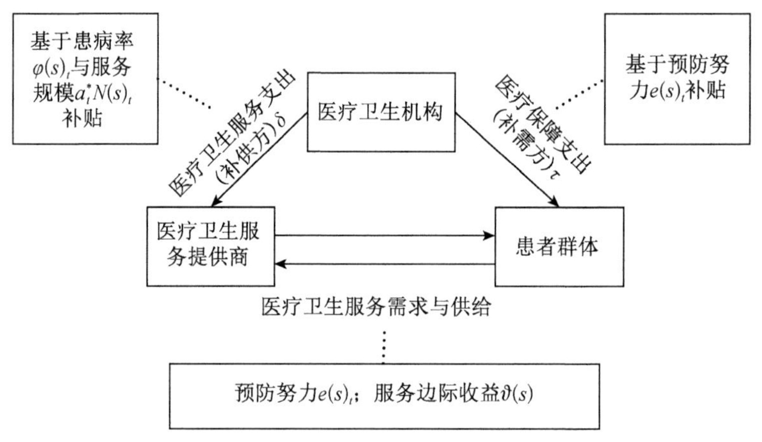

图6 慢性病共病管理的序贯决策模型

针对中国公共卫生服务财政投入“重医轻防”的现状，本文建立了由医疗卫生机构、医疗卫生服务提供商、患者群体组成的慢性病共病管理复杂系统。医疗卫生机构以社会福利最大化为目标，对医疗卫生服务提供商采用绩效考核制，评价指标包括患病率 $\varphi(s)_t$ 和服务规模 $a_t^* N(s)_t$。《中国财政年鉴》显示，在政府卫生支出结构中，医疗卫生服务支出(补供方)和医疗保障支出(补需方)的投入份额占政府卫生支出的90%以上。其中，基本公共卫生服务的承担主体是社区卫生服务机构、乡镇卫生院和村卫生室，政府按照辖区人口人均经费标准拨付基本公共卫生服务经费。因此，补供方的激励机制可以描述为 $\delta(\overline{\varphi}_t - \varphi(s_M)_t) + \omega \dfrac{a_t^* N(s)_t}{N}$。同时，为激励患者积极参与预防，提高依从性，有效防止慢性病共病的发生和发展，医疗卫生机构为患者提供预防努力补贴 $\tau e(s)_t$。

（二）基于 POMDP 的慢性病共病管理复杂系统建模

不确定性环境下不可观测数据的序贯决策问题被描述为 POMDP 模型，其要素为 $(S, A, P, \Omega, O, R, \lambda)$，分别表示状态空间、行动空间、状态转移概率矩阵、观测值、观测概率、奖励函数、折扣因子。POMDP 模型的核心过程是患者状态序列 $\{X_t, t = 0, 1, 2, \cdots, T\}$，观测序列 $\{Y_t, t = 0, 1, 2, \cdots, T\}$ 和决策序列 $\{a_t, t = 0, 1, 2, \cdots, T\}$。在此框架中，患者的真实健康状态被视为隐藏状态，难以被直接观测，但能通过一系列可观测的症状、体征等表象进行间接推断。临床医生作为决策者，需结合中医和西医的诊断方法，通过观测和分析这些表象，对患者的健康状况进行评估，并据此制定个性化健康管理方案。随着治疗过程的进行，医生需不断监测患者症状、体征的变化，以评估治疗效果，并根据反馈动态调整方案，实现 POMDP 中的决策迭代和状态转移。隐马尔可夫模型的作用是对马尔可夫链中系统的演化或动力学进行建模，并估计该马尔可夫链的参数。本文规定 HMM 直接从历史数据中学习，并为决策模型提供底层马尔可夫链的参数。

1. 状态空间和行动空间

状态空间 S 表示患者在某一时刻可能处于的健康状况。在现实中，系统真实状态（隐藏状态）往往不可观测，医生通常对患者进行各类检查测试，测试结果反映的患者状态被看作观测状态。部分可观测马尔可夫决策过程的核心过程就是基于观测状态和观测概率估计隐藏状态。因此，状态空间实际上由隐藏状态和观测状态共同构成。① 不失一般性，临床上可将慢性病共病研究对

① 患者只有在接受筛查或诊断程序时，即患者信息进入数据库，才会有观测状态。

象的状态分成健康 H、患病 S(仅患有一种疾病)、共病 M。慢性病共病预防的关键节点即在健康与患病之间、患病与共病之间，识别患者疾病进展的阶段并采取针对性措施，可以有效防止患者状态发生严重改变。

状态空间由三个隐藏状态 s_H，s_S，s_M，三个观测状态 s_{OH}，s_{OS}，s_{OM}，以及一个吸收态(死亡状态) s_D 组成。隐藏状态表示患者的真实健康状况，观测状态表示患者的未知健康状况，隐藏状态和观测状态均不可观测，而死亡状态完全可观测。因此，$S=\{s_H, s_S, s_M, s_{OH}, s_{OS}, s_{OM}, s_D\}$。此外，根据系统等级，可将状态序列划分为有限、有序的状态集合，以反映恶化的程度，即状态 s_H 表示最佳状态，状态 s_M 表示最坏状态(在患者生存时间内)。①

行动 $a_t \in (0, 1)$ 表示在任一决策窗口，医生需要决策是否干预，不同方案之间蕴含的干预水平可能并不相同，例如生活方式干预、药物治疗、侵入性诊断、外科手术等管理类型和成本截然不同。慢性病是持续不可逆的，患者需要经历长时间的治疗、定期监测并调整生活方式。许多实证研究已经充分表明，对慢性病患者实施生活方式干预具有显著且积极的效果[31][32][33][34]。

2. 状态转移概率

状态转移概率矩阵 P 刻画了从一个状态到另一个状态的转移，从而评估干预措施对患者状态的影响。患者状态具有马尔可夫无记忆特性，换言之，下一阶段状态只依赖于当前状态和行动，即 $P=p(s_{t+1} \mid s_t, a_t)$。状态转移概率刻画了系统演化特性，同时，状态转移概率也随时间变量共同演化，即具备时间特征。在慢性病共病管理中，患者年龄[35](影响发病率)和患病病程[36](影响病情水平)是不可忽视的重要时间变量，状态转移概率具有与年龄和病程一致的时间特征。因此，在建模过程中必须考虑患者年龄和患病病程因素对于状态转移概率的作用。

考虑医生(决策者)对一组患者进行假想的医疗干预。医生采取的干预水平，会对下一时期系统状态产生影响，并不间断重复。考虑医患行为的状态，可将转移概率函数结构定义为:

---

① 忽略共病组合内严重等级，因为只有当确定共病组合时，研究组合内严重等级水平才有意义。

$$p_{s_{Oi}\to s_{Oi}} = \frac{p_{s_i\to s_i}}{\eta_{regression}}, \ p_{s_i\to s_j} = \frac{p_{s_i\to s_j}}{\eta_{progression}} \tag{1}$$

$$\eta_{regression} = \eta_1 + f(s, a, e, age, duration) \tag{2}$$

$$\eta_{progression} = \eta_2 - f(s, a, e, age, duration) \tag{3}$$

假设患者接受干预，表明会向更好的状态转变，但不一定完全过渡到更好的状态。① $\eta_{regression}$ 和 $\eta_{progression}$ 分别捕捉干预水平对状态转移概率的正面和负面影响，即状态好转和状态恶化。规定 $f(a=0)=f(e=0)=0$，$\forall s \in S$，因为只有当医生决定干预、患者遵循医嘱时，才会产生行动效果。回顾关于状态的两项假设：不可逆转，故最好的转移结果为停留在原状态，如 $s_H \to s_H$；有效转移，故不可能出现 $s_H \to s_M$ 等。

3. 观测值和观测概率

在每个决策窗口，观测值 $o \in \Omega$（即系统信号）提供了关于患者不可观测健康状态的信息。在本文的模型中，观测值的来源为：

（1）预测模型的估计结果 $o_{predictive}$，尤其适用于缺乏连续数据记录的场景；

（2）检查测试的真实结果 o_{hmm}，例如电子病历的诊断结果，适用于全国绝大多数医院信息数据。

建议以预测模型的估计结果作为观测状态序列而非真实状态序列，目的是避免预测误差引起的失真。尽管随机森林、神经网络等预测模型具备良好的鲁棒性，可以抵抗测量误差，但系统演化固有的不确定性始终存在。

检查测试、预测模型、死亡状态的观测值可以分别表示为 os_H，os_S，os_M，os_{OH}，os_{OS}，os_{OM} 和 os_D。因此，$\Omega = \{os_H, os_S, os_M, os_{OH}, os_{OS}, os_{OM}, os_D\}$。给定患者的真实状态 s 和行动 a，观测值通过观测概率 $O(o|s)$ 连接到不可观测状态，即在当前隐藏状态下观测到某种观测值的可能性。上述观测概率即检查测试的精度，观测概率函数给出了一个测试结果，反映患者可能所处的实际状态的概率。

① 干预成本和干预策略的有效性应当有专业的医学实验数据支持（来源于医学文献），并与临床专家共同验证。

对于预测模型得到的观测值，假设观测独立，则观测概率的估计表达式为：

$$o_{predictive}(o \mid s) \stackrel{\text{def}}{=\!=} \frac{p(os)}{p(s)} = \frac{p(os)}{\sum_{o' \in o} p(o's)} \tag{4}$$

对于 HMM 模型得到的观测值，假设 N 服从二项分布，记状态 s 下实验成功的概率为 q_s，实验次数为 T'，易知 HMM 的映射概率等同于 POMDP 的观测概率，则有：

$$o_{hmm}(o \mid s) = p(y \mid x) = \binom{T'}{o} q_s^o (1 - q_s)^{T'-o} \tag{5}$$

4. 信念状态、奖励函数和最优性方程

信念状态 $\pi(s) = (\pi(s_H), \pi(s_S), \pi(s_M), \pi(s_{OH}), \pi(s_{OS}), \pi(s_{OM}), \pi(s_D))$ 是决策者对于患者状态的知识，信念状态空间则为 $\Pi(S) = \left\{\pi \in \mathbb{R}^7: \sum_{s=1}^{7} \pi(s) = 1, \pi(s) \geq 0, \forall s \in S\right\}$。给定一个新的观测值 $o \in \Omega$（预测结果或检查结果），信念状态 $\pi(s)$ 应用贝叶斯法则更新为 $\pi(\bar{s})$。计算公式为：

$$\pi(\bar{s}) = \frac{\mathrm{O}(o \mid \bar{s}) \sum_{s \in S} p(\bar{s} \mid s, a)\pi(s)}{\sum_{\bar{s} \in S} \mathrm{O}(o \mid \bar{s}) \sum_{s \in S} p(\bar{s} \mid s, a)\pi(s)} \tag{6}$$

如图 6 所示，政策制定者（医疗卫生机构）的目标是社会福利最大化。社会福利由医疗卫生服务提供商利润、患者群体效用、政策制定者补贴三部分组成。

$$\begin{aligned} R(s, a)_t = {} & a_t(\vartheta(s)\varphi(s)_t - \gamma) + (QALY(s) + \tau e(s)_t) \\ & + (k - (\delta(\overline{\varphi_t} - \varphi(s_M)_t) + \omega a_t \varphi(s)_t)) \end{aligned} \tag{7}$$

其中，$\vartheta(s)$ 为医疗卫生服务提供商提供服务的边际收益，理论上 ϑ 的大小由医疗卫生服务提供商的医疗技术水平决定，表示医疗卫生服务提供商以标准流程为患者提供服务所能获得的净货币收益；$\varphi(s)_t = \frac{N(s)_t}{N}$ 是地区人群患病率，用 t 时刻状态 s 的概率表示，N 是地区人口总数；γ 表示医疗卫生服务提供商的固定干预成本；$QALY(s) = WTP \cdot (1 - Q(s))$，$Q(s)$ 为健康效用损失，WTP 是医疗卫生机构为提高单位质量生命年而愿意支付的最高单位成本；$e(s)_t$ 预防努力水平由患者所处状态决定，处于急性期共病状态的患者在预防方面可能“有心无力”，并且随着病情的加重，预防的价值不断降低，治疗的价值反而逐步上升。

式(7)中的 δ 和 ω 旨在确保医疗卫生机构所设定的本年度患病率考核指标得以严格遵循。δ 为惩罚因子，当医疗卫生服务提供商提供的服务导致共病患病率超出了预设的阈值 $\overline{\varphi_t}$ 时，将被迫缴纳相应的罚款。惩罚措施旨在强化医疗卫生服务提供商的责任意识，以持续提高服务质量和效率，更好地满足医疗卫生服务需求。ω 为激励因子，旨在引导医疗卫生服务提供商持续投入资源，致力于提升医疗卫生服务供给的质量和规模。在此背景下，当医疗卫生服务提供商在服务覆盖范围上展现出显著的扩展与深化时，医疗卫生机构依据既定标准，对其给予相应的奖励和认可，以进一步激发其在慢性病防控事业中的积极性和贡献。在医疗卫生机构补贴过程中，患者每接受一次医疗卫生服务提供商提供的服务，医疗卫生机构将获得 k 单位社会公益价值[37]。

通过比较不同行动在相同信念状态下的期望回报，选择期望回报最大的行动作为当前信念状态下的最优行动。最优策略不仅取决于即时的行动选择，而且取决于未来的选择，从而体现出复杂的时间权衡。可将 POMDP 改写为连续状态 MDP，通过求解贝尔曼最优性方程得到最优解：

$$v(\pi, a) = R(s, a) + \lambda max\Big(\sum_{j}\sum_{s_{t+1}}\sum_{o} p(s_{t+1} \mid s_t, a_t) \mathrm{O}(o \mid s_{t+1}) v_{t+1(\pi_{t+1}, a_{t+1})} \pi_j\Big), \quad \lambda \in [0, 1] \tag{8}$$

在医疗卫生服务过程中，医疗卫生机构通常会规定产能上限，即每日最大服务人数。尤其对于基层医疗卫生机构而言，合理配置医疗资源十分重要。医疗卫生服务需求随着特定疾病或病状的进展而变化：

$$D(s, a_t^*)_t = \sum_{a_t^* \in A} \sum_{s \in S} a_t^* N(s)_t \tag{9}$$

其中，$N(s)_t$ 是 t 时刻地区内处于状态 s 的患者数量。地区医疗卫生机构将持续监测 $D(s, a)_t$ 的动态变化，在预测到某一特定时刻的服务需求可能超出该地区服务供给承载力时，为确保医疗卫生服务体系的稳定运行并避免急性期共病状态患者需求出现集中爆发的情况，医疗卫生机构将及时启动相应的调控措施，旨在合理分配医疗资源，保障患者及时、有效地接受医疗卫生服务。调控措施包括优化服务流程、增强应急响应能力、调配医护人员及医疗设备等。

四、慢性病共病管理复杂系统模型应用

（一）干预效果分析

式(2)和(3)中的 $f(s, a, e, age, duration)$ 表示医生决策及患者特征对于状态的影响。研究表明：患者状态 s、干预水平 a、患者预防努力 e、年龄 age 和病程 $duration$ 是导致患者状态好转或恶化的重要因素[16][38][39][40]。例如，当患者患病数量(共病数量)和患病病程增加时，患者好转的概率会降低，原因是患者受到既往的疾病认知、自我判断和痛苦感受的深刻影响，这些因素往往塑造了患者对于自身健康状况的独特理解。此外，不同强度的干预 a 和预防努力 e 对于健康状态的改善程度也有所不同。η_1 和 η_2 表示疾病自然演化情况，即在没有任何人为干预的情况下疾病的自然变化概率。假设 $f(a=0) = f(e=0) = 0$，$\forall s \in S$，保证了无干预时疾病的变化趋势。

$$\frac{\partial f}{\partial s} < 0, \ \frac{\partial f}{\partial a} > 0, \ \frac{\partial f}{\partial e} > 0, \ \frac{\partial f}{\partial age} < 0, \ \frac{\partial f}{\partial duration} < 0 \tag{10}$$

当患者处于不利状态时，实现状态逆转的难度被增加，更有可能向更加恶劣的状态变化。这种函数结构暗示了健康管理的“马太效应”，如果患者处在利于疾病管理的环境，例如本身身体并未受到疾病的重大损害，或接受了科学有效的治疗计划，并且对于疾病管理仍持有高涨的热情，那么患者恢复的可能性将大大增加。需要注意的是，这里仅简单定义了自变量水平(状态、干预、预防、年龄、病程)，自变量之间或许存在耦合性。

（二）患病率和患者效用分析

在慢性病共病管理复杂系统中，通过医疗卫生机构、医疗卫生服务提供商、患者群体等各个主体的协同努力与精准施策，预期慢性病患病率 $\varphi(s)$ 将呈现显著的下降趋势，随时间推移而逐步降低[41]。这一积极变化不仅体现了“整合型”医疗卫生服务体系的有效性和高效性，也预示着医疗卫生服务质量的显著提升和患者健康福祉的持续改善。

从患者效用的角度来看，如果患者不进行或很少进行预防，将会面临很大的患病风险和恶化风险，可见预防行动有助于患者获得政府的奖励。但是，当患者已经演化成共病甚至急性期共病状态时，预防努力对于效用的提升作用微乎其微，即 $\frac{de}{ds}<0$ 且 $\frac{d^2e}{ds^2}<0$。这一现象揭示了在“整合型”医疗卫生服务体系中患者干预时间的重要性，提倡早预防、早发现、早治疗，对于改善医疗卫生服务质量、降低医疗费用和提高患者生活质量都具有重要意义。

（三）医疗卫生服务提供商边际收益分析

为了提高医疗卫生服务提供商的服务意愿，要求 $\vartheta(s)>\frac{\gamma}{\varphi(s)}$，患病率越高，最低边际收益越小，医疗卫生服务提供商越容易获利。由于已对状态 s 有序化，这里分析 $\vartheta(s)$ 如何影响医疗卫生服务提供商的行为。

若 $\frac{d\vartheta}{ds}<0$，医疗卫生服务提供商获得的货币净收益随病情严重程度的增加而减少。医疗卫生服务提供商应警惕患者向严重状态转变，尽可能将服务资源投向状态较为平稳的患者群体。为避免这种利益导向的“医院选择患者”行为，医疗卫生机构应当对医疗卫生服务提供商实施惩罚/奖励机制，监督医疗卫生服务提供商的行为，将严重状态的患病率、治疗率指标纳入绩效考核机制。

若 $\frac{d\vartheta}{ds} > 0$，代表医疗卫生服务提供商的医疗技术水平较高，采取的干预方案具有成本效益最大化特性，具备满足严重慢性病患者医疗卫生服务需求的潜力。

（四）激励机制设计

完善的激励机制设计，有助于平衡医疗卫生服务提供商的经济利益与社会福利最大化目标之间的关系，最大限度地保障患者的健康利益。医疗卫生机构通过调整惩罚因子 δ 和激励因子 ω，激励医疗卫生服务提供商在预防慢性病共病方面发挥积极作用，从而控制地区慢性病共病人数。

第一，医疗卫生机构设定慢性病共病管理目标 $\overline{\varphi_t}$，即期望在特定时间段内达到的慢性病共病控制水平。如果实际慢性病共病患病率 $\varphi(s_M)_t$ 能够控制在目标值 $\overline{\varphi_t}$ 以下，表明医疗卫生服务提供商在慢性病共病管理方面取得了成效，就应当予以奖励。

第二，惩罚因子 δ 是医疗卫生机构对未能达到慢性病共病管理目标的医疗卫生服务提供商施加的经济或行政惩罚的度量值，δ 的高低决定了惩罚的严重程度。如果慢性病共病患病率超过目标值 $\overline{\varphi_t}$，医疗卫生服务提供商将会面临惩罚。

第三，激励机制设计不仅需要确保实现激励相容，目标值 $\overline{\varphi_t}$ 的设置也需要综合考虑地区医疗资源、患者人群特征、共病种类等多种因素，而且需要依据有效的监测与绩效评估持续优化激励机制，及时调整奖惩因子和慢性病共病管理目标。

五、结论

面对给中国医疗卫生服务体系带来沉重供给负担和经济负担的慢性病共病管理的现实问题，以建立健全慢性病多病共防、多病共检、多病共管的“整合型”医疗卫生服务体系为目标，本文将系统思维与马尔可夫及其扩展模型相结合，在深入揭示慢性病共病管理复杂系统内在特性和演化规律的基础上，形成了“一个框架、二类模型、三种技术”的方法论。

“一个框架”，即慢性病共病管理的框架，旨在提高慢性病共病患者的健康水平，降低医疗成本，提高患者的生活质量。框架揭示了患者潜在状态、疾病轨迹和真实状态并非简单的随机关系，HMM 模型能处理这类含有观测值、缺少真实值的序列问题，并描述系统内在特性对于系统演化的影响。

“二类模型”，即慢性病管理角色的模型，包括描述型模型和决策型模型。描述型模型处理系统及其演变，为决策型模型提供其自身无法提供的信息，尽可能多地捕捉系统异质性特征。决策型模型分析决策者行动对系统的长期影响，为患者制定个性化治疗方案，以及考虑数据不确定性和模型误差，制定鲁棒性强的决策策略。

“三种技术”，即最大化数据资源的技术，包括数学统计、预测分析、马尔可夫决策。多种数据分析技术相结合，保证最大化利用数据资源，提高模型的泛化能力和鲁棒性。慢性病共病管理复杂系统模型采用了一种灵活的时间序列建模统计技术，能够根据数据变量类型确定最佳预测模型，在提高模型精确度的同时，尽可能捕捉系统的每一个信号。

在慢性病共病管理复杂系统模型与应用研究的基础上，未来我们将重点结合心血管代谢性共病(冠心病、卒中、高血压和糖尿病)，不断完善和优化模型，持续完善慢性病多病共防、多病共检、多病共管的“整合型”医疗卫生服务体系，为推动全球慢性病防控事业的发展贡献智慧和力量。

参考文献

[1] 李荔,李莎,卫芸,等. 社区老年人多重用药率及其相关因素的系统综述[J]. 中国全科医学,2021,24(25):3161-3170.

[2] 陈鸣声,司磊. 慢性病共病对患者门诊次数、住院床日与灾难性卫生支出的

影响研究[J].中国卫生政策研究,2021,14(11):17-24.

[3] 王树森,杨澄宇.卫生支出结构、个人健康投资与居民福利[J].经济研究,2023,58(6):190-208.

[4] LEE E, LAVIERI M S, VOLK M. Optimal screening for hepatocellular carcinoma: a restless bandit model[J]. Manufacturing & service operations management, 2019, 21(1): 198-212.

[5] KAZEMIAN P, HELM J E, LAVIERI M S, et al. Dynamic monitoring and control of irreversible chronic diseases with application to glaucoma[J]. Production and operations management, 2019, 28(5): 1082-1107.

[6] NENOVA Z, SHANG J. Personalized chronic disease follow-up appointments: risk-stratified care through big data[J]. Production and operations management, 2022, 31(2): 583-606.

[7] ZAVADSKIY G, ZANTEDESCHI D, JANK W. A functional Hidden Markov Model to incorporate dynamics into Bayesian optimal stopping problems: helping physicians manage traumatic brain injuries[J]. Decision support systems, 2024, 177: 114078.

[8] NEGOESCU D M, BIMPIKIS K, BRANDEAU M L, et al. Dynamic learning of patient response types: an application to treating chronic diseases[J]. Management science, 2018, 64(8): 3469-3488.

[9] YOU Y, HUA Z. An intelligent intervention strategy for patients to prevent chronic complications based on reinforcement learning[J]. Information sciences, 2022, 612: 1045-1065.

[10] LIU Z, KHOJANDI A, LI X, et al. A machine learning-enabled partially observable Markov decision process framework for early sepsis prediction[J]. INFORMS Journal on computing, 2022, 34(4): 2039-2057.

[11] NAUMZIK C, FEUERRIEGEL S, NIELSEN A M. Data-driven dynamic treatment planning for chronic diseases[J]. European journal of operational research, 2023, 305(2): 853-867.

[12] ZULMAN D M, ASCH S M, MARTINS S B, et al. Quality of care for patients with multiple chronic conditions: the role of comorbidity interrelatedness[J]. Journal of general internal medicine, 2014, 29(3): 529-537.

[13] 孙晨慧,周旭东.从疾病共生视角看疾病的发生、治疗和管理[J].中国社会医学杂志,2020,37(4):342-345.

[14] 马春芳,汤榕,杨晓花,等.基于健康社会决定因素的宁夏中老年人慢性病

共病的影响因素研究[J].中国全科医学,2024,27(4):447-453.

[15] 李林瑾,肖丽勤,张丹.基于健康生态学模型的广东省老年共病患者患慢性病数量影响因素研究[J].中国全科医学,2024,27(2):208-216.

[16] BHAUTESH DINESH JANI, PETER HANLON, BARBARA I NICHOLL, et al. Relationship between multimorbidity, demographic factors and mortality: findings from the UK biobank cohort[J]. BMC medicine, 2019, 17(1): 74.

[17] WHITTY C J M, WATT F M. Map clusters of diseases to tackle multimorbidity [J]. Nature, 2020, 579(7800): 494-496.

[18] CHARLES AWORTWE, INGOLF CASCORBI. Meta-analysis on outcome-worsening comorbidities of COVID-19 and related potential drug-drug interactions[J]. Pharmacological research, 2020, 161: 105250.

[19] CORALLO N A, CROXFORD R, GOODMAN C D, et al. A systematic review of medical practice variation in OECD countries[J]. Health policy, 2014, 114(1): 5-14.

[20] AZADEH-FARD NASIBEH, GHAFFARZADEGAN NAVID, CAMELIO JAIME A. Can a patient's in-hospital length of stay and mortality be explained by early-risk assessments? [J]. Plos one, 2016, 11(9): e0162976.

[21] GEESE F, SCHMITT K U. Interprofessional collaboration in complex patient care transition: a qualitative multi-perspective analysis [J]. Healthcare, 2023, 11(3): 359-359.

[22] VAN WIETMARSCHEN H A, WORTELBOER H M, VAN DER GREEF J. Grip on health: a complex systems approach to transform health care[J]. Journal of evaluation in clinical practice, 2018, 24(1): 269-277.

[23] SHEIKH K, GILSON L, et al. Building the field of health policy and systems research: framing the questions [J]. PLoS medicine, 2011, 8 (8): e1001073.

[24] BYASS P. Systems thinking for health systems strengthening[J]. Public health, 2010, 125(2): 117-118.

[25] VAZ L M E, FRANCO L, GUENTHER T, et al. Operationalising health systems thinking: a pathway to high effective coverage[J]. Health research policy and systems, 2020, 18(1): 132.

[26] STURMBERG J P, BENNETT J M, MARTIN C M, et al. "Multimorbidity" as the manifestation of network disturbances[J]. Journal of evaluation in clinical practice, 2017, 23(1): 199-208.

[27] NUNES B P, FLORES T R, MIELKE G I, et al. Multimorbidity and mortality in older adults: a systematic review and meta-analysis [J]. Archives of gerontology and geriatrics, 2016, 67: 130-138.

[28] BOWLING C B, DENG L, SAKHUJA S, et al. Prevalence of activity limitations and association with multimorbidity among us adults 50 to 64 years old[J]. Journal of general internal medicine, 2019, 34(11): 2390-2396.

[29] XU X, MISHRA G D, JONES M. Evidence on multimorbidity from definition to intervention: an overview of systematic reviews [J]. Ageing research reviews, 2017, 37: 53-68.

[30] TINETTI M E, MCAVAY G J, CHANG S S, et al. Contribution of multiple chronic conditions to universal health outcomes[J]. Journal of the american geriatrics society, 2011, 59(9): 1686-1691.

[31] 方肖肖,许婉纯,卢珊,等.中国城乡慢性病患者健康相关生命质量及其影响因素分析[J].中国公共卫生,2022,38(7):833-837.

[32] 金琇泽,路云.中国老年人共病状况及其对医疗卫生支出的影响研究[J].中国全科医学,2019,22(34):4166-4172.

[33] 何莉,张逸凡,沈雪纯,等.中国大陆地区居民慢性病共病的流行趋势:一项Meta分析[J].中国全科医学,2023,26(29):3599-3607.

[34] 章轶立,黄馨懿,齐保玉,等.老年人群共病问题现状挑战与应对策略[J].中国全科医学,2022,25(35):4363-4368.

[35] DENTON B T. Optimization of sequential decision making for chronic diseases: from data to decisions[M] //GEL E, NTAIMO L, SHIER D, et al. Recent advances in optimization and modeling of contemporary problems. INFORMS, 2018: 316-348.

[36] HUANG CHIA-HUI. Mixture regression models for the gap time distributions and illness-death processes[J]. Lifetime data analysis, 2019, 25(1): 168-188.

[37] 冯华,邱雨如,黄宇,等.养老服务补贴研究:补需方比补供方更好吗?[J].中国管理科学,2023,31(9):266-277.

[38] MASON E J, ENGLAND A D, DENTON T B, et al. Optimizing statin treatment decisions for diabetes patients in the presence of uncertain future adherence[J]. Medical decision making, 2012, 32(1): 154-166.

[39] GU D, HE J, COXSON P G, et al. The cost-effectiveness of low-cost essential antihypertensive medicines for hypertension control in china: a modelling study

[J]. PLoS medicine, 2015, 12(8): e1001860.
[40] WANG S T, LIN T Y, CHEN T H H, et al. Cost-effectiveness analysis of personalized hypertension prevention[J]. Journal of personalized medicine, 2023, 13(6): 1001.
[41] CIPRIANO L E, WEBER T A. Population-level intervention and information collection in dynamic healthcare policy[J]. Health care management science, 2018, 21(4): 604-631.

Model and Application of Complex System of Chronic Disease Multimorbidity Management

Zhao Lindu Jiang Dou Liang Yixin Wang Haiyan Sun Zilin

Abstract: Facing the reality of managing chronic disease multimorbidity, which poses a serious threat to people's lives and health, this paper aims to establish and improve an "integrated" medical and health service system for the prevention, detection, and management of chronic disease multimorbidity. Using systems thinking and complex systems modeling methods, this study demonstrates the complexities and holistic nature of chronic disease multimorbidity management. Firstly, it delves into the fundamental framework for the states, evolution, and decision-making in the complex system of chronic disease multimorbidity management, as well as the theoretical methods for modeling such complex systems. Furthermore, it explores the application of complex system models from multiple perspectives, including intervention effect, prevalence and patient utility, marginal benefit for healthcare providers, and incentive mechanism design. The research results will help enhance the integration and co-creation of health value across the supply, demand, and support sectors of healthcare services, providing innovative theoretical support for the "Healthy China" initiative.

Keywords: Multimorbidity; Complex Systems Management; Markov Decision Process

兵者国之大事：透过《孙子兵法》探究军事复杂系统管理*

杨克巍　李际超　雷天扬　陆柏乐　龚　常**

摘　要：随着战争形态发展和智能无人技术的高速发展，战争的复杂性超预期涌现，对军事复杂系统管理提出了新的挑战。《孙子兵法》作为中国古代军事智慧的结晶，其思想对现代战争特别是复杂性呈指数发展的未来战争同样具有重要启示。本文旨在探讨《孙子兵法》对现代军事复杂系统管理的启发与实践，重点剖析《孙子兵法》中的博弈、全胜和系统等主要思想，从中国传统兵法视角解读和应对现代战争中的不确定性与动态变化，从宏观到微观，从确定环境到不确定环境，研究了《孙子兵法》和军事复杂系统理论在战略运筹、战役规划、战术指挥和战场机变等层面的共通之处，将中国经典兵法智慧与现代战争实践相结合，以指导和提升对于未来复杂战场管理的认知。在此基础上，以现代军事复杂系统管理理论融合《孙子兵法》思想，结合高速发展的现代科学技术，展望了未来作战概念的发展趋势，指出了融合技术创新和管理创新以及增强军事力量的灵活性、智能化和多域协同能力的必然性，提供

* 基金项目：本文受国家自然科学基金重点项目(72231011)和国家自然科学面上项目(72071206)支持。

** 作者简介：杨克巍，国防科技大学系统工程学院教授，主要研究方向为军事复杂系统管理；李际超，国防科技大学系统工程学院副教授，主要研究方向为复杂系统与复杂网络；雷天扬，国防科技大学系统工程学院博士研究生，主要研究方向为复杂系统与复杂网络建模；陆柏乐，国防科技大学系统工程学院副教授，主要研究方向为复杂系统调度优化；龚常，国防科技大学系统工程学院博士研究生，主要研究方向为复杂系统传播溯源。

了一套具有中国特色的迎接未来战争的指导参考与建议。

关键词：《孙子兵法》 军事复杂系统管理 作战体系 复杂性 未来战争

一、绪论

在当前全球安全格局不断变化和技术迅速发展的背景下，现代战争的形态和特征正在发生深刻变化。战争的复杂性已达到前所未有的水平。这种复杂性不仅来源于技术飞速发展所带来的战法变化，还源自多域融合作战概念所带来的战术革新，以及国际政治的多变性所带来的战略复杂性[1]。面对如此复杂的战争环境，传统的军事模式和简单直接的战术应用已无法满足现代战争的需求，军事复杂系统这一现代战争的核心概念由此应运而生[2][3][4]。军事复杂系统的概念囊括了现代战争中一系列高度相互依赖和互动的组成部分。这些系统组件包括先进的武器平台、综合指挥控制系统、战斗单位、情报机构和后勤保障系统，它们通过复杂的网络结构紧密连接，形成了一个动态、适应性强且响应迅速的有机整体，并且会表现出非线性、强对抗性、高实时性、频博弈性、高不确定性等复杂特征[5]，任何一个微小的行为改变都可能会影响战争的走向。这种高度的复杂性带来了“战争迷雾”[6][7]，同时给军事复杂系统的管理带来了巨大的挑战[8][9][10][11]。

现代战争在战略运筹、战役规划、战术指挥以及战场机变等不同层面蕴含着纷繁的复杂性特征机理。例如，战略运筹层面需要考虑国家利益、盟友合作和潜在威胁等多重因素；战役规划则要求在战场上快速部署，并确保资源的最佳利用；战术指挥层面强调在紧急情况下保持灵活、迅速和精准的决策；战场机变则涉及在不断变化的战场上调整策略以占据优势。为了深入剖析未来战争制胜机理，透视“战争迷雾”并实现对军事复杂系统的有效管理，本文分别从战略运筹、战役规划、战术指挥以及战场机变等层面，从中国古代军事著作《孙子兵法》的视角剖析复杂系统的特征和机理，综合全面地理解战争的复杂性，从而为军事复杂系统各层面的运行管理与实践提供参考和借鉴。

《孙子兵法》是由春秋末期军事家孙武所著的古代军事经典，被誉为世界军事文化的瑰宝。尽管成书于公元前五世纪，但其对现代战争的影响仍然深远。《孙子兵法》详尽论述了如何在复杂多变的战争环境中制定和执行决策，对现代军事复杂系统的管理具有重要的启发和指导作用。《孙子兵法》共十三篇：《始计篇》《作战篇》《谋攻篇》《军形篇》《兵势篇》《虚实篇》《军争篇》《九变篇》《行军篇》《地形篇》《九地篇》《火攻篇》《用间篇》。这些篇章从不同角度探讨了战争的各个方面，提供了全面而深入的指导。总结《孙子兵法》的内容和思想，可将这十三篇归纳为四个层面：战略、战役、战术和战场环境。这些层面对应了军事复杂系统在战略运筹、战役规划、战术指挥和战场机变等方面的复杂性。因此，将《孙子兵法》的指导思想运用于现代军事复杂系统的管理(如表1所示)，可以帮助各层级的军事人员全面理解和分析现代战争的复杂性，并给出应对举措。

表1　军事复杂系统复杂性特征与《孙子兵法》思想条目

军事复杂系统复杂性特征	《孙子兵法》的思想
强对抗性	故善战者，致人而不致于人；激水之疾，至于漂石者，势也；敌众能以利动之，因其爱而损之
高实时性	兵贵速，不贵久；以治待乱，以静待哗，此治心者也；故善战者，求之于势，不责于人，故能择人而任势
频博弈性	故上兵伐谋，其次伐交，其次伐兵，其下攻城；知彼知己者，百战不殆；十则围之，五则攻之，倍则分之，敌则能战之，少则能逃之，不若则能避之
高不确定性	形兵之极，至于无形；无形，则深间不能窥，智者不能谋；兵者，诡道也；兵之形，避实而击虚
非线性	军争之难者，以迂为直，以患为利；兵无常势，水无常形，能因敌变化而取胜者，谓之神
动态性	进而不可御者，冲其虚也；退而不可追者，速而不可及也

面对现代战争的复杂性，除了《孙子兵法》外，中国丰富的传统军事思想同样提供了宝贵的智慧。从《六韬》《三略》到《吴子兵法》等古典军事著作，都蕴含着具有中国文化思维的战略和战术思想，强调了用兵之“道”、战争之“术”以及治军之“法”，与《孙子兵法》一同构成我国独特的军事管理思想体

系。但这些兵法及其思想与“三十六计”等策略有着不同的认识出发点。“三十六计”强调诡道、奇谋巧技和兵不厌诈，侧重于通过出其不意的策略来取胜。虽然《孙子兵法》也讲诡道，但诡道不是主要内容，书中更强调基础和实力，认为战争最终的胜利来自长期积累的国家实力和经济、社会的综合支撑，因此需要辩证区分地看待。

通过深入挖掘和以现代视角解读这些传统军事思想，我们可以为现代军事复杂系统的管理提供新的思路和策略。这包括但不限于对战争全局的深刻洞察、对敌我双方实力的精准评估以及战术运用的灵活多变。将这些传统思想与现代战争的实际需求相结合，能够帮助各级军事人员更好地理解和应对现代战争中的复杂性和不确定性，从而在多变的战场环境中制定和执行有效的战略、战术、战法管理，确保在大国博弈的安全格局中保持战略优势。

二、《孙子兵法》蕴含的中国传统军事思想精华

《孙子兵法》深刻的军事思想精华对复杂系统管理有着重要的启示和影响，主要包括博弈思想、全胜思想和系统思想。在战争中，博弈是主要的手段，全胜是总体目标，系统思想是指导原则，它们构成了《孙子兵法》视角下军事复杂系统分析和解决主要矛盾的框架(见图1)。

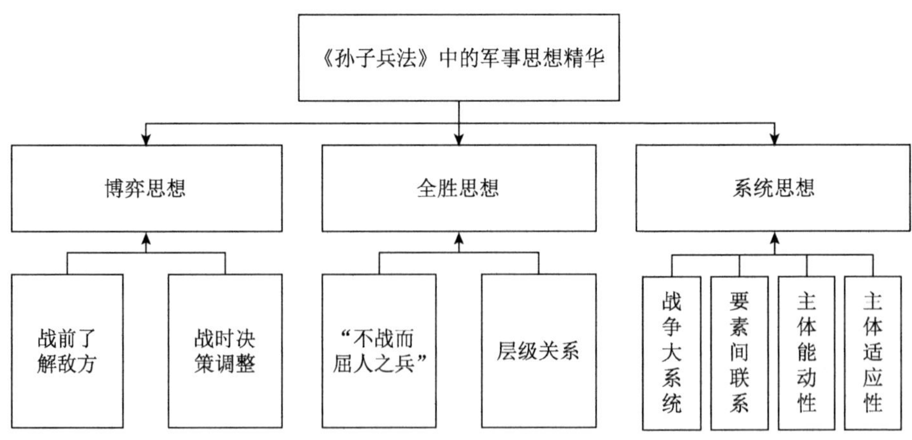

图1 《孙子兵法》的军事思想精华及主要内容

（一）博弈思想

“博弈”是两个或多个参与者之间的互动活动，其结果受各方策略选择的影响[12]。《孙子兵法》的博弈思想体现在对战争全局的考量和对敌人行为的预判上，具体体现在战前与战时两个阶段[13]。

战前阶段，《孙子兵法》强调必须将敌方置于敌我系统环境的分析之中，了解敌方是博弈的基础。《始计篇》中提到“兵者，诡道也”，不仅揭示了战争的不可预测性，也强调了在对抗中运用策略和计谋来掌握优势的重要性。此外，《谋攻篇》中的“知彼知己者，百战不殆；不知彼而知己，一胜一负，不知彼，不知己，每战必殆”，《地形篇》中的“知彼知己，胜乃不殆；知天知地，胜乃不穷”，均凸显了了解敌人和自身对克敌制胜的重要性。

战时阶段的博弈思想侧重于决策的调整和主动权的掌握。孙子在《虚实篇》中提出“故善战者，致人而不致于人”，意味着优秀的作战人员能够设法调动敌人，而不被敌人所调动。在实际战斗中，作战人员需要根据不断变化的战场形势，灵活调整战略策略，掌握主动权，以达到最终的胜利。

将孙子的博弈思想应用于现代军事复杂系统管理，意味着作战人员需要具备全局观念，评估整体形势，制定出灵活多变的策略，以应对复杂系统中的不确定性和动态变化[14][15]。通过模拟不同的场景，作战人员可以更好地应对潜在的风险，同时抓住机遇，确保系统的稳定性和持续发展[16]。

这种策略思想不仅适用于战场[17]，还适用于国际关系、政治谈判等各个领域[18]。《孙子兵法》中的博弈思想是一种跨越时空的智慧，它的核心原则——全面分析、策略制定、灵活调整和主动掌握——在军事复杂系统管理中具有极高的适用价值。

（二）全胜思想

孙子在《谋攻篇》提出的“不战而屈人之兵”的全胜思想，是军事战略领域的重要里程碑。这一理念的核心在于追求以最小的代价取得最大的胜利，同时尽可能避免不必要的资源消耗。这一思想的实质是军事功利主义与军事人道主义的有机统一[19]、战略智慧与道德责任的结合，是战争节制意识的体现[20]。

孙子在《谋攻篇》中进一步阐述了实现全胜的层级关系："上兵伐谋，其次伐交，其次伐兵，其下攻城。攻城之法为不得已。"在孙子的战略体系中，通过智谋取胜是最理想的状态。他将资源密集型的攻城战作为最后的选择，因为这种选择代表着最高的代价和最低的效益。孙子强调"屈人之兵而非战也，拔人之城而非攻也，毁人之国而非久也。必以全争于天下，故兵不顿而利可全，此谋攻之法也"以及"夫用兵之法，全国为上，破国次之；全军为上，破军次之；全旅为上，破旅次之；全卒为上，破卒次之；全伍为上，破伍次之"。这些论述体现了在战争中保持军队完整性的重要性，突出了在战略选择上优先考虑无损或少损的策略。

全胜思想的应用意味着必须设定清晰的目标，并追求以最经济的资源投入实现系统效能的最大化，避免不必要的冲突和资源消耗。[21]这要求作战人员不仅要有高瞻远瞩的战略眼光，还要具备深刻的思维能力，能够在多变的环境中寻找并实施最优解，通过智慧和策略达到管理目标。这种思想倡导高效和长远的管理视角，强调在复杂系统中寻求最优解，而不是仅仅满足于局部或短期的胜利[22]。

《孙子兵法》的全胜思想在中国的外交和国际合作中得到了体现。中国在维护世界和平与发展方面承担起了大国的责任，这体现在裁军、维和、扶贫、抗疫等多个方面的积极参与和贡献。这些行动以及人类命运共同体的理念，都是对全胜思想的实际应用，彰显了中国在国际事务中负责任的态度和对全球治理的贡献[23][24]。

（三）系统思想

《孙子兵法》揭示了战争环境下多主体、多要素之间的互动关系，是现代复杂适应理论的雏形[25]。其系统思想体现在以下几个方面。

首先，孙子将战争视为一个大系统，例如，《始计篇》中的"五事"——"道、天、地、将、法"，涵盖政治、天时、地利、将帅、法制五个决定战争胜败的基本因素。因此，战争系统被定义为"道、天、地、将、法"，[13]形成了系统化的分析框架。

其次，孙子认为战争系统中的要素是相互联系、有所互动的。在《始计篇》中，孙子提到“兵者，国之大事，死生之地，存亡之道，不可不察也”，强调了战争与国家命运的紧密联系，以及对战争全局的深刻洞察。此外，战争本身构成了一个由“道、天、地、将、法”五个基本要素构成的复杂系统，这些要素相互依存，相互影响，对战争结果起到决定性作用[26]。

再次，孙子充分考虑了战争主体的能动性，体现在民众“与上同意”、用兵“使如率然”等方面。在《用间篇》中，孙子讨论了间谍的重要性，指出“非圣智不能用间，非仁义不能使间，非微妙不能得间之实”，即不是英明睿智的人不能任用间谍，不是仁义的人不能驱使间谍，不是谋虑精细的人不能分析判断间谍提供的情报真实性。这表明战争中人的因素和主观能动性的重要性。

最后，孙子强调了战争主体的适应性。在《九地篇》中，孙子根据不同的战场环境，提出了不同的战略和战术，体现了孙子对战争主体在不同环境下的适应性的强调。他认为，战争主体应根据战场环境的变化，灵活调整战略和战术，以取得战争的胜利。同时，孙子还在《九地篇》中指出军队在不同环境中的心理变化，“围则御，不得已则斗，过则从”，强调了战争主体在面对不同战场环境时的心理调适，以保持战斗力。

在现代军事复杂系统管理实践中，孙子的系统思想提供了一种全面分析问题、制定战略的方法论。作战人员可以从中学习到如何在多变的环境中，通过综合考虑各种因素，更好地理解和管理军事复杂系统的涌现性[27]与适应性[28]，制定出适应性强、灵活性高的战略和决策。《孙子兵法》中的军事思想精华，为复杂系统管理提供了全面的分析框架和战略指导。通过博弈思想、全胜思想和系统思想，作战人员可以更好地理解和应对复杂系统中的挑战。这些思想不仅在国内外军事领域有着深远的影响[29][30][31]，也为国际关系、政治谈判等其他领域的决策提供了宝贵的智慧。

三、《孙子兵法》与战略运筹管理

战略运筹是军事复杂系统管理的首要任务，对于战争而言至关重要，它从宏观层面决定了军事行动的总体方向和胜利的可能性。军事复杂系统是一种高度组织化、多样化的系统，涉及多个层次和维度的相互作用，并且具有高度的不确定性、动态变化和多维度等复杂特征。因此，在进行战略运筹时，作战人员必须具备全局观念和多维整合的能力，以综合考量作战方针、资源配置与优化、作战策略的制定等多种要素。科学的战略运筹能够制定出最优的作战方针，确保资源合理分配，完善作战策略，有助于在战场上掌握主动权，并始终保持对敌方的战略优势，确保作战行动与战略目标最终实现[32][33]。在《孙子兵法》中，这种全局观念和多维整合的思想得到了充分体现。例如，《孙子兵法》提出的战争筹划的五个关键要素“道、天、地、将、法”，以及“上兵伐谋”等思想，均为战略管理提供了指导性思想。这些思想不仅适用于古代战争，也为现代军事复杂系统的战略运筹提供了宝贵的指导和启示。

（一）作战方针筹划：军事复杂系统的全局观念

作战方针筹划是战略运筹的第一步，是指在战争开始之前必须对形势进行全面的评估和筹划，分析敌我双方的实力、潜在盟友的支持、战场环境等多重因素，并制定灵活有效的策略来确保在战争中占据优势[34][35]。只有在充分了解各个变量后，才能制定出适应具体形势的作战方针，从而为后续的资源配置、战术部署和行动执行奠定坚实的基础[36][37]。作战方针筹划通俗而言就是通过分析形势，决定要不要打、怎么打。作战方针筹划对于战争的胜败甚至国家的存亡而言都极为关键，正如《孙子兵法》中所论述的，“兵者，国之大事，死生之地，存亡之道，不可不察也”。《始计篇》中强调了战争筹划的重要性，并论述了战争筹划的五个关键要素“道、天、地、将、法”，它们分别代表了战争中的五个关键要素，通过全面评估这五个要素，可以预测战争的胜负，制订有利的战略计划。《孙子兵法》强调“多算胜，少算不胜”的原则，指出周密的准备与筹划能够显著提高胜利的可能性，确保战略的有效性。

在现代战争中，《始计篇》的全面筹划原则与军事复杂系统管理息息相关。“道、天、地、将、法”五个要素在现代战争中同样是作战筹划的核心，并且被赋予了现代化的含义[38][39][40][41]。“道”是指道义与理念的统一，确保整个系统的协调运作，使部队与指挥层在共同目标下行动。在联合军事行动或多国部队作战中，这尤其重要，可以确保各方都朝着同一个方向努力，形成一致的战略意图。“天”和“地”分别指天时和地利，包括战场环境的实时情报、天气和时间变量等。现代情报收集与监视系统可借助卫星、无人机与人工智能技术，帮助作战人员对战场环境进行实时监控，并获取动态的气象和地理信息，从而在作战计划中灵活应对环境变化。“将”是指将领的素质，包括战略与战术思维、信任、勇气与纪律，在现代战争中，作战人员需具备全方位的管理能力与专业知识，并灵活应对复杂多变的战场环境和技术挑战。“法”是指组织和管理，包括指挥系统的效率、后勤供应与作战部署。现代指挥控制系统必须在多层次、多部门之间实现高效的信息传递与资源调配，以确保战场上指挥与后勤的无缝对接。

《始计篇》强调通过全面评估这五个要素来制定作战方针，为现代军事复杂系统的管理提供了方法和框架[42][43][44]。在高度不确定性的现代战场环境中，理解和利用这些要素可以把握战略运筹的核心本质，解析战略方针的复杂性，帮助作战人员有效整合资源、准确评估敌情，制订能够灵活应对变化的计划，从而在全球复杂的安全形势中保持战略主动性。

（二）作战资源配置：军事复杂系统的持续优化

作战资源分配是战略运筹的第二步，即在确定作战方针后，如何配置资源，实施作战方针。合理的资源配置直接关系到战斗力的有效性和持续性，因此需要根据战略方针的目标与要求，对兵力、装备、后勤、情报和技术等多种资源进行精细的规划和管理[45][46]。发动战争的成本高昂，正如《孙子兵法》的《作战篇》所论述的：“凡用兵之法，驰车千驷，革车千乘，带甲十万，千里馈粮。”由此可见，战争需要投入大量的物资、装备和人力，会给国家经济带来巨大的负担。因此，在战略运筹阶段就应该合理配置作战资源，确保每一项资源都得到最优利用，实现以最小的成本消耗达成作战目的，防止资源枯竭或无谓的过度消耗。现代战争的高成本和高度复杂性使得资源分配与管理的重要性更为突出。现代军事复杂系统包括高科技武器平台、卫星与无人机监控系统、先进的通信与情报网络、作战单元与指控单元等，每个系统组件都需要大量的资金投入和高效的后勤支持。此外，现代战争的高成本还包括人员训练、后勤补给、技术开发和高科技情报系统的持续运行[47][48][49]。任何一个系统组件的资源枯竭都会对整体战斗力造成严重削弱。因此，合理的资源配置成为保持作战能力的关键。

在资源配置阶段，作战人员必须深入掌握现有资源的数量和质量，以及国家的战略储备与战争潜力，并结合战场环境、敌我实力和作战任务的需求，制定出灵活且全面的资源配置策略[50][51]。这种分配策略不仅要确保关键领域的优势力量能够集中到作战任务最需要的地方，还要保持兵员、装备、后勤等全方位的可持续性支撑，避免资源枯竭导致的战斗力削弱。作战资源的分配策略还需具备适应性，以应对战场上的变化与敌方的突袭，确保在多变的环境中维持高水平的战斗力，从而将作战方针落实到实际行动中，最终实现既定的战略目标。此外，在资源消耗和补给方面还应遵循《作战篇》中关于资源配置的三个原则：其一，若战争成本过高导致国家难以承受，即使能够赢得胜利也坚决不参与战争；其二，可以通过获取战利品填补己方资源消耗；其三，“兵贵胜而不贵久”，尽可能速战速决，减小长期战争对资源的消耗。

（三）作战谋略策划：军事复杂系统的多维整合

作战谋略策划是战略运筹的第三步，是指在作战方针和资源分配确定后，制定具体的作战策略，以实现战略目标。这一过程需要综合分析敌我双方的实力、意图、战场环境及其他外部变量，灵活运用各种战术和手段，确保在作战过程中保持对敌方的主动权。《孙子兵法》提出“上兵伐谋，其次伐交，其次伐兵，其下攻城”，明确优先顺序是先行智谋打击，其次外交分化，再者军事对抗，最后才攻占敌方城池，由此也体现了谋略在战争中的重要性。

现代战争不仅局限于传统的军事对抗，还包括网络战[52][53]、情报战[54][55]和心理战[56]等多种新型作战方式，以及外交、经济、舆论等领域的对抗。例如，通过先进的监控与情报收集系统，作战人员能够精准了解敌方的战术意图、技术能力和战略部署，制订出最优的作战计划。人工智能和大数据分析可以揭示敌方的漏洞和弱点，从而最大限度地利用敌方的薄弱点以实现战略目标。心理战手段可以瓦解敌方士气，在不动用大量兵力的情况下削弱对方作战能力，为己方的军事行动铺平道路。外交策略可以用来孤立敌方，建立对抗联盟，增强自身的国际地位和影响力。经济对抗，如制裁和贸易限制，可以削弱敌方的经济基础，减少其战争潜力。在舆论战方面，通过控制信息的流向和内容，可以形塑国内外对战争的看法，赢得公众和国际社会的支持或同情，进一步加强战略优势。

在军事复杂系统管理中，制定灵活的计谋策略对于打赢战争至关重要。面对敌方的不对称战术和新兴技术手段，作战人员需要综合运用各层面的计谋与策略，将己方的优势资源集中于关键节点，在重要领域和战略位置上保持主动权，确保己方在战争中充分发挥综合实力。正如目前正在发展的“混合战”[57][58][59][60]，未来的战争将以政治、经济、舆论、外交、科技等非军事和军事要素多域混合对抗的形式开展，通过整合多领域的策略，以较低的成本削弱敌人的战斗意志和防御能力，实现《孙子兵法》所说的“不战而屈人之兵”。

四、《孙子兵法》与战役规划管理

战役规划管理在军事复杂系统管理中处于承上启下的桥梁位置，连接了从战略运筹到战术指挥一整套自顶向下的军事复杂系统管理体系。一方面，它立足于宏观战略，细化了宏观上的战略倾向、资源配置原则、策划依据；另一方面，它为战术指挥的执行确定了大致的攻守形势、编制规模、动态调度规划，确保了微观作战指挥的精准执行。作战规划管理不仅进一步落实了整体战略方针，还提升了作战指挥效率，对于构建高效、灵活的军事复杂系统具有至关重要的作用。

（一）作战攻守策略：军事复杂系统的灵活韧性

具体到战役规划管理层面，队伍整体攻守策略是一个至关重要的选择，是作战指挥方案制定的指南针[61][62]。在战争中，攻守策略的选择是取得胜利的关键，进攻可以迅速打乱敌人的部署，破坏其战斗力，而防御则可以保护自己的有生力量，消耗敌人的力量。正确的攻守策略能够最大限度地发挥己方优势，削弱敌人力量，为取得战争胜利创造有利条件。除此以外，攻守策略的选择对士气、心理等诸多因素也有重要影响。

《孙子兵法》的《军形篇》指出，“昔之善战者，先为不可胜，以待敌之可胜”，强调在作战前，首先要创造使自己不可被敌人战胜的条件，在创造了自己不可被战胜的条件后，要等待敌人出现可乘之机，即敌人出现兵力分散、士气低落、地形不利等弱点时，再进行攻击，这样能够以压倒性的优势击败敌人，达到全胜的目的。而攻守之间是辩证的关系：不可胜的条件主要在于防守，通过坚固的防御工事、合理的兵力配置和坚定的防守意志，确保自己不被敌人战胜；而可胜的机会则在于进攻，当敌人出现弱点时，要果断出击，迅速取得胜利。

在军事复杂系统理论中，对于“防守以维持我方队伍整体能力”，可以总结为队伍整体的韧性。在敌攻我守的情况下，设计我方队伍内部各兵种、装备之间的协同关系，从而获得更强的韧性，在遭受敌方打击之后能力下降较少，或者能够迅速恢复作战体系能力，是防御保守我方有生力量的关键。而在我攻敌守的情况下，针对敌方作战体系结构，找到薄弱点，迅速瓦解其体系，使其作战能力大幅下降且难以在短期内恢复，从而为我方制造有利的作战时机。我方从守到攻的切换，则需要等待敌方作战体系出现疏漏，等待其薄弱点暴露的时机，灵活迅速切换，一击必胜。

（二）作战态势分析：军事复杂系统的脆弱性

作战态势在《孙子兵法》中又称“兵势”，是指战争或战斗中双方军队的布局、兵力配置、行动意图及所形成的力量对比和相互关系的状况。在《兵势篇》中，孙子提出，战争中最重要的是兵势，只有充分利用兵势，才能制胜于敌。同时，孙子认为，兵势是不断变化的，战场上的胜利者往往是能够适应变化的人，以此强调了兵势的灵活性和适应性。而在这不断变化的兵势下，及时、准确地观察和分析敌我双方形势尤其重要，只有深入了解敌人的虚实情况，才能找出敌人的弱点并加以利用。同时，也需要对己方军队进行深入的分析，找出己方的优势和不足，以便更好地利用兵势。

具体来说，孙子在《兵势篇》中针对敌我双方兵势对比可能的情况进行了探讨。如在优势形势下进攻，避免在劣势形势下进攻；选择适合自己形势的战斗，避免进入敌人擅长的战斗方式；利用地形和气候条件等因素来增强自己的形势；善于分析敌人的形势和意图，找出对方的弱点并加以利用；避免在不利形势下与敌人交战；等等。

在高度复杂的作战态势分析中，关键环节识别也是至关重要的，它涉及识别构成战场复杂网络的关键节点[63][64][65]、关键路径[66][67]或关键要素，同时掌握关键环节随时间的动态变化，以便对系统进行有效的控制和管理。在《虚实篇》中，孙子进一步强调了通过对敌我双方形势的分析和判断，识别敌人的弱点或虚处，同时也要防护好己方关键薄弱环节。这实际上是一种基于情报和信息的分析过程，需要将领具备高度的洞察力和判断力。而在军事复杂系统理论中，经典的复杂网络抗毁性、脆弱性、鲁棒性分析等，都和兵法中强调的态势分析异曲同工。

军事复杂系统理论对于整体军事系统的理解和分析，注重把握其动态变化和发展趋势，并提倡提升对于各种不确定性因素的感知和适应能力，其所对应的正是《孙子兵法》中提出的对于敌我双方兵势变化的及时感知，从而及时动态调整我方队伍的交战策略[68][69]。

（三）作战调度规划：军事复杂系统的导向涌现

在作战中感知到敌我双方的态势变化后，对于我方队伍做出及时调整，以此被动应对敌方行动或者主动创造战机，则是作战调度规划。《孙子兵法》强调，“凡战者，以正合，以奇胜”，“出奇所不趋，趋其所不意”。但凡用兵作战，总是以正兵作正面交战，而用奇兵去出奇制胜，出击敌人无法救援或者来不及救援的要地，奔袭敌人未曾预料的地方。这一思想强调了在作战过程中需要通过灵活调度来实现兵种之间的协同组合。更进一步地，“兵无常势，水无常形”，强调了战场形势的动态特性。战场上局势瞬息万变，需要及时调整作战调度方案。这要求将领具备高度的灵活性和应变能力，根据战场形势的变化及时调整战术和策略，从而让对手摸不清底数，掌握不了我们的意图。

在军事复杂系统理论中，各兵种、装备之间的协同组合所产生的出其不意的效果，通常被描述为“涌现”现象。对于各兵种、装备进行合理调度，主动塑造对我方有利的局势，产生“1+1>2”的军兵种协同作战优势，这是作战调度规划的最终目的。而战场局势的瞬息万变，决定了军事复杂系统的动态性，同一调度策略在不同的战场局势下可能会涌现出不同的效果，因此对于作战人员的指挥能力提出了更高的要求。现代人工智能方法的加入也为指挥迅捷响应提供了强有力的支撑。

五、《孙子兵法》与战术指挥管理

战术指挥管理是军事复杂系统管理的基座，也是与实兵战场最为接近的一环，贯彻了从战略运筹到战役规划的逐层作战理念。它从微观层面指导了具体的作战战法，具备很强的可操作性。战术指挥管理是整套军事复杂系统理论大厦的砖瓦，也是检验其理论价值的关键。在《孙子兵法》中，这一层面的宝贵经验主要包含在地形兵势、火攻、间谍等篇章中，为战术指挥管理提供了许多参考。

（一）作战地形兵势：军事复杂系统的空间复杂性

《孙子兵法》中与“地”有关的作战指挥思想有两个视角：一是从不同的作战地形及相应的战术要求的角度，可以划分为六种地形地势和相应的战术要求；二是从主客形势和深入敌方的程度，可以划分为九种作战环境及相应的战术要求。

从地形地势角度，可以分为“通”“挂”“支”“隘”“险”“远”六种。凡是我们可以去，敌人也可以来的地域，叫作“通”。凡是可以前进，难以返回的地域，称作“挂”。凡是我军出击不利，敌人出击不利的地域，叫作“支”。在“隘”形地域上，我们应该抢先占领，并用重兵封锁隘口，以等待敌人的到来。在“险”形地域上，如果我军先敌占领，就必须控制开阔向阳的高地，以等待敌人来犯。在“远”形地域上，敌我双方地势均同，就不宜去挑战，勉强求战，很是不利。

而从主客形势视角来说，战地又可分为“散地”“轻地”“争地”“交地”“衢地”“重地”“圮地”“围地”“死地”九种。诸侯在自己领地内作战，这种战地称为“散地”。进入敌境不远的战地，称为“轻地”。我先占领于我有利，敌先占领于敌有利，此为“争地”。我可以前往，敌人也可以进来，此为“交地”。多国交界，先得到便容易取得天下支持的，为“衢地”。入敌境纵深，穿过敌境许多城邑的地方，称为“重地”。山森、险阻、沼泽等大凡难行的地方，称为“圮地”。进入的道路狭隘，回归的道路迂远，敌人以少数兵力便可抗击我大部队的地方，称为“围地”。迅速奋战便可生存，不迅速奋战就会灭亡的，为“死地”。因而，在散地不宜交战；在轻地不要停留；在争地，敌若占据，不可进攻；在衢地则注意结交诸侯；在重地则掠取资粮；在圮地则迅速通过；在围地则巧设计谋；在死地则殊死奋战。

《九地篇》与军事复杂系统理论都强调了深入理解战争环境，依据环境制定相应战术。《九地篇》中，孙子根据深入敌方的程度和地形等因素，将作战环境划分为九种，并针对每种环境提出了相应的战术要求，这种分类和战术要求体现了对战争环境的深入理解和分析。而军事复杂系统理论也强调对军事系统内外环境的深入理解和分析，包括了解系统的结构、功能、行为以及与环境的相互作用等[70][71][72]。

（二）作战借势助力：军事复杂系统的环境自适应

《孙子兵法》中集中体现借势助力这一思想的为《火攻篇》。火攻可以理解为借助外部环境对敌方产生削弱作用的手段。同时在该篇中，孙子还强调了对于战斗的谨慎，无利不动，其重利原则在该篇章中体现得淋漓尽致。

孙子将火攻分为焚敌营栅人马、焚敌委积、焚敌辎重、焚敌武库、焚敌交通要道设施五种。同时，实施火攻需具备一定条件，点火器材必须平日准备好，发动火攻要依据一定天时，具体点火要有恰当的日子。所谓天时，指气候干燥的时期；所谓恰当的日子，就是月亮运行到箕、壁、翼、轸四星所在位置的日子，古时认为，但凡月亮运行到这四个星宿的日子，都是起风的日子。

其中，火攻所需要准备的点火器材为主观可控条件，而气候干燥和起风两项则为客观不可控条件。在军事复杂系统理论中，主观可控条件和客观不可控条件是两个重要的考量因素[73]。这些条件共同影响着军事行动的成功与否。因此，如何妥善处理它们成为军事战略和战术规划中的关键问题。对于主观可控条件，军事复杂系统理论强调通过有效的指挥、控制和协调来优化这些条件。这包括提高军队的士气、训练水平、装备质量等，以及通过精心的战略规划和战术设计来确保行动的顺利进行。对于客观不可控条件，如天气、地形、敌方行动等，军事复杂系统理论强调通过预测、评估和应对来降低其影响。这包括利用先进的情报收集和分析技术来预测与评估客观条件的变化趋势，以及制定相关应对措施来减少其对军事行动的不利影响。军事复杂系统理论在对待主观可控条件和客观不可控条件时，注重通过优化主观可控条件来增强军队的适应能力和战斗力，同时通过预测、评估和应对来降低客观不可控条件的影响。

（三）作战间谍派遣：军事复杂系统的隐序

对于敌方虚实的掌握，往往是左右战局的关键，而执行这一任务最为经济的手段则是起用间谍。间谍能够深入敌后，搜集敌军兵力、装备、部署、行动计划等关键情报，为本国军队提供重要的战略参考。这些情报有助于军队了解敌军动态，及时调整作战计划，确保在战争中掌握主动权。此外，间谍还能够破坏敌方军事设施，削弱敌军战斗力，为战争的胜利做出重要贡献。间谍派遣是战争中不可或缺的一部分，具有重要的战略价值。

《孙子兵法》中也将出兵十万、出征千里、耗资千金的动武策略与低成本的用间策略做了对比，以此突出用间的益处。《孙子兵法》中将间谍划分为五类，即因间、内间、反间、死间、生间，五种间谍可一齐使用。所谓因间，就是利用敌国乡人为间谍；所谓内间，就是利用敌国朝内官员做间谍；所谓反间，就是利用敌方派来的间谍，使之反过来为我效力；所谓死间，就是故意在外散布假情况，让我方间谍明白并有意识地传给敌间；所谓生间，就是能亲自回来报告敌情的间谍。五种间谍的情况必须掌握，掌握这些情况的关键在于反间，所以反间的待遇不能不特别优厚。

《用间篇》中所提及的各类型间谍，其所获取的情报信息即为敌方军事复杂系统内部的交互作用和因果关系，在复杂系统领域被称为隐序。复杂系统隐序是指在一个复杂系统中，需要通过更为复杂的途径才能发现和解释的规律。这些规律往往不够直观，无法通过外部态势观察获取，而是需要深入分析才能得出结论，在军事复杂系统中则需要通过间谍等手段获取。在军事复杂系统中，隐序是敌方作战指挥的底层逻辑规律，其存在使得敌方作战体系表现出宏观上的涌现效果。所获取的情报信息，即对敌方作战体系隐序的把握，为决策者提供关于敌方实力、意图和行动的关键洞察，帮助制订作战计划、预测敌方动向，确保在战场上取得优势，是保障军事行动成功的关键因素[74][75][76][77]。

六、《孙子兵法》与战场机变管理

自古以来，战场的复杂性[78]一直是作战必须面对的挑战。现代战争中，随着技术的发展和战争形态的变化，战场机变管理变得更加复杂，但《孙子兵法》中的许多原则仍然适用(如图 2 所示)。本节将分析《孙子兵法》的机变哲学系统[79]在现代战场机变管理中的应用。

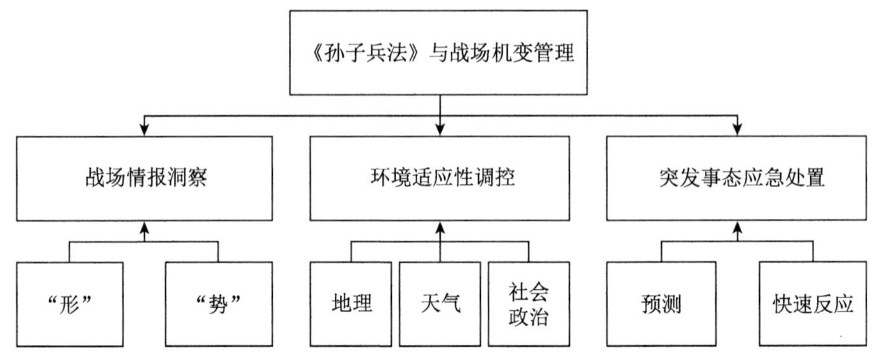

图2 战场机变管理的主要内容及要素

（一）战场情报洞察：军事复杂系统的信息融合

军事复杂系统中的信息融合是实现战场全面洞察的基石，要求作战人员不仅要了解敌我双方的静态特征，还要洞察敌军的动态变化和潜在动能，关键在于对外部环境的敏锐洞察力[80]，为战术决策和作战计划的调整提供坚实基础。这一过程与《孙子兵法》中“知己知彼，百战不殆”的原则相呼应，强调深入了解敌我双方情况对于取得战争胜利的重要性。

《孙子兵法》中的“形”与“势”是理解情报洞察的核心概念。“形”是军队的可见静态特征，是作战力量本体内在结构与外在形态的辩证统一[81]。现代技术如卫星图像、侦察飞机和地面侦查，使获取“形”的信息更为便捷。“势”则是动态和抽象的概念，关乎力量的应用、潜在动能及趋势变化[81]。现代战场上，“势”的洞察意味着预测敌军行动意图、作战人员决策倾向及战场环境变化，实时分析敌军动向、通信活动和物流变化，构建关于未来战场情报的预测模型[82][83]，并进行相应调整。

《始计篇》中的“兵者，诡道也”揭示了战场信息的欺骗性和不确定性。现代战争中，人工智能技术极大提升了战场情报洞察能力，帮助作战人员实时获取信息，做出精准决策[84]。然而，技术的有效运用必须基于正确的信息分析和判断，作战人员需识别大规模同质化生成式信息集聚[85]，筛选海量、多源、异构的战场情报信息[86][87]，从而识别敌方真实意图。这与《孙子兵法》

的原则不谋而合。

军事复杂系统管理强调在多变的战场环境中通过系统化思维和方法实现信息的融合。《孙子兵法》中关于信息收集与分析的原则同现代技术的结合，为提升军事作战人员的决策能力提供了宝贵的思想启示和实践指导。

（二）环境适应性调控：军事复杂系统的自主适应

环境适应性调控是军事复杂系统中确保作战效能和指挥决策灵活性的关键，它涉及如何在不同环境下调整策略、部署兵力以及利用地形等多变因素以适应战场变化[88]。环境适应性的水平决定了实战条件下是否具有韧性的“先天基因”，决定了部队战斗力的发挥[89]。《孙子兵法》提出的“道、天、地、将、法”五个基本因素中，“地”即是指战场环境，彰显了其对战争成败的重要性。

地理环境对战术选择和部队部署有着直接且深远的影响。孙子提倡根据地形地貌灵活调整战术。《行军篇》中的“地形者，兵之助也”强调地形对于军事行动的巨大影响。《九地篇》中的“我可以往，彼可以来者，为交地”强调在交战双方都可自由进出的地区，战术选择应更为谨慎和灵活。

天候、气象条件也是孙子重视的环境维度之一[90]，如《行军篇》中“上雨，水沫至，欲涉者，待其定也”关注的降雨，《火攻篇》中的“昼风久，夜风止”关注的风向等。在高科技战争中，作战人员需要利用科技工具进行精确预测，以决定是否采取对天气敏感的军事行动[91]。

社会政治环境的适应性调控则涉及与当地民众的关系建立和政治局势的把握。《谋攻篇》中的“故上兵伐谋，其次伐交，其次伐兵，其下攻城”表明了战略层面上对政治和社会因素的深入考量。《兵势篇》中的“故善战者，求之于势，不责于人，故能择人而任势”凸显了作战人员在作战中对于求势布阵的营造的重要性[92]。

《虚实篇》中的“水因地而制流，兵因敌而制胜”强调根据敌情和环境的变化灵活机动调整的重要性。这些原则在现代军事复杂系统管理中仍然适用，要求作战人员不仅要了解自身军队的能力和限制，还要深入分析战场环境的特点，并据此调整战术和战略。现代战争的环境因素已不局限于传统理解中的地形障碍，还包括了气象、夜视、电磁环境等多样化因素[93]。现代军事复杂系统管理需要将更广泛的环境变量纳入作战计划，确保部队能在不同环境下保持高效行动力。

军事复杂系统管理强调系统的动态调整与前瞻思维。在环境适应性调控中，这意味着不仅要考虑单一环境因素，还要考虑多种因素的相互作用。例如，天气变化可能影响通信系统的有效性，进而影响指挥控制的效率。作战人员需要综合考虑各种因素，通过模拟和预测工具来评估可能产生的环境变化以及不同环境条件下的作战方案。

（三）突发事态应急处置：军事复杂系统的快速反应

军事复杂系统的快速反应能力是应对突发事态、确保任务成功和减少损失的关键能力。这一能力要求军事行动能够根据实际敌情灵活应对。《虚实篇》中的“故其战胜不复，而应形于无穷”强调战争胜利是不可复制的，每次应战都要根据实际敌情灵活应对，从而凸显了应急处置的重要性。《孙子兵法》中提出的诸多原则为现代军事作战人员面对突发事件提供了宝贵的指导。同时，军事复杂系统管理的快速反应理念强调了在多变环境中对军事行动的快速有效控制和管理，这与《孙子兵法》中的思想不谋而合。

在《孙子兵法》中，以机变行事、灵活变通为核心的《九变篇》论述了特殊条件下机变灵活的作战指挥思想[94]。“智者之虑，必杂于利害”，辩证地讨论了军事领域里“利”与“害”的关系，提醒作战人员在考虑问题时需要兼顾利弊两个方面。“杂于害而患可解”，意味着即使在有利的情况下也要充分考虑不利因素，以预防可能发生的问题。“无恃其不来，恃吾有以待之”，则意味着不要依赖于敌人不会进攻，而要有所准备。因此，在现代军事复杂系统管理中，充分的预案准备和演练是提高应急响应能力的重要手段。通过预先制订详细的应急响应计划和进行风险评估，可以提高应对突发事件的能力。

随着非常规军事突发事件的频繁发生，人们往往难以对突发事态进行预测[95]。对此，《孙子兵法》也有相应的支撑。“杂于利而务可信”，即使在不利的情况，也要充分考虑到有利的因素，以确保战事顺利进行。《作战篇》中的"兵贵胜，不贵久"以及"兵闻拙速，未睹巧之久也"都强调了在军事行动中迅速取胜的重要性。《九地篇》中的"兵之情主速"则强调速度在军事行动中的重要性。因此，在面对突发事态时，快速反应是减少损失、控制局势扩散的关键[96][97][98]。作战人员需要利用现代化的通信与信息系统，进行实时信息的收集、处理与分析，迅速获得关键情报、做出明智决策并采取行动。

将《孙子兵法》的这些思想应用于战场机变管理中，意味着必须具备战场情报洞察、环境适应性调控和突发事态应急处置的能力。只有通过持续的技术创新和战术训练，不断提高这三方面的能力，才能在现代战争中立于不败之地。

七、思考与展望

随着国家整体安全观的提出和技术的飞速发展，现代作战概念正在经历深刻的变革，传统的线性战争模式已逐渐向非线性、多域融合的战争模式转变。在这一背景下，现代作战概念强调的是整体性、系统性和适应性。作战不再局限于单一的物理域，而是向网络空间、认知领域等新型作战域拓展。马赛克战、混合战、多域作战、认知战等先进作战概念的提出，都指向了现代战争的多域性、非线性和复杂性。这些概念不仅改变了人们对战场形态的认识，也指明了未来战争发展的两大方向：智能化作战和体系对抗。

智能化武器系统、无人作战平台和自主控制系统等先进人工智能技术在战争中的频繁运用，预示着未来战争将更加依赖于先进的技术和算法。智能化作战的核心在于利用先进的算法和自主系统提高作战决策的速度和精确度，同时减少战场上的人员风险。例如，分布式杀伤、无人集群作战等典型智能化作战概念都强调通过灵活、高效的方式对敌方实施精确打击。智能化作战将彻底改变传统战争的面貌，使得未来战争形态朝着人机协同、决策去中心化、作战单位小型化等方向演化。这要求军事作战人员不仅要掌握传统的战术和战略，还要理解和应对智能时代的战争特点。

体系对抗是未来战争发展的另一重要方向，它强调在全域范围内与敌方进行整体性的对抗。这种对抗不再局限于传统的军事领域，而是扩展到了经济、政治、信息等多个维度，形成了一个全面、多层次的对抗体系。具体到军事对抗领域，体系对抗强调调动全域作战资源进行全域对抗，即要求军队在整个作战空间内实现无缝的指挥控制、情报共享和资源整合，以形成对敌方的全面压制。在这一概念下，陆、海、空、天、网等各个作战域的能力被整合起来，形成了一个高度协同的作战体系。体系对抗能够跨域融合多种作战方式，使得战争形态更加立体化和多元化。

此外，新域新质作战力量是现代军队发展的重要方向。它要求军队在多个维度上实现质的飞跃，包括智能化作战力量、网络空间作战力量、太空作战力量、心理和认知作战力量以及跨域协同作战力量等若干关键方面。智能化作战力量强调发展智能化武器系统和无人作战平台，利用机器学习、自主决策等技术提高作战效率和精确度。网络空间作战力量是指构建强大的网络攻防能力，保护关键信息基础设施，同时对敌方网络进行有效的渗透和破坏。太空作战力量旨在发展太空侦察、通信、导航和定位能力，以及反卫星武器系统，确保太空优势。心理和认知作战力量具体是指利用心理学原理和传播技术，进行心理战和舆论战，影响敌方士气和民心。跨域协同作战力量是指实现不同作战域之间的无缝连接和协同，形成联合作战的强大合力。

为了有效应对现代战争的复杂性以及未来战争形态的发展，要基于《孙子兵法》等中国传统军事思想，促进技术层面与管理层面的全面创新。在技术层面，需要大力推进技术革新，发展先进的信息技术、无人作战系统、人工智能技术等，以支持全域作战、体系作战和智能化作战。在管理层面，需要加强跨军种、跨领域的联合作战能力，运用众包、集群、区块链等方法和技术构建新型战场指挥控制关系，实现信息充分及时共享和资源敏捷整合，并且需要注重人才培养和教育训练，特别是对于新域新质、高技术密集、新型作战力量等更高层次、多类型人才的培养。在我国传统管理智慧的指导下，结合现代科技的发展，未来的军事力量将更加注重灵活性、智能化和多域协同，以适应快速变化的战场环境和战争形态。只有通过不断的技术创新和战争思维的更新，才可以确保在未来战争中占据优势，维护国家的安全和利益。

参考文献

[1] 江敬灼，叶雄兵. 军事系统复杂性分析及启示[J]. 军事运筹与系统工程，2007(4)：26-30.

[2] 李晓宁，于洪敏，张华才. 复杂适应系统理论及军事应用[J]. 兵工自动化，2007(11)：98-99.

[3] 迟妍，邓宏钟，谭跃进，等. 军事复杂适应系统理论基本框架研究[J]. 军事运筹与系统工程，2004，(2)：13-17.

[4] 胡晓峰，司光亚，罗批，等. 战争模拟：复杂性的问题与思考[J]. 系统仿真学报，2003(12)：1659-1666+1686.

[5] 杨晓光，高自友，盛昭瀚，等. 复杂系统管理是中国特色管理学体系的重要组成部分[J]. 管理世界，2022，38(10)：1-24.

[6] 王静雅，申华，沈彦. 论信息时代情报迷雾的成因及其应对策略[J]. 情报理论与实践，2023，46(2)：35-39.

[7] 劳春燕. 当代战争中的舆论战和传媒角色——从利比亚战争看信息迷雾与客观报道[J]. 新闻记者，2011(8)：39-44.

[8] 韩月敏，刘非平，郭勇. 一种军事复杂系统的研究方法框架[J]. 系统仿真学报，2009，21(16)：5187-5192.

[9] 杨晓段，李元左，刘曙云，等. 空间军事系统复杂问题求解的多元化模型体系[J]. 兵工自动化，2009，28(7)：49-53.

[10] 徐宗昌，陈悦峰，常莉，等. 基于多 Agent/Swarm 军事系统建模研究[J]. 系统仿真学报，2009，21(7)：2049-2052.

[11] 金鑫，李元左，马红光. 空间军事复杂决策系统问题求解的综合集成方法[J]. 复杂系统与复杂性科学，2005(2)：87-92.

[12] 牛涛，邢飞，吴洪林.《孙子兵法》“博弈”思想浅析[J]. 军事历史，2020(3)：84-89.

[13] 王勇.《孙子兵法》的系统思维与复杂决策[J]. 系统科学学报，2016，24(1)：61-64.

[14] 姜鑫,杜正军,王长春,等.不确定性环境下的多阶段军事对抗决策方法[J].系统工程理论与实践,2013,33(8):2163-2168.
[15] 刘佳琪,彭程远,张超,等.复杂系统博弈理论与其效能评估综述[J].导弹与航天运载技术(中英文),2022(5):18-23.
[16] 王增光,卢昱,李玺.基于攻防博弈的军事信息网络安全风险评估[J].军事运筹与系统工程,2019,33(2):35-40+47.
[17] 马悦,吴琳,郭圣明.智能博弈技术军事应用展望[J].指挥与控制学报,2023,9(2):135-145.
[18] 余南平,张翌然.国际关系演变的技术政治解释——以美国对华技术博弈为分析视角[J].世界经济与政治论坛,2024(1):3-20.
[19] 陈二林.《孙子兵法》"全胜"思想及其启迪[J].滨州学院学报,2018,34(5):23-28.
[20] 姚振文.《孙子兵法》全胜思想再认识[J].孙子研究,2017(4):28-35.
[21] 于晶,张飞羽.基于决策成本的军事冲突图模型[J/OL].系统工程理论与实践,1-10[2024-05-18].
[22] 郝海青,马航,庄健.新型复杂进化全局优化算法的研究[J].电子学报,2013,41(4):704-709.
[23] 覃媛.论《孙子兵法》全胜战略思想的应用及价值[J].现代商贸工业,2021,42(16):117-118.
[24] 朱旭.从孙子"全胜"战略看中国的和平崛起[J].西安交通大学学报(社会科学版),2018,38(4):122-128.
[25] 纪洪波.孙子复杂适应系统理论及其对企业竞争战略的启示[J].北京工业大学学报(社会科学版),2012,12(5):34-40.
[26] 汤治成.从科学认知与复杂系统思维看"孙子兵法"的谋略[J].系统科学学报,2020,28(3):40-44.
[27] 王志鹏,张江.复杂系统中的因果涌现研究综述[J].北京师范大学学报(自然科学版),2023,59(5):725-733.
[28] 张宏军,黄百乔,白天.复杂工程体系适应性机制构建与评价方法[J].系统工程与电子技术,2023,45(8):2325-2331.
[29] 商海燕,高润浩.近百年美国《孙子兵法》研究述评[J].滨州学院学报,2014,30(5):58-66.
[30] 王琰,韩苗苗.东方谋略的西方诠释——博伊德结合《孙子兵法》的军事理论创新[J].滨州学院学报,2021,37(3):26-30.
[31] 张琳琳.信息化战争中的东方军事谋略——论《孙子兵法》的谋略思想在

信息化战争中的价值[J].南京政治学院学报,2005(1):91-94.
[32] 吴仁杰.论《孙子》的战略思想及学术影响[J].河南师范大学学报(哲学社会科学版),2001,28(3):3.
[33] 张最良,黄谦,蔡游飞.加强军事战略运筹分析方法研究[J].军事运筹与系统工程,2009,23(4):5.
[34] 陈炳富,周戌乾.孙子的全局系统观[J].经营与管理,1987(3):3.
[35] 华杰.论《孙子兵法》的世界观与思维方式[J].重庆工商大学学报(社会科学版),2018,35(1):5.
[36] 史美珩.王霸兵略:孙子兵法研究[M].合肥:中国科学技术大学出版社,2003.
[37] 崔乃鑫.谈《孙子》的军事哲学思想[J].大连大学学报,2003,24(5):2.
[38] 杨新,晏嘉徽.论《孙子兵法》的军事战略思维观[J].南京政治学院学报,2007,23(2):4.
[39] 陈云金,陆保生.《孙子兵法》鉴赏[M].武汉:武汉大学出版社,2006.
[40] 黄朴民.《孙子兵法》的哲学精髓及其现代价值[J].滨州学院学报,2006,22(5):5.
[41] 张文儒.《孙子兵法》与现代科学思维[J].北京大学学报(哲学社会科学版),1994(1):9.
[42] 陈学凯.论《孙子兵法》对古典军事学的贡献[J].西安交通大学学报(社会科学版),1999(4):6.
[43] 韩月敏,刘非平,郭勇.一种军事复杂系统的研究方法框架[J].系统仿真学报,2009(16):6.
[44] 江敬灼,叶雄兵.军事系统复杂性分析及启示[J].军事运筹与系统工程,2007,21(4):5.
[45] 申卯兴,曹泽阳,周林.现代军事运筹[M].北京:国防工业出版社,2014.
[46] 李凯文,张涛,王锐,等.基于深度强化学习的组合优化研究进展[J].自动化学报,2021,47(11):2521-2537.
[47] 高佳,苏瑾,宁诗铎,等.基于混合粒子群算法的军事保障物资调度优化[J].火力与指挥控制,2022,47(11):52-58.
[48] 赵文飞,孙玺菁,司守奎,等.基于模糊约束的军事物资配送多目标路径优化[J].系统工程与电子技术,2018,40(12):2699-2706.
[49] 刘奕之,王清华,汪贻生,等.现代军事物流体系运行机制优化研究现状与展望[J].舰船电子工程,2023,43(11):8-11+17.
[50] 黄荣富,张锦.军事物流多式联运路径优化研究[J].军事运筹与系统工

程,2015,29(3):6.

[51] 牛侃,张恒巍,王晋东,等.军事云环境下基于动态博弈的资源调度方法[J].火力与指挥控制,2017,42(7):5.

[52] 严红,万谦.战术指挥信息系统服务化架构[J].指挥信息系统与技术,2013,4(6):5.

[53] 赵永华,窦书棋,赵家琦.观念政治下的网络战:社交媒体时代信息战的观念更迭与范式转换[J].当代传播,2023(5):23-27+34.

[54] 李本先.混合战争中的情报保障研究[J].情报杂志,2024,43(5):28-34.

[55] 李铮.复杂作战环境下目标情报分析:职能、流程与原则[J].情报杂志,2022,41(6):14-20+65.

[56] 张一飞.美国对华心理战的操作、逻辑、影响与应对[J].东北亚论坛,2023,32(6):33-47+125.

[57] 韩克敌.俄罗斯在乌克兰的"混合战争"[J].战略决策研究,2021,12(6):51-80+101-102.

[58] 韩毅,李建平.复杂适应系统理论与军事系统演化动力研究[J].南京政治学院学报,2007,23(4):4.

[59] 罗批.从综合到涌现:战争复杂系统综合建模仿真方法、实践与思考[M].北京:国防大学出版社,2011.

[60] 胡晓峰,司光亚,罗批,等.战争复杂系统与战争模拟研究[J].系统仿真学报,2005,17(11):2769-2774.

[61] 侯泽强,葛冰峰,黄宇铭,等.基于对抗分析的战略博弈推演方法[J].军事运筹与评估,2023,38(1):5-12.

[62] 李亚鹏.复杂网络上的攻防博弈建模与分析研究[D].长沙:国防科技大学,2018.

[63] LIU J, XU R, LI J, et al. Enhancing the resilience of combat system-of-systems under continuous attacks: novel index and reinforcement learning-based protection optimization[J]. Expert systems with applications, 2024, 251: 123912.

[64] FAN C, ZENG L, SUN Y, et al. Finding key players in complex networks through deep reinforcement learning[J]. Nature machine intelligence, 2020, 2(6): 317-324.

[65] 陈文豪.不完全信息条件下异质作战网络瓦解策略研究[D].长沙:国防科技大学,2021.

[66] 王耀祖,尚柏林,宋笔锋,等.基于杀伤链的作战体系网络关键节点识别方

法[J]. 系统工程与电子技术,2023,45(3):736-744.
[67] 孙立健,周鋆,张小可,等. 杀伤链支撑的 C2 组织结构分析与评估[J]. 指挥与控制学报,2022,8(4):460-470.
[68] 黄陈雨佳,陈胜. 基于环境特征融合的海战单目标态势感知[J/OL]. 信息与控制,1-10[2024-05-19].
[69] 刘麦笛,夏博远,杨志伟,等. 考虑集群协同特性的马赛克战体系能力需求满足度评估方法[J]. 系统工程理论与实践,2023,43(8):2447-2466.
[70] 王家耀. 军事地理信息系统的现状与发展[J]. 中国工程科学,2002.
[71] 王茹楠. 军事地理信息系统的应用实践微探[J]. 数字通信世界,2019(6):148.
[72] 陆守凯,杜江. 军事地理信息系统对后勤防卫的影响[J]. 地理空间信息,2013,11(5):108-109+13.
[73] 张维明,朱承,黄松平,等. 指挥与控制原理[M]. 北京:电子工业出版社,2021:244.
[74] 于彦周. 间谍与战争:中国古代军事间谍简史[M]. 北京:时事出版社,2005.
[75] 吉家友. 间谍战在战国时期的运用[J]. 军事历史研究,2011,25(1):98-105.
[76] 杨军. 北宋时期河北沿边城市的对辽间谍战[J]. 军事历史研究,2006(4):99-104.
[77] 谢贵平. 我国反间防谍的历史经验[J]. 人民论坛,2023(16):50-53.
[78] 王新,黄晓燕,曾文龙. 认知中心战:应对复杂战争的作战概念[J]. 军事文摘,2023(13):11-15.
[79] 肖竞,曹珂. 兵者伐谋——从《孙子兵法》机变视角看城市的发展与管治[J]. 国际城市规划,2015,30(6):57-66.
[80] 刘畅,张力伟. 系统的情报观到系统的安全观:兵家情报思想探赜[J]. 情报杂志,2024,43(5):9-14.
[81] 李正军,王亮. 孙子的继承与创新——再论《孙子兵法》的“形”与“势”[J]. 孙子研究,2021(5):63-70.
[82] 马晓娟,陈烨,闻杰,等. 战略情报预测模型的作用机理与价值述评[J]. 情报杂志,2020,39(8):6-15.
[83] 张海瀛,戴礼灿,刘鑫,等. 情报预测概念内涵与技术发展[J]. 电讯技术,2023,63(10):1492-1499.
[84] 赵亚平,黄毅,李虹,等. 人工智能技术在军事情报领域的应用与发展[J].

指挥控制与仿真,2023,45(4):36-43.
[85] 王帅,周林兴,苏君华.面向大规模同质化生成式信息集聚的情报感知实现研究[J/OL].情报理论与实践,1-13[2024-05-19].
[86] 贺玲,贺照辉.大数据技术在战场态势感知中的应用[J].科技与创新,2023(7):178-181.
[87] 白如江,张玉洁,赵梦梦,等.面向关联推理的智慧情报感知:内涵、组织与路径[J].情报理论与实践,2022,45(8):31-37+67.
[88] 庄天义,刘学,耿振余,等.基于复杂战场环境的地空导弹武器系统抗击巡航导弹部署优化问题研究[J].军事运筹与评估,2024,39(1):75-80.
[89] 李炳蔚,牛智玲,张子骏,等.装备环境适应性闭环管控方法研究[J].装备环境工程,2021,18(8):24-28.
[90] 王延飞,陈曦,王阳.《孙子兵法》的战场管理思想[J].滨州学院学报,2012,28(4):15-19.
[91] 张红萍,邵振峰,胡滨,等.战场环境灾害天气信息保障技术及其发展趋势[J].火力与指挥控制,2024,49(1):16-24.
[92] 南兵军.孙子之"势"与新时代塑造态势遏制战争[J].孙子研究,2021(1):34-41.
[93] 张国兵.复杂电磁环境下雷达兵仿真训练效能评估研究[J].雷达与对抗,2023,43(2):6-10.
[94] 王金水.借鉴孙子九变思想,防范化解重大风险——《孙子兵法·九变篇》引发的思考[J].上海市经济管理干部学院学报,2022,20(4):36-42.
[95] 张清辉,杨楠,凌艳香,等.军事突发事件信息服务情景数据建模研究[J].农业图书情报,2019,31(2):49-53.
[96] 权晓伟,张灏龙,蒲洪波,等.美军采用快速采办策略加速作战能力的形成[J].中国航天,2020(1):61-65.
[97] 郭晨,王春雷,王坤红.基于柔性供应链思维的军事物流快速响应能力构建[J].物流工程与管理,2013,35(12):94-95.
[98] 陈斌.孙子兵法中战斗文化因素对当前提升部队战斗力的几点启示[J].武警工程学院学报,2014,30(1):77-80.

The Military Matters to Our Country: Exploring Military Complex System Management through *Sun Tzu's Art of War*

Yang Kewei Li Jichao Lei Tianyang Lu Baile Gong Chang

Abstract: With the development of war patterns and the rapid development of intelligent unmanned technology, the complexity of war has surged beyond expectations, posing new challenges to the management of military complex systems. As the crystallization of ancient Chinese military wisdom, *Sun Tzu's Art of War* is also an important revelation for modern warfare, especially future warfare, which is developing exponentially in complexity. The purpose of this paper is to discuss the inspiration and practice of *Sun Tzu's Art of War* on the management of modern military complex system, focusing on analyzing the main ideas of game, complete victory and system in *Sun Tzu's Art of War*. This paper manages to interpret and respond to the uncertainty and dynamic changes in modern warfare from the perspective of traditional Chinese military strategy, from macro to micro, from certain to uncertain environments, and study the commonalities between *Sun Tzu's Art of War* and the theory of military complex systems at the levels of strategic operations, campaign planning, tactical command and battlefield changes, etc., so as to integrate the wisdom of classic Chinese military strategy with the practice of modern warfare, and to provide guidance and deepen the understanding of the management of the complex battlefields of the future. On this basis, we integrate the modern military complex system management theory and the idea of *Sun Tzu's Art of War*, combine with the high-speed development of modern science and technology, and look forward to the development trend of the future operational concept: we have pointed out the inevitability of the fusion of technological innovation and management innovation, enhanced the flexibility, intelligence and multi-domain synergy of military forces, and provided a set of guiding references and suggestions suitable for meeting future warfare with Chinese characteristics.

Keywords: *Sun Tzu's Art of War*; Military Complex System; Combat System; Complexity; Future Warfare

大规模制造产业可信溯源系统管理创新

——复杂系统管理视角*

黄 敏 张继良 胡悦嫣 杨恒源**

摘 要： 大规模制造产业可信溯源是一个复杂系统，其管理面临产业链全域标识数据异构多源、可信度低、实时追溯和协同共享难等尚未解决的数据协同痛点问题。本文针对上述问题，提出一套大规模制造产业可信溯源系统管理研究方案。首先，通过梳理国内外最新研究进展，总结了两种主要溯源方法。其次，从大规模制造产业可信溯源系统的复杂性出发，归纳了大规模制造产业可信溯源系统的复杂整体性、复杂关联性、多学科交叉性、复杂最优性和组织适应性五个特征，并从全域数据可信溯源、多主体溯源共识与敏感数据实时共享、数据实时追溯与监管机制三个方面，分析其管理面临的难点与挑战。再次，从溯源理论、前沿技术和平台验证三个层次，提出了基于区块链的大规模制造产业可信溯源总体研究框架和研究方案。最后，总结了大规模制造产业可信溯源系统研究创新与未来展望。

关键词： 大规模制造 产业溯源 可信溯源 复杂系统管理 区块链 数据协同

---

* 基金项目：本文受国家重点研发计划项目（2021YFB3300900）、国家自然科学基金重大研究计划重点支持项目（92267206）、国家自然科学基金重点项目（62032013）资助。

** 作者简介：黄敏（通讯作者），东北大学信息科学与工程学院教授，博士生导师，研究方向为企业物流与供应链管理、现代集成制造系统、智能优化；张继良，东北大学信息科学与工程学院教授，博士生导师，研究方向为工业互联网、物联网；胡悦嫣，东北大学信息科学与工程学院博士研究生，研究方向为区块链技术、智能制造；杨恒源，东北大学信息科学与工程学院硕士研究生，研究方向为区块链技术、供应链与运营管理。

一、引言

溯源是指通过数据采集、留存和传输方式，获取从产品生产、流通到销售全生命周期各环节中物品和信息关键数据的过程[1]。关键数据主要包括物品和信息的标识或记录，流通和传输的起点、节点与终点，以及数据的类别、详情、采集人和采集时间等[2]。

产品溯源广泛服务于农产品、食品、医药用品、农资、婴幼儿用品、化妆品、皮革制品、服装、汽车零配件、建材家居、艺术品、文教体育用品、电子电器和日用化学品等三十余个行业，数十万个品牌[3]。

随着我国大规模制造业持续蓬勃发展，解决大规模制造产业可信溯源痛点是当务之急。2023 年，我国规模以上工业增加值同比增长 4.6%，制造业总体规模连续十四年位居全球第一[4]。大规模制造产业充分利用规模化、模块化和产业链协同，降低生产成本，提高产品质量，提高劳动生产率，并实现产品定制化。

然而，近年来众多溯源造假事件对品牌和消费者造成了巨大侵害。如 2017 年斯巴鲁公司曝出“糊弄门”事件，其下属公司使用无资质检验员进行整车检查，并持续约三十年，但其汽车召回数量仅有 25.5 万辆[5]。2020 年 10 月，日本均胜安全系统公司对没有达标的安全带进行数据篡改，导致大量安全隐患产品流入市场，丰田、本田等日本车企均受影响[6]。2020 年 12 月，日本三菱电机承认曾向欧洲车企出口大量不达标产品并长达三年之久，甚至在出口时伪造大量文件[7]。2021 年初，曙光制动器工业公司曝出质检数据造假，近六成产品存在数据被篡改问题，而涉事零部件组装成车后是否流入海外市场仍无法确认[8]。2021 年 11 月，美国海军潜艇钢铸件供应商布兰肯公司（Bradken Inc.）被爆出曾对测试数据造假三十余年，将大量不合格部件供应至美国海军[9]。2022 年，丰田旗下的日野汽车，承认从 2003 年开始对尾气排放和发动机燃油效率性能数据造假，该行为持续了二十年之久[10]。2023 年 12 月，丰田旗下子公司大发汽车，被爆出“测试造假”的丑闻，造假方向包括安全性测试、耐久性测试、环保测试等[11]。2024 年 1 月，日本制造业知名品牌松下集团旗下子公司松下工业承认，其电子零部件业务在向第三方机构申请产品品质认证的过程中，存在篡改测试数据等违规行为[12]。

由此可见，产品可信溯源已经成为大规模制造业的强烈诉求和亟待解决的关键问题[13]。所以，我们需要依托我国大规模制造产业的全球领先地位，面向大规模制造产业可信溯源，探索新理论、新技术和新管理方式，构建大规模制造产业可信溯源中国自主技术体系。

但是，大规模制造产业可信溯源具有复杂整体性、复杂关联性、多学科交叉性、复杂最优性和组织适应性五大特征，构成了一个复杂系统。近年来，以区块链、大数据与人工智能为代表的前沿信息技术已经逐步融入到大规模制造产业的各个场景，有力地促进了大规模制造产业的智能化与数字化转型。然而，大规模制造产业可信溯源仍然面临着产业链全域标识数据异构多源、可信度低、实时追溯和协同共享难等尚未解决的痛点。面向大规模制造产业可信溯源这一复杂系统管理，本文系统归纳了大规模制造产业可信溯源系统的五大特征，分析了溯源系统管理中的三大研究难点与挑战，并提出了基于区块链的大规模制造产业溯源的研究框架与研究方案，总结了大规模制造产业可信溯源的研究创新与未来发展方向。

二、溯源关键技术演进

溯源关键技术持续演进是发展大规模制造产业可信溯源系统的基础[14]。本节系统地梳理了国内外溯源关键技术的研究进展，为后续分析大规模制造产业可信溯源系统的复杂性并确立研究框架与方案提供了支撑。

（一）基于产品标识的溯源方法

早期，产品溯源主要采用基于产品标识的溯源方法。技术层面上，基于产品标识的溯源方法主要分为基于条形码、二维码的直接标识方法和基于无线射频识别（RFID）、近距离无线通信技术（NFC）、无线传感器网络（WSN）的间接标识方法。20 世纪 70 年代，条形码技术作为最早的产品溯源技术被应用于食品溯源领域[15]。20 世纪 90 年代，二维码技术被应用于产品溯源领域。21 世纪以来，随着电子技术的发展，RFID 逐渐应用于产品溯源领域。

然而，当前基于产品标识的溯源方法产生的数据存在着严重的可信性问题。首先，产品标识伪造成本极低，条形码和二维码生成器能生成任意标识。更有甚者，日本东海大学开发出一种篡改二维码的攻击技术，能使用激光照射，将二维码替换为伪造的二维码[16]。其次，数据安全监管严重滞后，产品全生命周期存在大量劣质数据，极大地降低了数据的可用性。与此同时，基于产品标识的溯源方法在溯源范围、安全性等方面仍存在局限，导致其无法被应用于溯源范围广泛、隐私性和安全性要求较高的场景中。最后，产业链存在多级供应关系和产品物流运输多式联运等场景，产品需经过多个承运商多次加工、包装和中转。而在基于产品标识的溯源技术框架下，产品信息和数据极易丢失，产品信息溯源透明度不高，成员之间协作性不强，且易造成“数据孤岛”现象[17]。

（二）基于区块链的可信溯源技术

区块链因具有去中心化、不可篡改、可信等特点，近几年被广泛应用于产品溯源领域中。该技术能够通过分布式存储架构、区块链连接等手段，采用密码学、共识算法、智能合约等技术，解决信息收集、流通、共享过程中存在的问题[18]。此外，区块链技术能够保证上传溯源信息的真实性、可用性和完整性[19]。因区块链具有诸多优势，基于区块链的产品溯源方法是打通“数据孤岛”的有效手段，被广泛应用于生产生活的多个领域。

随着区块链溯源技术成为当前产品溯源领域的研究热点，学界近年来正积极在医药、食品、农业和工业等领域探索区块链溯源技术中的新问题、新思路和新方法。区块链溯源技术研究聚焦于数据管理、共识机制、追溯技术和智能合约，如表 1 所示。区块链能够有效促进产业链数据安全共享，提升协同效率并建设可信体系，进而助力产业链的结构优化和服务化转型，提升产业链水平。

表1 区块链溯源技术现有研究案例

行业	医药	食品	农业	工业
数据管理	雷赫曼（M. Rehman）等提出了疫苗供应链管理和溯源的安全数据管理框架[20]	梅哈瑙伊（R. Mehannaoui）等基于数据管理技术等，提出了食品追溯系统架构[21]	孙传恒等提出了水稻溯源模型，实现了优化存储和高效查询[22]	赵航等提出了一种智慧工厂供应链追溯模型，实现了可信存储[23]
共识机制	李晓等开发了基于改进DPOS的流行病接触者的溯源框架[24]	谭吉等基于改进PBFT，提出了一种食品供应链追溯模型[25]	胡森森等基于新的共识机制，设计了一种农业产品溯源方法[26]	李帅等设计了基于改进PBFT的服务型制造供应链溯源模型[27]
追溯技术	马特维耶娃（N. Matvieieva）等利用医疗器械标识，实现了3D打印医疗产品溯源[28]	乔治(R. V. George)等使用产品标识符，提出了更可靠的食品溯源方法[29]	约翰(E. P. John)等提出了一种基于RFID的水产养殖供应链追溯模型[30]	博兰达格（E. Borandag）等使用二维码和物联网，开发了工业回收平台[31]
智能合约	奥马尔（I. A. Omar)等提出了针对个人防护装备供应链的溯源方案[32]	王晶等设计了一种食品产业链的安全信用评估和溯源方法[33]	范贤丽等设计与实现了一种基于IPFS技术的隐私保护系统[34]	阿格拉瓦尔（T. K. Agrawal）等提出了多层纺织服装供应链溯源方法[35]

综上，基于区块链的可信溯源技术已成为产品溯源的主要技术，但当面对大规模制造产业溯源时，仍面临管理复杂性的挑战。

三、大规模制造产业可信溯源系统管理的复杂性

本节聚焦大规模制造产业可信溯源系统管理的复杂性，分析了大规模制造产业可信溯源的难点与挑战。

（一）大规模制造产业可信溯源系统的五大特征

大规模制造产业可信溯源是一个复杂系统，具有复杂系统共性的五大特征，即复杂整体性、复杂关联性、多学科交叉性、复杂最优性和组织适应性，如图1所示。

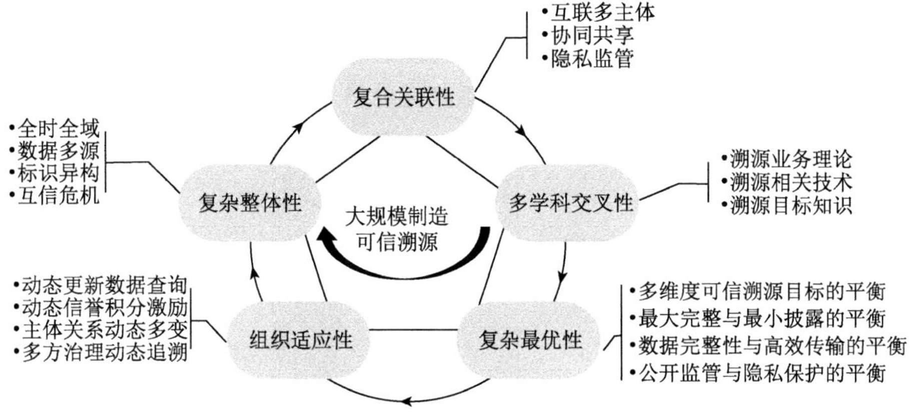

图 1　大规模制造产业可信溯源系统管理的特征

1. 复杂整体性

大规模制造产业可信溯源系统展现出的复杂整体性，可从四个维度进行剖析：时空维度、数据维度、标识维度和主体间关系维度。

（1）全时全域

从时空维度看，大规模制造产业可信溯源系统呈现出全时全域的特征。该系统各阶段的信息交互不分时段，以满足实施监控和溯源需求，即呈现全时特征；同时，大规模制造产业链条长，覆盖不同的网络域，包括供应商网络、制造商网络、运输商网络和经销商网络等，即呈现全域特征。

（2）数据多源

从数据维度看，大规模制造产业可信溯源系统面临数据多源的问题。在大规模制造产业链条中，不同主体间溯源需求各不相同。数据多源会导致数据源间不互信，需要对数据多方协同治理和全域标识数据追溯的可信性进行探讨。

（3）标识异构

从标识维度看，全域标识数据具有异构特征，同时数据在共享过程中易发生信息缺失或不完整等问题，这为数据存储与查询的可信性带来了挑战。存储与查询不仅需要保证固定格式数据的存储可信性，而且需要在多个异构区块链之间构建支持共享的体系。这是一个重大挑战。

（4）互信危机

从主体间关系维度看，大规模制造产业的参与方之间是非互信关系，因此存在产业链内多主体信任危机、全域标识数据可信度低等问题。

2. 复杂关联性

大规模制造产业可信溯源系统展现出的复杂关联性，包括三方面：互联多主体、协同共享和隐私监管。

（1）互联多主体

大规模制造产业涉及众多主体，包括供应商、制造商、运输商、经销商、监管部门等。这些主体协同复杂多样，横向涉及产业链上下游企业的交易过程，纵向覆盖制造全生命周期过程，业务耦合关联，呈现网状非全连接关联结构。

（2）协同共享

大规模制造产业将制造环节的数据汇聚于企业数据平台，不仅需要由零件编号定位产品批次的粗粒度追溯，而且需要批次件协同和关重件协同；另外，为满足供应商、制造商、运输商、经销商间的协同共享需求，需要打破“数据孤岛”的现状，实现数据的互联互通。

（3）隐私监管

大规模制造产业溯源业务既要在最大限度保护隐私的前提下，满足大规模不确定业务协同主体的数据共享需求，又要满足监管部门的监管需求，需要围绕业务需求，确定数据披露方式、共享范围和保护等级，在隐私保护和敏感数据共享方面实现平衡。

3. 多学科交叉性

大规模制造产业可信溯源涉及管理科学与工程、工商管理学、公共管理学、控制科学与工程、电子科学与技术、计算机科学与技术、软件工程和智能科学与技术等多个一级学科知识的交叉，主要包括以下几方面。

（1）溯源业务理论

涉及大规模制造产业可信溯源业务相关的理论知识，如溯源业务流程、数据存储与共享机制设计、政府监管、产品追溯、责任划分、产品召回等。溯源业务理论构成了溯源系统的框架和指导原则，确保溯源系统的高效性和合规性。

（2）溯源相关技术

涉及大规模制造产业可信溯源相关的技术，如区块链、机器学习、密码学、博弈论、微服务、数据切片、决策树、数据结构等。溯源技术为溯源系统提供了去中心化、智能、安全、灵活高效的技术支持，保障了数据传输的安全性，提高了溯源系统的灵活性和可扩展性。

（3）溯源目标知识

涉及大规模制造可信溯源目标的相关知识包括高可信、实时、可监管和隐私保护等。溯源目标为溯源系统的设计和优化提供了明确的方向，在满足溯源需求的同时，兼顾数据的安全性和隐私保护。

4. 复杂最优性

大规模制造可信溯源追求系统整体性能最优化，但其优化目标众多且存在冲突，需要实现多目标平衡下的复杂最优。主要需要平衡的目标如下。

（1）低可信数据与高可信溯源目标的平衡

在大规模制造系统中，各个主体的数据由其自行管理，用户篡改数据的成本较低，导致数据可信度较低。然而，高可信溯源目标是确保产品质量和提高供应链透明度的关键。这带来了低可信数据与高可信溯源目标之间的矛盾。因此，需要研究基于多方治理决策的全域标识数据区块链可信追溯机理，从而平衡多维度可信溯源目标，实现大规模制造产业链低可信数据的高可信溯源。

（2）敏感数据最大完整与最小披露的平衡

在大规模制造产业链溯源过程中，溯源的精准性需求要求溯源信息的最大完整性。然而，各个主体的隐私保护需求要求敏感数据的最小披露。这带来了敏感数据最大完整与最小披露之间的矛盾。因此，需要构建按照不同溯源业务要求进行有限数据共享的机制，从而通过数据敏感关系分析，在满足数据共享需求的前提下，实现最大化的隐私保护。

（3）共享数据完整性与高效传输的平衡

大规模制造产业链在溯源过程中，为确保数据在传输过程中不被篡改和损坏，需要保证原始共享数据的完整性和准确性。然而，大规模制造产业链面临溯源业务的实时性要求，这带来了共享数据完整性与高效传输之间的矛盾。因此，需要研究溯源业务数据共享传输网络架构，构建共享数据传输安全认证机制和传输控制机制，从而满足大规模多主体溯源平台中数据实时完整传输的需求。

（4）公开监管与隐私保护的平衡

在大规模制造系统中，需要满足各监管部门公开监管和审计的需求。然而，又需要避免泄露各个主体的隐私数据。这带来了公开监管与隐私保护之间的矛盾。因此，构建基于隐私保护的数据访问控制机制，从而通过多方协作决策治理，实现对隐私保护过程的公开监管和审计。

5. 组织适应性

大规模制造产业可信溯源过程中，多主体组织结构的变化带来了众多适应性要求，主要如下。

（1）动态更新数据查询

在实现大规模制造系统多源异构全域标识数据协同可信查询时，需适应数据动态更新的要求。

（2）动态信誉积分激励

在实现多方治理信誉积分激励时，需适应对不完全可信的治理各方进行动态信誉评估的要求。

（3）主体关系动态多变

在实现高效的溯源共识算法时，需适应参与主体众多、主体间关系动态多变的要求。

（4）多方治理动态追溯

在实现全域数据共享管理与可信追溯时，需适应多方治理决策、治理主体成员动态扩展的要求。

（二）大规模制造产业可信溯源系统管理的难点与挑战

大规模制造产业可信溯源系统的必要性和紧迫性，驱动大规模制造产业直面复杂性挑战。本节从全域数据可信溯源、多主体溯源共识与敏感数据实时共享、数据实时追溯与监管机制三个角度，分析了大规模制造产业可信溯源系统管理的难点与挑战。

1. 全域数据可信溯源

从全域数据可信溯源的角度来看，大规模制造产业面临着全域标识数据异构多源、产业链内多主体缺乏互信、全域标识数据可信度低等全域数据溯源的难点，由此带来异构多源数据管理架构、非互信环境中的协同共享与多方治理决策的高可信追溯等非互信区块链可信溯源的挑战。

2. 多主体溯源共识与敏感数据实时共享

从多主体溯源共识与敏感数据实时共享的角度来看，大规模制造产业面临着全域标识数据多主体关联识别困难、敏感数据按需共享与隐私保护矛盾、数据完整性与高效传输矛盾等多主体溯源共识与敏感数据实时共享的难点，由此带来多主体高效共识、敏感数据有效共享、数据实时共享传输等溯源共识算法与实时共享机制的挑战。

3. 数据实时追溯与监管机制

从数据实时追溯与监管机制的角度来看，大规模制造产业面临着全域标识数据标识寻址空间大、全生命周期追溯链长、隐私保护中的监管困境等数据实时追溯与监管机制的难点，由此带来数据高效标识寻址、全生命周期数据实时追溯、监管友好的隐私保护等隐私保护下实时追溯与监管友好的挑战。

综上，大规模制造产业面临着三大方面的挑战。为解决上述挑战，需要从理论上、技术上和平台支撑方面提出全套研究方案。

四、大规模制造产业可信溯源复杂系统研究探索

本节针对大规模制造产业可信溯源系统管理的难点与挑战，进行深入研

究和探索，提出了大规模制造产业可信溯源系统的研究框架与研究方案。

（一）研究框架

针对上节所述的难点与挑战，从溯源理论、前沿技术和平台研发三个层次，我们提出基于区块链的大规模制造产业可信溯源总体研究框架，如图2所示。

在研究框架中，理论层聚焦大规模制造产业全域数据管理、协同共享与可信追溯理论；技术层探索规模制造产业链全域数据溯源共识算法和敏感数据实时共享机制、大规模制造产品全生命周期数据实时追溯及可监管隐私保护技术；平台层研发基于区块链的大规模制造产业可信溯源平台。

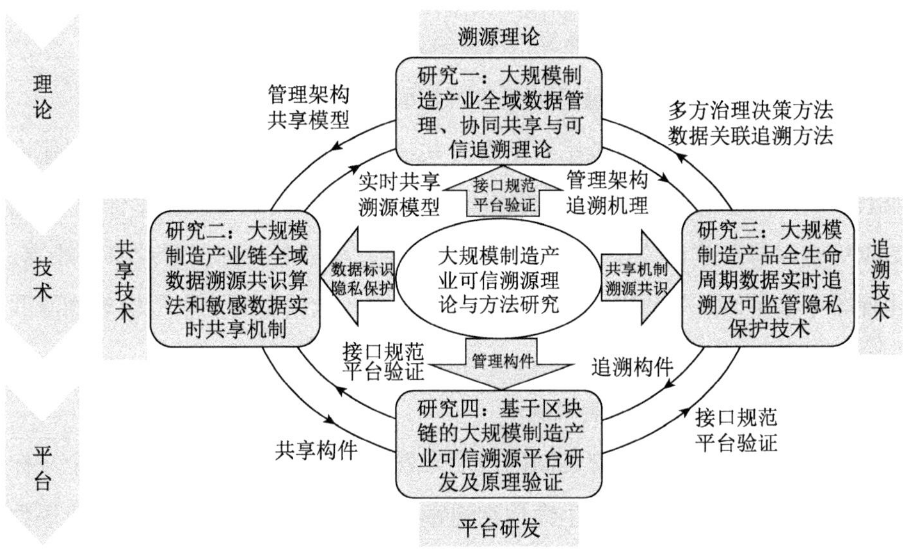

图2　大规模制造产业可信溯源研究框架

（二）研究方案

基于理论—技术—平台三层次研究框架，下面将介绍关于大规模制造产业可信溯源理论与方法的研究方案，主要包括溯源理论探索、共享技术研究、追溯技术研究和平台研发。

1. 溯源理论

针对大规模制造产业可信溯源系统管理的难点与挑战，本节从数据管理架构、协同共享和可信追溯三方面，提出了大规模制造产业可信溯源理论。

（1）数据管理架构

针对全域标识数据中格式差异性、来源多样性与管理可信性的问题，提出了基于区块链的多源异构全域标识数据管理架构，如图3所示。构建了层次化的异构区块链体系，并结合多链间动态集成策略，以及支持多种语义的可信查询方法，实现了面向多源异构标识数据的可信管理架构，为解决复杂整体性难题提供了理论保障。

（2）协同共享

针对协同共享中“数据孤岛”、敏感数据共享的问题，提出了基于区块链的多源异构全域标识数据协同共享模型。设计了基于区块链哈希值的多方协同授权机制，并通过共享激励机制，建立了数据分级协同共享模型，从而实现了面向全域标识数据的协同共享，为解决复杂关联性难题提供了理论支撑。

（3）可信追溯

针对可信追溯中谁共识、如何共识、共识安全的问题，提出了数据可信性评估驱动的主体信誉积分动态激励方案。基于主体信誉积分机制，提出了多方治理主体可信分析方法，设计了多方治理决策可信追溯方法，从而实现了多场景多环节下的可信动态追溯，为解决可信性低的难题提供了理论支持。

2. 共享技术

针对共享实时性的需求，本节从共识主体识别、敏感数据按需提取和切片式共享传输三方面，提出了大规模制造产业共享技术。

（1）共识主体识别

针对大规模主体共识难以形成的挑战，提出了基于业务关联分析的关键主体一致可信溯源共识算法。研究了共识主体识别和共识主体博弈问题，考察了存在交易记录的每两个主体间关系的强度，将业务相关性作为指标，从而实现了共识机制的实时性，为敏感数据共享提供了可信数据保障。

（2）敏感数据按需提取

针对敏感数据难以共享的挑战，提出了溯源敏感数据分类分级方案与关联

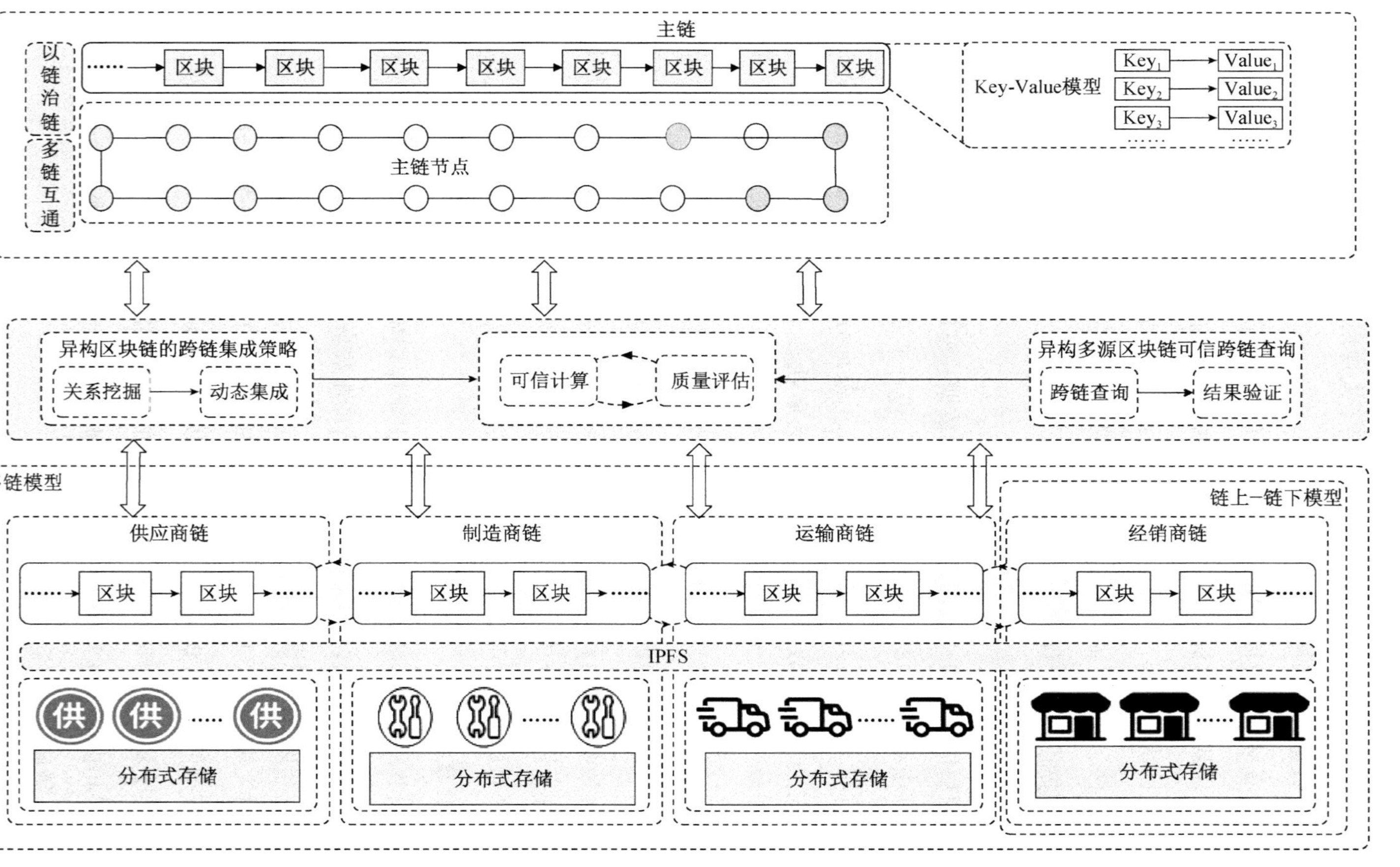

图 3　大规模制造产业可信溯源系统数据管理架构

主体社群发现算法。设计了溯源数据分类分级方案，形成了敏感级别参考表，研究了基于敏感数据分级的数据按需提取技术，从而实现了数据提取的最大完整-最小披露，为数据按需共享提供了理论支撑。

（3）切片式共享传输

针对数据跨链传输效率低下的挑战，提出了敏感数据动态切片式实时共享传输机制。根据敏感数据各属性权重，设计了最优分片计算机制，研究了敏感数据切片式共享传输方法，从而实现了敏感数据的高效共享传输，为敏感数据共享提供了安全性保障和传输性能支持。

3. 追溯技术

为突破实时追溯技术挑战点，本节从全生命周期标识寻址、数据标识实时关联追溯和可监管隐私保护三方面，提出了大规模制造产业追溯技术。

（1）全生命周期标识寻址

针对全域标识数据标识寻址空间大的问题，提出了产品全生命周期数据快速定位与高效标识寻址技术。设计了面向层次链架构数据及可信标识的分布式索引算法，通过建立链间反向索引，进行数据唯一标识及定位和单阶段标识寻址，从而实现了对海量异构层次化数据的高效寻址定位，为数据标识关联追溯提供了标识寻址方法和溯源技术基础。

（2）数据标识实时关联追溯

针对全生命周期追溯链长的问题，提出了基于数据关联分析的标识快速解析与深层实时追溯技术。设计了基于数据关联关系的标识数据高效解析算法，以及数据权限管理机制和层次链深层追溯算法，在溯源链路中迭代式地获取数据，从而实现了对全生命周期标识数据的解析和分层级实时追溯，为全域数据可信追溯提供了评估输入。

（3）可监管隐私保护

针对被溯源目标数据的隐私需求差异性的问题，提出了监管友好的数据分级隐私保护方法。通过多方安全计算，设计了研究监管友好的数据分级分类访问控制机制，并采用密文策略属性加密算法，从而实现了对隐私保护过程的公开监管和审计，为可监管隐私保护的密钥分发提供了安全性与可追踪性保障。

4. 平台研发

基于上述理论与技术，研发了面向基于区块链的大规模制造产业可信溯源平台。

(1) 平台架构

提出了大规模制造产业大数据高并发溯源平台架构，即区块链即服务开放架构，如图4所示。

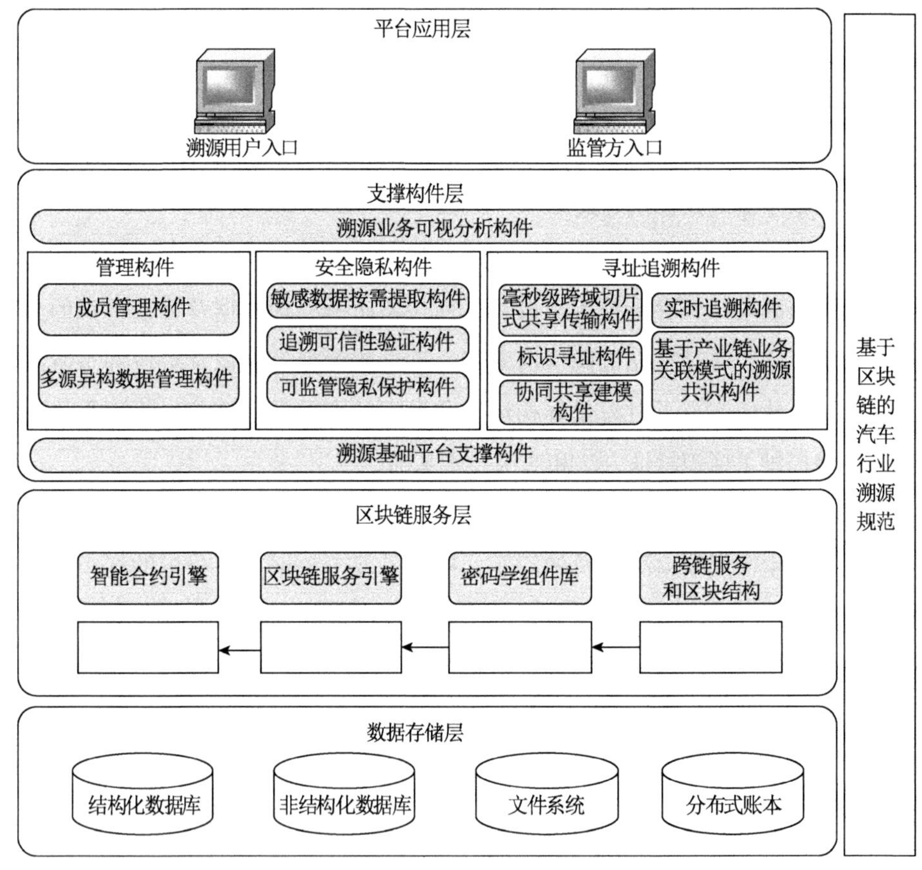

图4　大规模制造产业可信溯源平台架构图

平台架构共分为四层。第一层为数据存储层，包括结构化数据库、非结构化数据库、文件系统和分布式账本；第二层为区块链服务层，包括智能合约引擎、区块链服务引擎、密码学组件库、跨链服务和区块结构；第三层为支撑构件层，包括平台 12 个构件；第四层为平台应用层，包括溯源用户入口和监管方入口。另外，基于区块链的汽车行业溯源规范指导了平台的应用。

该架构支撑了大规模制造产业可信与高效溯源平台的实现。

（2）平台构件

在基于区块链的大规模制造产业可信溯源平台中，研发了 12 个平台构件，保证了平台功能的实现。其中，按照其在平台架构中的功能分工，共分为四类。第一类为基础性构件，包括溯源业务可视分析构件、溯源基础平台支撑构件；第二类为管理构件，包括成员管理构件和多源异构数据管理构件；第三类为安全隐私构件，包括敏感数据按需提取构件、追溯可信性验证构件和可监管隐私保护构件；第四类为寻址追溯构件，包括毫秒级跨域切片式共享传输构件、标识寻址构件、协同共享建模构件、实时追溯构件和基于产业链业务关联模式的溯源共识构件。

上述构件彼此协作，共同完成了大规模制造产业可信溯源核心功能，最终实现可信溯源系统管理。

五、结论

本文聚焦大规模制造产业可信溯源系统管理的复杂性，系统性地论述了其难点与挑战，构建了基础理论、前沿技术、平台研发三个层次的研究框架与研究方案，实现了激励式协同共享层次链中基于多方治理决策的低可信数据高可信溯源理论、关键主体竞合式溯源共识与敏感数据最小披露-最大完整切片式实时共享技术、可监管与隐私保护均衡的产品全生命周期数据高效标识寻址和实时追溯技术、大规模制造产业大数据高并发溯源平台的区块链即服务开放架构四方面的创新。本文的理论与方法创新如图 5 所示。

本文从内部管控、外部品牌维护和社会监督等三个层面致力于维持企业高效安全运营。在内部管控层面，溯源有助于严格管控企业和产业链内产品的生产、包装、仓储、运输与销售过程，并辅助企业进一步优化生产流程，

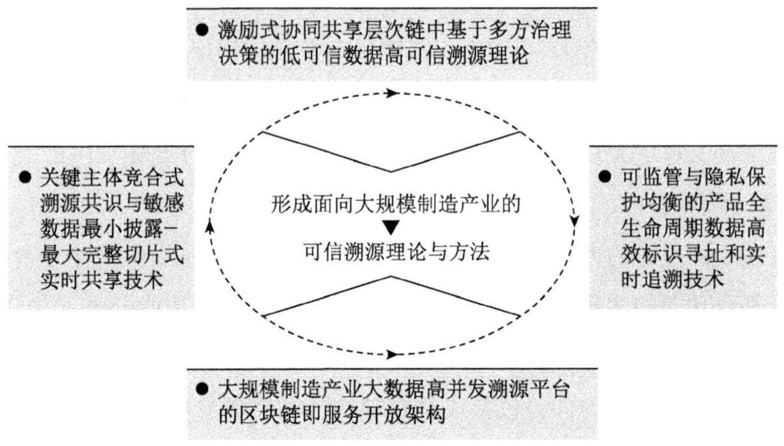

图 5　大规模制造产业可信溯源理论与方法创新

标准化生产规范。在外部品牌维护层面，溯源一方面有助于实现产品安全消费，满足下游企业和终端用户的知情权，提升信任度；另一方面能够规范数据采集环节，提升造假难度，打击假冒伪劣产品，提高产品附加值和品牌市场竞争力。在社会监督层面，溯源有助于要求企业向社会公开信息，有效管控数据造假，接受社会监督，并在出现产品质量问题时，定位问题发生的环节和责任方，同时辅助产业链参与方通过溯源自证清白，及时追踪产品召回行为，避免扩大影响。

综上，本文构建了大规模制造产业可信溯源中国自主技术体系，有助于全面提升我国大规模制造行业的竞争力和工业软件自主发展能力。本文中的研究成果在内部管控、外部品牌维护、社会监督等方面具有广泛的应用前景，未来可以结合人工智能手段，进一步丰富溯源系统功能。

参考文献

[1] OLSEN P, BORIT M. How to define traceability[J]. Trends in food science

& technology, 2013, 29(2): 142-150.
[2] 区块链赋能溯源领域研究报告[EB/OL].(2020-03-12)[2024-05-23]. https://zhuanlan.zhihu.com/p/112686364.
[3] 中国防伪行业协会.防伪溯源保护品牌十大优秀案例[EB/OL].(2022-05-06)[2024-05-23]. http://www.ctaac.org.cn/article/content/view?id=2293.
[4] 新华社.我国制造业总体规模连续14年位居全球第一[EB/OL].(2024-01-19)[2024-05-23]. https://www.gov.cn/lianbo/bumen/202401/content_6927104.htm#.
[5] 于文凯."日本制造"又出造假大案:斯巴鲁"糊弄"安全检查30年[EB/OL].(2017-10-29)[2024-05-23]. https://www.guancha.cn/Neighbors/2017_10_29_432726.shtml.
[6] 裴健如,孙磊.安全带供应商日本均胜涉嫌篡改数据丰田、日产等车企或面临召回[EB/OL].(2020-10-21)[2024-05-23]. https://finance.sina.com.cn/tech/2020-10-21/doc-iiznezxr7322848.shtml.
[7] 刘新.日本三菱电机伪造文件,向欧洲车企出口大量不合规产品[EB/OL].(2020-12-16)[2024-05-23]. http://www.xinhuanet.com/world/2020-12/16/c_1210933228.htm.
[8] 潘昱辰.日本曙光制动被曝11.4万项质检数据造假,但不会召回[EB/OL].(2021-02-19)[2024-05-23]. https://www.guancha.cn/qiche/2021_02_19_581587.shtml? s=zwyxgtjdt.
[9] 坚持造假三十年:冶金专家伪造测试数据,供应不合格钢材造美军潜艇[EB/OL].(2021-11-11)[2024-05-23]. https://new.qq.com/rain/a/20211111A03NGV00.
[10] 丰田造假30多年?日本工匠精神成了笑话[EB/OL].(2024-04-07)[2024-05-23]. https://new.qq.com/rain/a/20240407A00K3T00.
[11] 周盛明."躬匠精神"?丰田再曝发动机测试违规问题[EB/OL].(2024-01-30)[2024-05-23]. https://www.guancha.cn/qiche/2024_01_30_723957.shtml#.
[12] 吴遇利.全面停止出货!丰田汽车子品牌被曝碰撞测试造假,日本政府出手调查[EB/OL].(2023-12-22)[2024-05-23]. https://www.thepaper.cn/newsDetail_forward_25736161.
[13] 张玉.丑闻曝光!日本松下集团旗下子公司,承认造假![EB/OL].(2024-01-14)[2024-05-23]. https://news.sina.com.cn/w/2024-01-14/doc-

inacnrwz9070258. shtml.

[14] 黄敏,宋扬,高哲明,等. 产品溯源研究综述及前景展望[J]. 控制与决策,2023,38(8):2158-2167.

[15] MONTET D, RAY R C. Food traceability and authenticity: analytical techniques[M]. Boca Raton: CRC Press, 2011.

[16] KAMATA Y, KAWAGUCHI S, OHIGASHI T, et al. Dynamic fake QR code using invisible laser irradiation[J]. IEICE Technical Report, 2023, 122(422): 7-12.

[17] CAO Y, JIA F, MANOGARAN G. Efficient traceability systems of steel products using blockchain-based industrial internet of things[J]. IEEE Transactions on industrial informatics, 2020, 16(9): 6004-6012.

[18] LIU H, ZHANG Y, YANG T. Blockchain-enabled security in electric vehicles cloud and edge computing[J]. IEEE Network, 2018, 32(3): 78-83.

[19] PECK M E. Blockchain world—Do you need a blockchain? This chart will tell you if the technology can solve your problem[J]. IEEE Spectrum, 2017, 54(10): 38-60.

[20] REHMAN M, JAVED I T, QURESHI K N, et al. A cyber secure medical management system by using blockchain[J]. IEEE Transactions on computational social systems, 2022.

[21] MEHANNAOUI R, MOUSS K N, AKSA K. IoT-based food traceability system: architecture, technologies, applications, and future trends[J]. Food control, 2023, 145: 109409.

[22] 孙传恒,袁晟,罗娜,等. 基于区块链和边缘计算的水稻原产地溯源方法研究[J]. 农业机械学报,2023,54(5):359-368.

[23] ZHAO H, HU K, YUAN Z, et al. BCTMSSF: a blockchain consensus-based traceability method for supply chain in smart factory[J]. Journal of intelligent manufacturing, 2024: 1-17.

[24] LI X, WU W, CHEN T. Blockchain-driven privacy-preserving contact-tracing framework in pandemics[J]. IEEE transactions on computational social systems, 2024.

[25] TAN J, GOYAL S B, SINGH RAJAWAT A, et al. Anti-counterfeiting and traceability consensus algorithm based on weightage to contributors in a food supply chain of industry 4.0[J]. Sustainability, 2023, 15(10): 7855.

[26] HU S S, HUANG S, HUANG J, et al. Blockchain and edge computing

technology enabling organic agricultural supply chain: a framework solution to trust crisis[J]. Computers & industrial engineering, 2021, 153: 107079.

[27] 李帅,侯瑞春,陶冶.基于区块链的服务型制造供应链溯源技术研究[J].制造业自动化,2023,45(4):196-203.

[28] MATVIEIEVA N, NEUPETSCH C, OETTEL M, et al. A novel approach for increasing the traceability of 3D printed medical products [J]. Current directions in biomedical engineering, 2020, 6(3): 315-318.

[29] GEORGE R V, HARSH H O, RAY P, et al. Food quality traceability prototype for restaurants using blockchain and food quality data index[J]. Journal of cleaner production, 2019, 240: 118021.

[30] JOHN E P, MISHRA U. Integrated multitrophic aquaculture supply chain fish traceability with blockchain technology, valorisation of fish waste and plastic pollution reduction by seaweed bioplastic: a study in tuna fish aquaculture industry[J]. Journal of cleaner production, 2024, 434: 140056.

[31] BORANDAG E. A blockchain-based recycling platform using image processing, QR codes, and IoT system [J]. Sustainability, 2023, 15(7): 6116.

[32] OMAR I A, DEBE M, JAYARAMAN R, et al. Blockchain-based supply chain traceability for COVID-19 personal protective equipment[J]. Computers & industrial engineering, 2022, 167: 107995.

[33] 王晶,曾水英,郭建伟,等.区块链技术在食品安全信用体系建设中的应用[J].无线互联科技,2019,16(21):137-140.

[34] 范贤丽,范春晓,吴岳辛.基于区块链和IPFS技术实现粮食供应链隐私信息保护[J].应用科学学报,2019,37(2):179-190.

[35] AGRAWAL T K, KUMAR V, PAL R, et al. Blockchain-based framework for supply chain traceability: a case example of textile and clothing industry[J]. Computers & industrial engineering, 2021, 154: 107130.

Trustworthy Traceability Systems Management Innovation for Large-Scale Manufacturing Industry
—Complex System Management Perspective

Huang Min Zhang Jiliang Hu Yueyan Yang Hengyuan

Abstract: Trustworthy traceability in the large-scale manufacturing industry is a complex system, facing data collaboration challenges such as heterogeneous and multi-source data across the industrial chain, low credibility, real-time traceability, and collaborative sharing difficulties. This paper proposes a systematic solution for managing trustworthy traceability systems in the large-scale manufacturing industry from the perspective of complex system management. Firstly, we summarize two mainstream traceability methods. Secondly, we identify the complexities of the trustworthy traceability system for large-scale manufacturing industry, including five characteristics of the trustworthy traceability system for large-scale manufacturing industry, i. e., systematic complexity, interconnectedness, multidisciplinary, complexity optimality, and organizational adaptability. Then, we catalogue challenges into three aspects, i. e., global data trustworthiness, multi-party consensus on traceability, and real-time sensitive data sharing. Thirdly, a comprehensive research framework of trustworthy traceability in the large-scale manufacturing industry based on blockchain technology is proposed with three dimensions, i. e., traceability theory, cutting-edge technology, and platform development. Finally, the paper concludes with a summary of research innovations and open issues pertaining to the trustworthy traceability system for large-scale manufacturing industry.

Keywords: Large-Scale Manufacturing; Industrial Traceability; Trustworthy Traceability; Complex System Management; Blockchain; Data Collaboration

数字经济时代的市场复杂系统：社会互动如何重塑市场[*]

陈煜波[**]

摘　要： 市场是一个复杂互动的网络。随着互联网、大数据、人工智能等数字技术的迅猛发展与广泛应用，我们正在进入数字经济时代。社交媒体、移动互联网等数字技术在我们生产生活中的普遍应用使得市场中的社会互动对市场主体的决策影响空前强大，成为重塑市场复杂系统的关键力量。本文从社会互动的视角梳理了从互联网时代到当前数字经济时代市场复杂系统的演变，提出社会互动由互联网时代消除市场失灵的主要手段逐渐成为数字经济时代调节市场、创造价值的主要机制。

关键词： 市场复杂系统　数字经济　社会互动　数字市场　数字技术

一、引言

经典经济学理论假设市场中的消费者独立做出决策。然而现实中，市场是一个复杂互动的网络[1][2]。无论是用户还是企业，在做决策时往往受用户之

* 基金项目：本文受国家自然科学基金重大项目子课题“共享经济平台服务运作模式与风险管理”（71991461）和国家市场监督管理总局研究课题“数字经济时代的市场监管政策建议”支持。

** 作者简介：陈煜波，清华大学经济管理学院讲席教授、互联网发展与治理研究中心主任。

间或企业之间社会互动(Social Interactions)的影响[3]。市场复杂系统中的用户和企业相互连接，相互依赖，相互影响[4]。随着互联网、大数据、人工智能等数字技术的迅猛发展与广泛应用，我们正在进入数字经济时代。社交媒体、移动互联网等数字技术在我们生产生活中的普遍应用使得市场中的社会互动对市场主体决策的影响空前强大，成为重塑市场复杂系统的关键力量。

二、市场复杂系统：市场中的社会互动

戈迪斯(D. Godes)等提出市场中的社会互动特指市场中用户影响其他用户期望效用的非销售性行为[5]。管理科学尤其是营销科学领域早就发现，用户之间的社会互动(比如口碑传播)是影响新产品采纳和传播的主要途径之一[6]。近年来，许多研究发现社会互动不仅影响用户决策和产品销售，甚至还影响投资者决策和企业市值以及企业广告、定价等营销战略[7][8]。

社会互动影响用户决策，主要有两种途径。一种是影响企业与用户之间的信息不对称，特别是用户对企业产品信息的学习，这类社会互动经常被称为社会学习(Social Learning)[9][10]。用户之间的社会学习又可以分为两种类型：用户意见的口碑传播学习(言)和用户对他人购买行为的观察性学习(行)[11]。比如，消费者找餐馆就餐往往受其他人的影响，一种是朋友或网络口碑推荐，还有一种是看看餐馆里有多少人吃饭或门口有多少人排队。

社会互动影响用户决策的另一种途径是影响用户的偏好或效用函数。通常，两类产品的效用函数易受社会互动影响。一种产品是炫耀性消费(Conspicuous Consumption)产品，比如奢侈品(购买相同产品的人越少，消费者的效用越高)或时尚潮牌(购买相同产品的人越多，消费者的效用越高)。陈煜波等提出社会互动产生的炫耀性消费可以促进绿色可持续产品的消费[12]。基于对从1999年混合动力汽车首次引入美国时到2007年美国的混合动力汽车市场的实证研究，他们发现大众媒体对气候变化或全球变暖的报道，有助于产生和执行一种社会规范(Social Norm)，从而促进人们采取有社会关怀意识的行为。这样一种社会规范不仅弱化了因为混合动力汽车比传统汽车贵而带

来的负面效应，还有助于将混合动力汽车塑造为绿色消费的时尚奢侈品，提高了消费者获得的效用。正是通过这种规范的生成和执行作用，大众媒体的报道对混合动力汽车这种新能源汽车的市场购买产生了积极影响。

另一种产品是网络效用或网络外部性产品。该类产品的价值取决于有多少人使用它[13]。其中，既有正面的使用，也有负面的使用。就负面的而言，比如城市的路，使用的人越多就会越堵。大多数网络效用产品都是正面的[14]。正面的网络效应又可以分为三类。第一类是直接的网络效应，比如传真机，使用的人越多，对其他消费者的效用就越高。第二类是间接的网络效应，比如 DVD 机，使用的人越多，就会有厂商生产更多的 DVD 内容，对消费者的效用也就越高。第三类是跨市场的网络效应，或者叫作双边市场的网络效应[15]。比如报纸有两个市场，一个是读者市场，另一个是广告商市场。报纸的用户群越大，报纸的广告商的价值就越大。而所有的互联网平台都是双边市场，无论搜索引擎、社交媒体还是电子商务平台，一边是消费者用户，另一边是广告商或电商商户。网络效应市场的一个重要现象是赢家通吃，市场先进入者通过迅速积累用户数增加后续进入者的市场进入壁垒，具有很强的边际效应递增的竞争优势[16]。然而，基于对半个多世纪 45 个不同产品市场的实证模型研究，王琪、陈煜波和谢劲红发现网络效应对市场先进入者相对于其追随者的生存优势的影响可能是积极的，也可能是消极的，这取决于产品跨代兼容性和代内产品的兼容性[17]。这两种兼容性以相反的方向影响市场领先者的生存优势，并且当网络效应从极强变为极弱时，其影响方向会逆转。具体来说，在网络效应强(弱)的市场中，产品跨代不兼容损害(有利于)，但代内不兼容有利于(损害)先驱者的生存优势。

三、互联网时代的市场复杂系统：社会互动成为消除市场失灵的主要手段

与 Web 1.0 时代以企业生成内容为主的门户网站不同，过去二十年我们

大多处于以用户产生内容(User-Generated Content，UGC)为主的社会化互联网(Web 2.0)时代[18]。社交媒体和移动互联网使得市场中用户之间的社会互动成为影响用户行为和市场格局最重要的力量之一。网络口碑等用户产生的内容是社会化互联网最主要的特征。从维基百科、Facebook到Twitter、YouTube、TikTok，从微博、微信、豆瓣、大众点评到抖音，这些内容大多数是基于用户的社会互动生成的。基于用户社会互动的复杂程度，社会化互联网可以分为三种类型。第一种是用户产生内容社区(UGC Community)，比如说天涯、大众点评、百度百科、优酷、YouTube等网站，其内容可以是文本，可以是视频，可以是图像，但是人和人之间的社会互动是同质性的，大家都是匿名的，都是陌生人，没有谁比谁的影响力更大。第二种是社交网络媒体，从Facebook到微博，其中人和人之间的社会互动是异质性的，相互影响取决于社交网络关系。比如说我是谁的微博粉丝，那么他对我的影响力就比其他人对我的影响力更大。第三种是移动社交媒体，比如微信、WhatsApp、抖音、TikTok等，用户社会互动的异质性更加复杂，异质性的维度不仅仅来自社会网络结构，更来自地理区域或彼此兴趣的相似性程度。

互联网尤其是社会化互联网的崛起和普遍应用使得市场中社会互动的影响空前强大，成为降低市场中信息不对称、消除市场失灵的主要手段。信息技术尤其是互联网的发展使企业能够直接管理消费者的社会互动，从而让社会互动成为企业的直接决策变量，这为企业带来了巨大的机遇。下面我们将详细讨论在上述三种类型的社会化互联网中，社会互动如何在市场中发挥作用。

（一）用户产生内容社区

社会化互联网时代使得企业可以主动提供和管理社会互动的能力，比如全球最大的电商平台亚马逊主动给市场提供消费者评论这种用户网络口碑功能，开创了一个新的时代。陈煜波和谢劲红对该类用户网络口碑功能首次开展研究，提出互联网让网络口碑区别于传统的用户口碑，并使其成为营销传播组合中的一个新元素，其主要功能是充当免费“销售助理”，即提供消费者使用场景与产品属性之间的匹配信息，帮助消费者匹配最符合他们个人喜好的产品[19]。这种新的社会互动作为新的信息渠道大大降低了企业与用户之间的信息不对称程度，有效地缓解了市场失灵。他们基于博弈论模型，对企业何时应该主动提供网络口碑、如何调整自己的营销战略来协调这个消费者创建的信息渠道进行了系统的理论研究。我们对陈煜波和谢劲红提出的网络口碑功能展开实证研究[20]。他们对亚马逊电商和美国最大的图书零售商网站 bn. com 的海量网络口碑文本数据进行了自然语言处理并开展实证计量研究，发现网络口碑的文本信息对消费者购买行为和产品销售量有显著影响，并且在同等条件下，文本信息越不统一，越有利于产品销售量的增加。文本信息越不统一，网络口碑给出的场景越丰富，消费者越能发现产品可以匹配不同的使用场景，因此同样的产品可能满足更多消费者的不同需求。

针对另外一种社会互动观察性学习与口碑是否有不一样的功能，陈煜波、王琪和谢劲红开展了系统研究[11]。他们基于对亚马逊一年半的实证研究，用天然实验的方法将消费者观察性学习和口碑两种社会互动分开，发现观察性学习对消费者的购买行为和口碑的影响都呈现出一种不对称性，但方式完全相反。负面口碑比正面口碑的影响力更大，但是正面的观察性学习信息(畅销产品的销售量信息)对消费者有正面影响，负面的观察性学习信息(冷门产品的销售量信息)对消费者却没有任何负面作用。他们进一步提出观察性学习可以作为企业的一个新战略变量，进而就其战略意义展开了系统讨论。

（二）社交网络媒体

随着以脸书(Facebook)、推特(Twitter)、微博为代表的社交网络媒体的兴起，用户受各种社交网络媒体上朋友圈的影响越来越大。张举瑞、刘勇和陈煜波对朋友圈和陌生人网络中人与人之间的群体性社会互动如何影响个人的决策行为展开了深入的理论研究，发现当社交网络较小时，由于朋友之间的偏好更加相似，朋友圈的信息比陌生人网络更加准确[20]。然而当网络逐渐增大时，陌生人的网络变得更有效，陌生人社会网络中的其他用户的行为可以提供比朋友圈更准确的质量信息。这是因为朋友之间更加容易盲从，更多社交网络媒体上的朋友采纳相同的行为很可能是因为彼此之间的盲从，而非各自独立的判断决策。因此，用户在社交网络媒体时代更加容易陷入同质化盲从的“信息茧房”，群体的智慧反而更难出现。这为社会化媒体时代如何对社交网络进行战略管理提供了重要的决策价值。

（三）移动社交媒体

移动互联网时代，用户社会互动有什么重要的特点？吴少辉等提出移动用户可以全天候随时性和全方位随地性进行分享与社会互动[21]。从这两个最重要的特点出发，他们发现与移动互联网时代之前用户仅有功能性和享乐性两种状态不同，移动互联环境下有三种驱动用户移动应用使用行为的隐藏状态：功能性状态、享乐性状态和社交性状态。崔雪彬等进一步发现移动互联网用户社交类应用的使用对他们访问线下商店具有正面作用，因为社交类应用的使用帮助他们发现产品和商户相关的网络口碑，从而增加他们访问线下商店的概率[22]。

四、数字经济时代的市场复杂系统：社会互动成为调节市场、创造价值的主要机制

数字经济概念诞生于20世纪90年代中期，是一个不断实践与发展的概念。2016年二十国集团（G20）杭州峰会上发布的《二十国集团数字经济发展与合作倡议》对数字经济的定义具有代表性：数字经济是指以使用数字化的知识和信息作为关键生产要素、以现代信息网络作为重要载体、以信息通信技术的有效使用作为效率提升和经济结构优化的重要推动力的一系列经济活动。不同于以土地和劳动力为核心生产要素的农业经济时代与以资本和技术为新的关键生成要素的工业经济时代，数据已成为数字经济时代新的关键生产要素[23][24]。“以数据为中心”成为数字经济时代生产、分配、流通和消费各个经济活动环节必须考虑的新维度。数据作为新型生产要素可以发挥提高其他要素生产效率的倍增放大效应、优化不同要素之间资源配置的叠加聚变效应

和替代传统生产要素的投入替代效应，从而使得数字经济较传统经济范式具有了“升维式”向上发展空间和向下掌控能力。

拉希（Robert Lusch）、刘勇和陈煜波提出了市场的相变理论（如表1所示）[25]。他们认为，数字技术的发展使得市场进入了一个完全不同于传统市场的相变的状态。在传统市场中，企业和用户是主要的市场主体，企业创造价值，用户消费价值。市场作为“看不见的手”的主要功能是资源配置与价值交换。而我们正在进入的数字经济时代，更多是企业、顾客和各种利益攸关方进行价值的共创。传统市场的功能是资源配置、价值交换，现在市场的功能更多的是资源的整合和价值的共创。过去市场经济最主要的调节机制是供求价格，虽然价格现在仍然很关键，但在很多产品投放市场之前、价格还没有生成的时候，要如何实现资源的配置呢？我们可以通过大量的数据化的社会互动洞察出用户潜在的需求并开展创新。从苹果（iPhone）应用商店中的各种应用到以特斯拉为代表的智能汽车和以ChatGPT为代表的生成式人工智能平台，市场中用户的社会互动所产生的数据已经成为数字经济中最关键的生产要素。

表1 数字经济时代的市场复杂系统

	传统的市场复杂系统	数字经济时代的市场复杂系统
市场主体与活动	企业创造价值 顾客消费价值	企业、顾客、利益攸关者共创价值
市场的功能	资源配置 价值交换	资源整合 价值共创
市场主要调节机制	供求价格	（数字化）社会互动

注：改编自拉希、刘勇和陈煜波的文章[25]。

随着数字技术的广泛使用和数据要素升维效应的不断释放，具有双边市场网络效应的平台已成为数字经济时代新的关键市场主体。依托数字化技术和网络化组织方式，平台使得供给方和需求方能够跨越空间、时间的限制，高效便捷地开展交易，泛在、及时、准确的数据驱动大幅降低了市场交易成本，扩大了流通半径，提高了流通效率。平台已成为数字经济时代数据要素价值化的关键市场主体，本质上在市场中上下游企业之间、企业和消费者之间、消费者与消费者之间发挥资源整合、价值共创的关键赋能者的作用。

因此，数据化的社会互动和平台经济的网络效应已经使得社会互动越来越成为数字经济时代调节市场、创造价值的主要机制，并将进一步重塑市场格局。

参考文献

[1] BEINHOCKER E D. The origin of wealth: evolution, complexity, and the radical remaking of economics[M]. Brighton: Harvard Business School Press, 2006.

[2] JACKSON O M. Social and economic networks[M]. Princeton: Princeton University Press, 2010.

[3] MANSKI C. Economic analysis of social interactions[J]. Journal of economic perspectives, 2000, 14(3), 115-136.

[4] 盛昭瀚. 管理:从系统性到复杂性[J]. 管理科学学报,2019,22(3),13.

[5] GODES D, DINA M, CHEN Y, et al. The firm's management of social interactions[J]. Marketing letters, 2005, 16 (3/4), 415-428.

[6] Bass F M. A new product growth for model consumer durables[J]. Management science, 1969, 15(5), 215-227.

[7] CHEN Y, XIE J. Third-party product review and firm marketing strategy[J]. Marketing science, 2005, 24 (2), 218-240.

[8] CHEN Y, LIU Y, ZHANG J. When do third-party product reviews affect firm value and what can firms do? The case of media critics and professional movie reviews[J]. Journal of marketing, 2012, 76 (2), 116-134.

[9] BIKHCHANDANI S, DAVID H, IVO W. Learning from the behavior of others: conformity, fads, and informational cascades[J]. Journal of economic perspectives, 1998, 12 (3), 151-170.

[10] ZHANG J, LIU Y, CHEN Y. Social learning in networks of friends versus

strangers[J]. Marketing science, 2015, 37(4), 573-589.
[11] CHEN Y, WANG Q, XIE J. Online social interactions: a natural experiment on word of mouth versus observational learning[J]. Journal of marketing research, 2011, 48(2), 238-254.
[12] CHEN Y, GOSH M, LIU Y, ZHAO L. Media coverage of climate change and sustainable consumption: evidence from the hybrid vehicle market[J]. Journal of marketing research, 2019, 56(6), 995-1011.
[13] KATZ M, SHAPIRO C. Network externalities, competition, and compatibility [J]. American economic review, 1985, 75(03), 424-440.
[14] XIE J, MARVIN S. Price competition and compatibility in the presence of positive demand externalities[J]. Management science, 1995, 41(5): 909-926.
[15] ROCHET J C, TIROLE J. Platform competition in two-sided markets[J]. Journal of the european economic association, 2003, 1(4), 990-1029.
[16] ARTHUR W B. Competing technologies, increasing returns, and lock-in by historical events[J]. The economic journal, 1989, 99 (394), 116-131.
[17] WANG Q, CHEN Y, XIE J. Survival in markets with network effects: product compatibility and order-of-entry effects[J]. Journal of marketing, 2010, 74 (4), 1-14.
[18] 陈煜波.社会化互联网时代的市场变革与商业创新[J].互联网经济,2016,12,80-83.
[19] CHEN Y, XIE J. Online consumer review: word-of-mouth as a new element of marketing communication mix[J]. Management science, 2008, 54 (3), 477-491.
[20] ZHANG Z, LI X, CHEN Y. Deciphering "word"-of-mouth in social media: text-based metrics of consumer reviews[J]. ACM transactions on management information systems, 2012, 3(1), 5: 1-22.
[21] WU S, TAN Y, CHEN Y, LIANG Y. How is mobile user behavior different? A hidden markov model of mobile application usage dynamics[J]. Information systems research, 2022, 33(3), 1002-1022.
[22] CUI X, SUN Y, CHEN Y, WU B. The impact of mobile social app usage on offline shopping store visits[J]. Journal of interactive marketing, 2022, 57 (3), 457-471.
[23] 陈煜波,用好数据资源 培养数字人才抓住历史机遇发展数字经济[N].人

民日报,2018-06-04(16).

[24] CHEN Y, WANG L. Commentary: marketing and the sharing economy: digital economy and emerging market challenges[J]. Journal of marketing, 2019, 83(5), 28-31.

[25] LUSCH, R, LIU Y, CHEN Y. Evolving concepts of markets and organizations: the new intelligence and entrepreneurial frontier[J]. IEEE intelligent systems, 2010, 25 (1), 71-74.

Market Complex Systems in the Digital Economy: How Social Interactions Reshape Markets

Chen Yubo

Abstract: The market is a complex network of interactions. With the rapid development and widespread application of digital technologies such as the Internet, big data, and artificial intelligence, we are entering the digital economy era. With the pervasive use of digital technologies like social media and mobile Internet in the economy and our daily lives, social interactions have brought unprecedent impacts on the decision-making of market players, and become a key driving force in reshaping the complex market system. This article reviews the evolution of complex market systems from the internet era to the current digital economy era through the lens of social interactions, and shows that social interactions are evolving from the primary means of addressing market failures in the internet era to the main mechanism for market coordination and value creating in the digital economy.

Keywords: Market Complex Systems; Digital Economy; Social Interactions; Digital Markets; Digital Technologies

生物系统启发的复杂系统可靠性初探

刘一萌　朱炳毓　白铭阳　李大庆*

摘　要： 复杂系统一般规律的探索部分来源于生物学领域。本文介绍了基于生物衰老研究启发的复杂系统可靠性相关研究。首先介绍了复杂系统可靠性研究进展，然后介绍了现有生物学研究提出的衰老理论与生物衰老的整合理论。整合理论中的衰老特征可以从复杂系统累积损伤、级联失效、系统冗余设计、系统重构和系统恢复等五个方面与复杂系统可靠性构建联系。未来在生物系统的启发下，可以进一步展开包括“自组织”“自重构”和“自恢复”三个方面的复杂系统可靠性设计与维修等研究内容。生物衰老理论对复杂系统可靠性研究有重要启发作用，有助于推动对复杂系统可靠性的更深层次创新。

关键词： 复杂系统　可靠性　生物衰老

一、引言

具有涌现特性，难以简单地由单元规律得到整体规律的系统，被称为复

---

* 作者简介：刘一萌，杭州市北京航空航天大学国际创新研究院（北京航空航天大学国际创新学院）博士后，研究方向为复杂系统可靠性、生物系统网络故障模式分析、复杂体系测评；朱炳毓，北京航空航天大学可靠性与系统工程学院博士研究生，研究方向为复杂网络可靠性智能设计；白铭阳，北京航空航天大学可靠性与系统工程学院博士研究生，研究方向为复杂网络、复杂系统可靠性、统计物理；李大庆，北京航空航天大学可靠性与系统工程学院教授，研究方向为复杂系统可靠性管理。

杂系统[1][2]。按照工程实践、技术科学、基础理论的分类方式，钱学森先生将系统科学体系划分为直接改造客观世界的系统工程、系统技术科学、系统学三个层次[1]。20世纪中叶，在通信、航空等工业领域，人们发现随着人造系统的复杂程度提高，单个部件的高性能不足以保证整个系统达到要求[3]，进而提出了"系统工程"[4]以指导复杂人造工程系统的构建。系统工程被广泛应用于各个工业部门。其中，航空航天领域的系统工程实践尤为突出[5][6]。

20世纪中期，随着科学技术的发展，人造工程系统的复杂性不断提高，通过提高单个元件的可靠性来直接提高系统的可靠性变得越来越困难，可靠性学科随之产生。可靠性学科在我国长期的工程实践中逐步发展壮大[7][8]，包括基础理论、基础技术、集成技术三个方面。基础理论关注如何认识故障发生的规律。在认识故障规律的基础上，基础技术关注如何运用故障发生规律，涵盖故障前的预防[9][10][11]、预测[12][13]、发生故障后的诊断[14][15][16][17]以及修复等四个维度。集成技术则是对基础理论与基础技术在各工程阶段的集成应用。

事实上，很多复杂系统的研究受到了生物系统的启发。例如，对复杂系统一般规律的探索起初部分来源于生物学领域：理论生物学家贝塔朗菲（Ludwig von Bertalanffy）发现只理解各个单元并不能够深化对生物系统整体的认识，进而提出了一般系统论[6]，从整体的角度定性讨论了系统的行为特征。可靠性研究以故障为中心展开，而生物系统的一类典型故障过程是衰老。复杂系统可靠性的研究也从生物衰老的研究中获得启发。衰老是一个多尺度现象，涉及从分子到整体生物体的各个层面。类似地，复杂系统故障等也表现出跨尺度的动态行为，既有长时间尺度退化，又有短时间尺度级联失效。衰老研究揭示了生物体如何随时间退化，包括细胞功能障碍、组织损伤和器官衰竭。这些机制可以类比于复杂系统中组件的退化、失效和性能下降。衰老研究有助于理解复杂系统如何发生故障和适应，将这些衰老理论的洞见作为参考，有助于探索和设计新的策略来增强系统的可靠性和适应性。因此，本文将从衰老理论的视角出发，系统地分析这些生物学现象如何映射到复杂系统可靠性问题上，进而探讨如何借鉴衰老理论中的机制和策略以增强系统的可靠性和适应性。

二、当前复杂系统可靠性研究

当前系统可靠性研究可以从系统故障模式、系统可靠性设计和系统维修策略三个角度展开。其中，系统故障模式包括累积损伤和级联失效两类，系统可靠性设计是指设计复杂系统中的冗余，系统维修策略包括复杂系统重构策略和复杂系统恢复策略两类。

（一）复杂系统累积损伤故障模式

复杂系统可靠性中的累积损伤研究集中探索如何预测和管理系统组件在长期应用中所累积的微小损伤及其对整体系统性能的影响。研究往往利用建模仿真和试验等方法，推动对各类系统在持续运行中损伤累积机制的理解，进一步强化复杂系统在设计、维护和危机响应中的科学决策支持。例如，袁明等人提出了一种概率建模框架，用于分析钢桥面板在随机和动态交通负载下的疲劳累积损伤[18]。通过集成车辆-桥梁相互作用的动态效应和基于实地重车移动测量数据的交通负载模拟，为钢桥面板的疲劳可靠性评估和疲劳寿命预测提供了新的计算方法和理论依据。埃斯皮诺萨（S. Espinoza）等人提出了一种包括威胁特征化、系统组件的脆弱性评估、系统反应和系统恢复等阶段的电力系统韧性评估和适应框架[19]。通过模拟分析，研究者们评估了不同自然威胁（如风暴和洪水）可能对关键基础设施造成的单一、多重及持续影响。徐世辉等人提出了一种基于多属性的预防性更换策略，用于解决系统在损伤累积模型下的优化更换问题[20]。这种策略考虑了系统由于连续冲击而积累的损伤，并在损伤达到某一阈值前进行预防性更换，以避免灾难性的失效。李秀妍（Suyeon Lee）等人提出了一种非线性累积损伤模型，可应用于电子设备在变动负载下的预测性健康管理（PHM），解决了在不稳定振动条件下电子设备，特别是焊点的可靠性预测问题[21]。

（二）复杂系统级联失效故障模式

复杂系统中的级联失效研究关注在一个组件失效后，如何引发一系列连锁反应导致整个系统发生故障。当前研究集中在识别和分析系统中易发生级联失效的脆弱点，通过构建系统的网络模型并进行仿真，预测和评估级联失效的可能性和影响。通过深入理解各种复杂系统中可能的级联效应，研究者能够设计出更有效的预防措施和应急响应策略，从而提高整个系统的稳定性和安全性。例如，莫特（Adilson E. Motter)等人提出了一种针对电力网络的级联故障分析方法，解决了不同条件下网络组件如何响应初级扰动并导致级联失效的问题[22]。福蒂诺(Giancarlo Fortino)等人提出了一种针对物联网(IoT)的级联故障分析方法，专注于全局和局部路由模式下的网络设计[23]。他们开发了一个面向物联网路由器的新负载指标来模拟和分析级联失效，通过不同的路由模式影响网络负载分布，从而减轻级联故障的影响，提高物联网在面对节点超载时的网络鲁棒性和可靠性。刘宇靖等人提出了一个模型 CAFEIN 用于评估和分析互联网跨域路由系统中的级联故障[24]。该研究解决了在全球互联网中，由路由器或连接过载引起的初级故障如何触发一系列的路由变更，从而导致网络级联故障的问题。

（三）复杂系统冗余设计

在复杂系统可靠性研究中，冗余设计是一种关键策略，用于提高系统面对组件失效时的可靠性和韧性。冗余设计通常涉及在系统中引入备用的组件或路径，以确保主要组件失效时可以无缝切换，从而维持系统的正常运行。当前的研究焦点包括优化冗余资源的配置以最小化成本和空间使用，同时最大化系统的整体效率和响应速度。研究者们利用算法模型，如遗传算法、模拟退火(SA)和机器学习等技术来确定最佳的冗余策略。此外，随着技术的进步，冗余设计也在向更智能和自适应的方向发展，例如通过实时数据分析自动调整系统配置，以应对动态变化的环境和操作条件。这些研究不仅增强了关键基础设施如电力网络、通信系统和交通网络的可靠性，还为保障这些系统在极端事件和高负载条件下的持续运行提供了支持。例如，贾殷(Sushant

Jain)等人提出了一种使用冗余技术(复制和擦除编码)优化信息传输的方法，解决了延时容忍网络(DTN)中由路径故障导致的信息丢失问题[25]。该研究提高了数据在网络中的传输可靠性，尤其是在网络连接不稳定或频繁中断的环境下。这种方法不仅可以应对单一路径故障的影响，还可以有效管理数据在网络中的传输风险，尤其适用于移动网络和灾后通信等场景，以提高其中网络的连续性和稳定性。菲昂德拉(Lance Fiondella)等人提出了一种基于模拟退火的最优冗余分配方法，应用于多状态计算机网络中的系统可靠性最大化[26]。该方法通过引入相关二项分布以描述网络中各边的状态分布，并集成最小路径算法进行系统可靠性评估，旨在通过适当的冗余分配来增强网络在面对物理线路故障时的稳健性。辛奇(Soraya Sinche)等人提出了一种基于移动设备冗余路由和设备的可靠性机制，解决了物联网环境中连接可靠性的问题[27]。他们的研究通过冗余设计来确保即使在连接故障的情况下也能维持有效通信。通过理论分析与真实设备的实验验证，他们展示了在多种故障场景下冗余机制如何有效提高系统的通信可靠性。

(四) 复杂系统重构策略研究

在复杂系统可靠性研究中，重构策略旨在通过调整和优化系统结构来提高其整体性能和抗干扰能力。重构策略的目标是增强系统的灵活性和适应性，通过优化资源配置、分布式控制和动态调整，提高系统在面对内部故障和外部攻击时的韧性。当前研究的重点包括灾后重建、网络重构、拓扑优化和功能重构等。奥拉比(Wallied Orabi)等人提出了一种鲁棒的恢复规划模型用于自然灾害后的重建规划，解决了有限重建资源分配和优化的问题[28]。加纳德(Pedram Ghannad)等人提出了一个结合层次分析过程和非支配排序遗传算法的综合方法，这个方法通过考虑社会经济因素和技术参数，允许决策者在保持过程目标最优化的同时，根据自身或其他专家的偏好来调整决策[29]。夏辉提出了一种基于有向介数的重连算法，通过利用有向介数来识别关键节点，然后在这些节点上实施重连策略，这种方法有效地增强了网络在面临随机和有针对性攻击时的韧性[30]。陈震等人针对电网和通信网络等互依赖网络，提出了一种贪心算法[31]。这种方法能够在攻击发生时通过少量的连接重连显著降低攻击的规模并最小化其损害，从而提高网络在灾害情况下的稳定性和持续运行能力。波多野明(Akira Namatame)等人围绕两种重构方法——保持度的重构和随机重构，通过模拟实验展示了这些重构方法如何有效地改善网络的结构和性能，特别是在处理网络负载分布和优化网络反应策略方面的效益[32]。

（五）复杂系统恢复策略研究

在复杂系统可靠性研究中，恢复策略是确保系统在遭受故障或攻击后迅速恢复正常运行的关键。研究的重点包括开发高效的恢复策略、优化资源分配和设计韧性增强措施，研究趋向于形成更加动态和适应性强的设计，以应对多变的威胁环境。这些研究强调了系统韧性的提升，即在面对外部干扰时能够维持关键功能，并能快速恢复正常运行的能力。该能力在灾后重建、电力系统恢复、交通网络修复等领域有着广泛应用，极大地提升了关键基础设施的韧性和可靠性。例如，拉希米内贾德(Abolfazl Rahiminejad)等人提出了一种基于韧性的智能电网恢复框架，解决了在网络被攻击后如何优化电网恢复过程的问题[33]。他们开发了一个新的度量标准，后者能在恢复过程的每一步中捕捉系统的韧性状况，并通过正确的决策来增强系统的韧性。沙希德普尔(Mohammad Shahidehpour)等人提出了一种整合微电网以提升电力网在极端条件下的韧性框架[34]。该方法提高了电力系统在重大灾害发生时的恢复力和连续供电能力。陈甦人等人提出了一种基于深度集成辅助主动学习方法的双层决策框架，解决了在混合交通环境中运输网络恢复调度的问题[35]。王从等人提出了一种交通网络恢复策略，研究设计了一种新颖的算法，结合遗传算法和 Frank-Wolfe 算法，用于求解确定性和随机性案例的优化模型[36]。

三、生物衰老理论

（一）单一衰老理论

从生物科学的角度来看，衰老的过程可以用不同的理论来解释，包括进化理论、分子理论、细胞理论和系统理论四个部分。

衰老的进化理论包括程序化死亡假说[37]、累积突变理论[38]、拮抗基因多效假说[39]等不同理论。程序化死亡假说认为，存在一种由自然选择设计的特定死亡机制，以消除种群中的老年成员。累积突变理论认为，由于自然选择的力量会随着年龄增长而下降，自然选择并不能抵消老年时期所表现出来的有害影响。拮抗基因多效假说是指存在多效基因在年轻时对生殖产生了积极的影响，但是它们在生育后的老年时产生了消极影响，引发了衰老。

衰老的分子理论包括衰老的DNA损伤理论[40]和体细胞突变理论[41]等。衰老的DNA损伤理论提出，衰老是自然发生的DNA被破坏的结果，这种破坏是未经修复积累下来的。衰老的体细胞突变理论认为，随着时间的推移，体细胞遗传物质中突变的积累会导致细胞功能的下降。突变的积累会使对成人各种器官系统体细胞具有重要功能的基因失活，从而导致器官功能下降，进而导致死亡。

衰老的细胞理论包括端粒理论[42]和衰老干细胞理论[43]等。端粒理论认为，细胞每次分裂时端粒的逐渐缩短是导致细胞老化和最终停止分裂的关键机制，从而影响个体的衰老过程。衰老干细胞理论假设，各种类型的多功能干细胞无法继续为生物体的组织补充足够数量的适当功能性分化细胞。在衰老过程中，这些细胞发生一些不利的变化，例如微环境的改变、再生能力的下降和功能的丧失，因此导致了衰老。

衰老的系统理论包括衰老的免疫学说[44]和神经分泌学说[45][46]等。衰老的免疫学说认为，衰老这一涉及一系列高度复杂反应的过程，主要由免疫系统控制。免疫系统的功能逐渐下降，从而使得人们更容易感染疾病。而衰老的神经分泌学说认为，生物钟通过荷尔蒙起作用来控制衰老速度，即衰老受激素调节。

（二）整合衰老理论

目前，很多研究提出衰老不是单一机制作用的结果，而是网络现象。研究认为衰老是多因素且异质的[47]。衰老被视为有害过程的积累，无法用任何生物共同特征来定义。有研究综合了许多机制和理论，总结出了九个能代表不同生物体衰老共同特征的标志：基因组不稳定性、端粒磨损、表观遗传改变、蛋白质稳态丧失、营养感应失调、线粒体功能障碍、细胞衰老、干细胞耗竭和细胞间通讯改变[48]。

这些特征之间相互交织，相互影响。例如，基因组不稳定性和端粒磨损可能导致细胞功能障碍，进而引发细胞衰老；表观遗传改变可能会对表达基因产生影响，进而蛋白质的稳态及细胞的新陈代谢都会受到影响；线粒体功能及细胞代谢可能会受到营养感应失调的影响，进而对细胞衰老及干细胞功能造成影响；细胞间通讯改变可能影响细胞的微环境，进而影响细胞衰老、干细胞功能和炎症反应等。

（三）衰老理论与复杂系统可靠性的相关性

复杂系统故障模式挖掘（累积损伤和级联失效）、系统可靠性设计（冗余设计）和系统维修策略（复杂系统重构和复杂系统恢复）三方面的可靠性研究内容不仅围绕复杂工程系统展开，也可借鉴生物系统研究，例如整合衰老理论中的九大衰老特征与复杂系统可靠性研究也存在关联（如图 1 所示）。

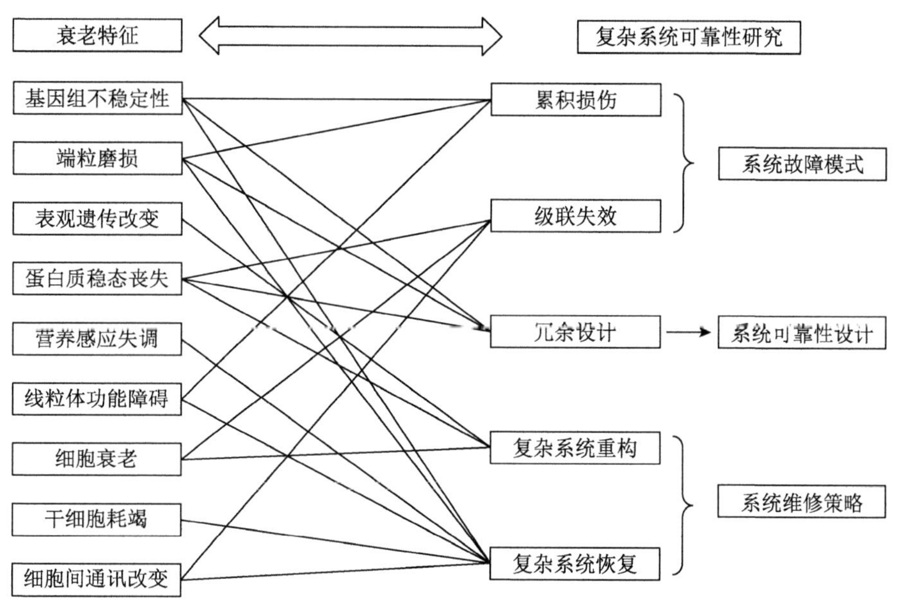

图 1　衰老特征与复杂系统可靠性研究的关联

复杂系统累积损伤的故障模式，在复杂工程系统中主要指系统运行过程中，由于持续的压力、使用、磨损、故障或其他因素，系统组件或子系统逐渐遭受的损伤累积效应。这种损伤随时间推移而增加，可能导致系统性能下降、可靠性降低，甚至最终导致系统失效，例如交通系统中因持续使用引起的基础设施老化、电力系统中因环境因素影响而造成的设备逐渐退化、机械设备中的零件磨损等。在生物系统中，累积损伤与基因组不稳定性、端粒磨损和线粒体功能障碍的衰老特征相关。基因组不稳定性特征主要指基因损伤的积累[49]，许多过早衰老疾病，如沃纳综合征和布卢姆综合征，都是基因损伤积累增加的结果[50]。为减少这些损伤，生物体演化出了 DNA 修复机制网络[51]。有研究表明，人工强化核 DNA 修复机制有助于延长寿命[52]。端粒磨损这种损伤具有显著的持久性，并且会非常有效地诱导衰老与细胞凋亡[53][54]。有研究表明，在基因上重新激活老年小鼠的端粒酶时，小鼠的过早衰老可以逆转[55]。线粒体功能障碍是指能量产生效率下降，ATP 生成减少，可能导致系统性能逐渐下降[56]。有研究暗示，改善线粒体功能(例如通过将光激活质子泵引入线粒体，使其能够利用光能产生更多 ATP)可以延长哺乳动物的寿命。由此可见，面对复杂系统累积损伤这一故障模式，针对不同衰老特征可以提出对应的修复机制来修补生物的累积损伤，以增加寿命。

复杂系统级联失效的故障模式，在复杂工程系统中主要研究一个组件或子系统的故障如何引发连锁反应，导致其他组件相继失效，最终可能导致整个系统或其关键功能出现严重故障。例如，交通系统的交通拥堵、电力系统中级联失效导致的大规模停电、社交网络中的谣言扩散等。在生物系统中，级联失效与蛋白质稳态丧失、细胞衰老和细胞间通讯改变等衰老特征相关。蛋白质稳态丧失是指蛋白质的合成、折叠过程可能会受到干扰，导致错误折叠蛋白的累积，造成细胞进一步损伤和组织功能衰退，形成损伤的级联放大[57]。有研究表明，淀粉样蛋白在衰老过程中，能使蛋白质保持稳态，使寿命延长[58]。细胞衰老表明组织修复能力下降，可能使得局部故障迅速扩散[59][60]。研究表明，适度增强诱导衰老的肿瘤抑制通路可能会延长寿命[61][62]。细胞间通讯改变特征中，通讯失效可能导致信息传递中断，进而引发连锁反应。研究表明，人工干预恢复损伤的细胞之间的通讯可能会有助于延长寿命[63][64]。

复杂系统冗余设计研究是指为了确保整体功能在部分系统出现故障时仍能继续运行或迅速恢复，而在复杂工程系统结构中引入额外的组件或路径。这种设计理念通过增加备份和替代选项，提高了系统对故障的抵抗力和整体的可靠性。例如，备份电源系统中配备的不间断电源，金融系统中配备的多地点位置存储数据备份，交通系统中在进行规划时设计的多条交通路线和备用桥梁。在生物系统中，复杂系统的冗余设计与基因组不稳定性、端粒磨损和蛋白质稳态丧失的衰老特征相关。基因组不稳定性的衰老特征能够通过设计冗余路径或组件以防止关键功能丧失[52]。端粒磨损的特征能够通过设计可替换的损耗部件来模拟系统中“端粒酶”的作用，延长系统部件的使用寿命[55]。蛋白质稳态丧失的特征能够通过设计备用组件来替代损坏的组件(蛋白质)，以维持系统功能[57]。这类衰老特征通常可以通过增加关键冗余来弥补。

复杂系统重构研究在复杂工程系统中注重理解系统如何随时间演变或在受到干扰后进行自我修复和重组，以维持或恢复其功能和性能。相关案例包括灾后重建、网络升级、交通系统优化、企业重组等。在生物系统中，复杂系统重构研究与表观遗传改变、蛋白质稳态丧失和细胞衰老的衰老特征相关。表观遗传改变的研究表明，表观遗传改变在理论上是可逆的，这为设计新型抗衰老治疗方法提供了机会[65][66]。有研究发现，组蛋白乙酰转移酶抑制剂能够通过重构修复蛋白向 DNA 损伤位点的移动来改善早衰小鼠的过早衰老表型并延长其寿命[67]。蛋白质稳态丧失则可通过激活关键酶或者进行基因操作来改善哺乳动物的蛋白质稳态并延缓衰老[68]。有研究发现，就蛋白酶体而言，表皮生长因子(EGF)信号的激活可重构泛素-蛋白酶体系统的表达来延长线虫的寿命[69]。

复杂系统恢复研究在复杂工程系统中主要关注系统在遭受损伤、故障或干扰后，如何有效地(包括外力作用)恢复正常运作或达到最佳性能状态。例如，电力系统故障后的维修恢复、技术故障后的交通系统恢复等。在生物系统中，复杂系统恢复与基因组不稳定性、端粒磨损、线粒体功能障碍、营养感应失调、干细胞耗竭和细胞间通讯改变的衰老特征相关。基因组不稳定性研究表明，人工强化核DNA修复机制有助于延长寿命[52]。端粒磨损研究表明，通过外界激活类似端粒酶的机制可以恢复系统的再生能力。线粒体功能障碍相关研究发现，改善线粒体功能可以延长哺乳动物的寿命[70]。营养感应失调研究表明，通过药物干预可以恢复正常的营养感应和能量平衡，从而延长寿命[71][72][73]。干细胞耗竭可通过补充干细胞来重构细胞组织所失去的更新和修复损伤的能力，在生物体层面逆转衰老表型[74]。细胞间通讯改变可以通过改善通讯机制来恢复系统内部的协调性[63][64]。

综上，衰老特征研究与现有复杂系统可靠性研究有明显的内在关联。对生物衰老的研究会针对具体衰老特征展开，研究生物系统延缓衰老的特有机制。这些研究事实上可以为提高复杂系统可靠性的研究提供许多新思路，进而启发设计更为鲁棒、灵活和可恢复的复杂系统。

四、生物系统启发的复杂系统可靠性未来研究方向

复杂系统的可靠性研究受生物系统特性的启发，可以在未来进一步开展以“自组织”“自重构”和“自恢复”为特征的创新研究。

（一）复杂系统自组织设计策略

生物系统的自组织特性可以启发设计复杂系统自组织策略。生物系统的自组织是指生物体内部的组成部分在没有中央指令的情况下，通过局部相互作用和简单的规则，自发形成有序结构或复杂行为的能力[75][76]。这种现象体现于细胞分裂、组织形成、免疫系统响应等多个生物学过程。例如，许多生物展现出群体行为，包括鸟群的集群飞行、鱼群的集体游动和蚂蚁的觅食行为等[77]；免疫系统能够识别并响应外来病原体，通过自组织的方式协调不同类型的免疫细胞，以消除入侵者[78]；生物体的形态发展，如植物的分枝模式和动物的体节形成，是通过自组织过程实现的[75]。从生物自组织过程中可以获得启发以研究复杂系统自组织设计策略，例如，借鉴蚁群、鸟群等群体行为，进一步开发能够解决复杂系统可靠性问题的分布式设计；模仿免疫系统

的自我调节和对外界威胁的响应能力，增强系统的自适应和自组织特性；学习生物体内部的时钟机制，设计能够根据场景变化自动调整系统配置的复杂自组织系统。

（二）复杂系统自重构运行策略

生物系统的自重构特性可以启发设计复杂系统自重构维修策略。生物系统的自重构是指生物体在受到伤害、疾病或环境变化等压力后，通过内部机制调整自身结构和功能，以恢复或优化其生理状态的能力。这种能力体现在细胞、组织、器官乃至整个生物体的不同层面[79][80]。例如，组织通过改变细胞排列和形态来适应新的生理需求或外部环境；器官可能通过改变功能来响应系统级别的变化[81]。我们从生物自重构过程中可以获得启发以研究复杂系统自重构运行策略。例如，参考生物体的再生策略，设计能够在受损后自我重建的系统；模仿生物组织间的协同作用，优化系统组件间的通信和协调；借鉴自然选择和适应性进化原理，开发能够根据长期数据自我优化的复杂系统。

（三）复杂系统自恢复维修策略

生物系统的自恢复特性可以启发设计复杂系统自恢复维修策略。生物系统的自恢复指的是生物体在遭受损伤、疾病或环境压力后，通过其内在的生理和生物化学过程，恢复其结构和功能的自然能力[82][83]。例如，伤口愈合、面对病原体入侵免疫系统识别并消除威胁的过程、神经再生过程等等。我们从这些生物过程中可以获得启发以研究复杂系统自恢复。例如，模仿生物体的伤口愈合机制，设计能够在损伤后自我修复的材料或结构；模仿生物体对压力的应激反应，设计能够在压力或攻击下保持稳定的系统；借鉴生物体的能量调节机制，优化系统的能量使用和分配，以提高效率和鲁棒性。

四、总结

本文从生物衰老的视角分析了如何从生物系统特性中获得启发，以开展复杂系统可靠性的相关研究。首先，我们从复杂系统累积损伤、级联失效、冗余设计、系统重构和系统恢复等五个方面总结了复杂系统可靠性的研究进展。然后，我们对生物衰老理论进行了介绍。现有研究提出了很多衰老理论，包括进化理论、分子理论、细胞理论和系统理论。我们也介绍了生物衰老的整合理论，总结了九个能够代表不同生物体衰老的共同特征标志。这些衰老特征与复杂系统累积损伤、级联失效、冗余设计、系统重构和系统恢复等五个方面的复杂系统可靠性研究存在联系。未来在生物系统的启发下，可以进一步展开包括“自组织”“自重构”和“自恢复”三个方面的复杂系统可靠性设计，以期推动对复杂系统更深入的理解与更深层次的创新。

参考文献

[1] 于景元. 钱学森系统科学思想和系统科学体系[J]. 科学决策,2014(12):2-22.

[2] GALLAGHER R, APPENZELLER T. Beyond reductionism[J]. Science, 1999, 284(5411): 79-79.

[3] SCHLAGER K J. Systems engineering-key to modern development[J]. IRE transactions on engineering management, 1956(3): 64-66.

[4] 郭雷. 系统科学进展(第1卷)[M]. 北京:科学出版社,2017.

[5] 钱永刚,何毓琦,于景元,王浣尘,方福康,刘源张,汪应洛,陈光亚,顾基发,戴汝为,郭雷,高小山,汪寿阳,许晓鸣,车宏安,张维,张纪峰,汪浩,谭跃进. 缅怀钱老,推进中国系统科学[N]. 文汇报,2009-12-14(10).

[6] 钱学森. 创建系统学[M]. 太原:山西科学技术出版社,2001:11.

[7] 杨为民,阮镰,屠庆慈. 可靠性系统工程——理论与实践[J]. 航空学报,1995(S1):1-8.

[8] 康锐,王自力. 可靠性系统工程的理论与技术框架[J]. 航空学报,2005(5):633-636.

[9] 祝旭. 故障诊断及预测性维护在智能制造中的应用[J]. 自动化仪表,2019,40(7):66-69.

[10] 宋华振. 预测性维护技术[J]. 自动化博览,2013,232(12):56-57+65.

[11] 康锐. 可靠性维修性保障性工程基础[M]. 北京:国防工业出版社,2012.

[12] PELLEGRINI A, DI SANZO P, AVRESKY D R. A machine learning-based framework for building application failure prediction models[C]//2015 IEEE international parallel and distributed processing symposium workshop. Piscataway: IEEE, 2015: 1072-1081.

[13] 余萍,曹洁. 深度学习在故障诊断与预测中的应用[J]. 计算机工程与应用,2020,56(3):1-18.

[14] 周东华,胡艳艳. 动态系统的故障诊断技术[J]. 自动化学报,2009,35(6):748-758.

[15] BAGHERI F, KHALOOZADED H, ABBASZADEH K. Stator fault detection in induction machines by parameter estimation using adaptive kalman filter [C]//Proceedings of 2007 Mediterranean Conference on Control and Automation. Piscataway: IEEE, 2007: 1-6.

[16] 肖乾浩. 基于机器学习理论的机械故障诊断方法综述[J]. 现代制造工程,2021,490(7):148-161.

[17] 李晗,萧德云. 基于数据驱动的故障诊断方法综述[J]. 控制与决策,2011,26(1):1-9+16.

[18] LUO Y, YAN D, YUAN M. Probabilistic modelling of fatigue damage accumulation in steel bridge decks under stochastic and dynamic traffic load [J]. International journal of reliability and safety, 2016, 10(4): 389-404.

[19] ESPINOZA S, PANTELI M, MANCARELLA P, et al. Multi-phase assessment and adaptation of power systems resilience to natural hazards[J]. Electric power systems research, 2016, 136: 352-361.

[20] SHEU S H, LIU T H, ZHANG Z G, et al. Optimum replacement policy for cumulative damage models based on multi-attributes [J]. Computers & industrial engineering, 2020, 139: 106206.

[21] LEE S, PARK S, HAN C. Prognostics and health management using nonlinear cumulative damage model for electronic devices under variable loading[J]. IEEE access, 2023.

[22] YANG Y, NISHIKAWA T, MOTTER A E. Small vulnerable sets determine large network cascades in power grids[J]. Science, 2017, 358(6365): eaan3184.

[23] FU X, PACE P, ALOI G, et al. Cascade failures analysis of internet of things

under global/local routing mode[J]. IEEE sensors journal, 2021, 22(2): 1705-1719.

[24] LIU Y, PENG W, SU J, et al. Assessing the impact of cascading failures on the interdomain routing system of the internet[J]. New generation computing, 2014, 32: 237-255.

[25] JAIN S, DEMMER M, PATRA R, et al. Using redundancy to cope with failures in a delay tolerant network[C]//Proceedings of the 2005 Conference on Applications, Technologies, Architectures, and Protocols for Computer Communications. 2005: 109-120.

[26] YEH C T, FIONDELLA L. Optimal redundancy allocation to maximize multi-state computer network reliability subject to correlated failures[J]. Reliability engineering & system safety, 2017, 166: 138-150.

[27] SINCHE S, POLO O, RAPOSO D, et al. Assessing redundancy models for IoT reliability[C]//2018 IEEE 19th International Symposium on "A World of Wireless, Mobile and Multimedia Networks" (WoWMoM). Piscataway: IEEE, 2018: 14-15.

[28] ORABI W, EL-RAYES K, SENOUCI A B, et al. Optimizing postdisaster reconstruction planning for damaged transportation networks[J]. Journal of construction engineering and management, 2009, 135(10): 1039-1048.

[29] GHANNAD P, LEE Y C. Prioritization of post-disaster reconstruction of transportation network using an integrated AHP and genetic algorithm[C]// Construction Research Congress 2020. Reston: American Society of Civil Engineers, 2020: 464-474.

[30] XIA H. Rewiring strategy based on directed betweenness to mitigate disruptions of large-scale supply chain networks[J]. Mathematical problems in engineering, 2021, 2021(1): 5550837.

[31] CHEN Z, TONG H, YING L. Realtime robustification of interdependent networks under cascading attacks[C]//2018 IEEE International Conference on Big Data (Big Data). Piscataway: IEEE, 2018: 1347-1356.

[32] TRAN H A Q, NAMATAME A. Improve network's robustness against cascade with rewiring[J]. Procedia Computer Science, 2013, 24: 239-248.

[33] RAHIMINEJAD A, PLOTNEK J, ATALLAH R, et al. A resilience-based recovery scheme for smart grid restoration following cyberattacks to substations [J]. International journal of electrical power & energy systems, 2023, 145:

108610.

[34] LIU X, SHAHIDEHPOUR M, LI Z, et al. Microgrids for enhancing the power grid resilience in extreme conditions[J]. IEEE transactions on smart grid, 2016, 8(2): 589-597.

[35] ZOU Q, CHEN S. Resilience-based recovery scheduling of transportation network in mixed traffic environment: a deep-ensemble-assisted active learning approach[J]. Reliability engineering & system safety, 2021, 215: 107800.

[36] LI Z, JIN C, HU P, et al. Resilience-based transportation network recovery strategy during emergency recovery phase under uncertainty[J]. Reliability engineering & system safety, 2019, 188: 503-514.

[37] GAVRILOV L A, GAVRILOVA N S. Evolutionary theories of aging and longevity[J]. The scientific world journal, 2002, 2(1): 339-356.

[38] FLATT T, SCHMIDT P S. Integrating evolutionary and molecular genetics of aging[J]. Biochimica et biophysica acta (BBA)-general subjects, 2009, 1790(10): 951-962.

[39] GAVRILOV L A, GAVRILOVA N S. Evolutionary theories of aging and longevity[J]. The scientific world journal, 2002, 2(1): 339-356.

[40] FREITAS A A, DE MAGALHÃES J P. A review and appraisal of the DNA damage theory of ageing[J]. Mutation research/Reviews in mutation research, 2011, 728(1-2): 12-22.

[41] KENNEDY S R, LOEB L A, HERR A J. Somatic mutations in aging, cancer and neurodegeneration[J]. Mechanisms of ageing and development, 2012, 133(4): 118-126.

[42] TOSATO M, ZAMBONI V, FERRINI A, et al. The aging process and potential interventions to extend life expectancy[J]. Clinical interventions in aging, 2007, 2(3): 401-412.

[43] DE HAAN G, LAZARE S S. Aging of hematopoietic stem cells[J]. Blood, 2018, 131(5): 479-487.

[44] WALFORD R L. The immunologic theory of aging[J]. The gerontologist, 1964, 4(4): 195-197.

[45] TOESCU E C. Neuroendocrine theory of aging[M]//Encyclopedia of Behavioral Medicine. Cham: Springer International Publishing, 2020: 1477-1481.

[46] TOSATO M, ZAMBONI V, FERRINI A, et al. The aging process and

potential interventions to extend life expectancy[J]. Clinical interventions in aging, 2007, 2(3): 401-412.

[47] TAFFET G E. Physiology of aging [M]//Geriatric Medicine: a person centered evidence-based approach. Cham: Springer International Publishing, 2023: 1-11.

[48] CARLOS LÓPEZ-OTÍN, BLASCO M A, PARTRIDGE L, et al. The hallmarks of aging[J]. Cell, 2013, 153(6): 1194-1217.

[49] MOSKALEV A A, SHAPOSHNIKOV M V, PLYUSNINA E N, et al. The role of DNA damage and repair in aging through the prism of Koch-like criteria[J]. Ageing research reviews, 2013, 12(2): 661-684.

[50] BURTNER C R, KENNEDY B K. Progeria syndromes and ageing: what is the connection? [J]. Nature reviews molecular cell biology, 2010, 11(8): 567-578.

[51] LORD C J, ASHWORTH A. The DNA damage response and cancer therapy [J]. Nature, 2012, 481(7381): 287-294.

[52] BAKER D J, DAWLATY M M, WIJSHAKE T, et al. Increased expression of BubR1 protects against aneuploidy and cancer and extends healthy lifespan [J]. Nature cell biology, 2013, 15(1): 96-102.

[53] FUMAGALLI M, ROSSIELLO F, CLERICI M, et al. Telomeric DNA damage is irreparable and causes persistent DNA-damage-response activation [J]. Nature cell biology, 2012, 14(4): 355-365.

[54] HEWITT G, JURK D, MARQUES F D M, et al. Telomeres are favoured targets of a persistent DNA damage response in ageing and stress-induced senescence[J]. Nature communications, 2012, 3(1): 708.

[55] JASKELIOFF M, MULLER F L, PAIK J H, et al. Telomerase reactivation reverses tissue degeneration in aged telomerase-deficient mice[J]. Nature, 2011, 469(7328): 102-106.

[56] GREEN D R, GALLUZZI L, KROEMER G. Mitochondria and the autophagy-inflammation-cell death axis in organismal aging[J]. Science, 2011, 333(6046): 1109-1112.

[57] POWERS E T, MORIMOTO R I, DILLIN A, et al. Biological and chemical approaches to diseases of proteostasis deficiency [J]. Annual review of biochemistry, 2009, 78(1): 959-991.

[58] ALAVEZ S, VANTIPALLI M C, ZUCKER D J S, et al. Amyloid-binding

compounds maintain protein homeostasis during ageing and extend lifespan [J]. Nature, 2011, 472(7342): 226-229.

[59] KRISHNAMURTHY J, TORRICE C, RAMSEY M R, et al. Ink4a/Arf expression is a biomarker of aging[J]. The journal of clinical investigation, 2004, 114(9): 1299-1307.

[60] RESSLER S, BARTKOVA J, NIEDEREGGER H, et al. $P16^{INK4A}$ is a robust in vivo biomarker of cellular aging in human skin[J]. Aging cell, 2006, 5 (5): 379-389.

[61] MATHEU A, MARAVER A, KLATT P, et al. Delayed ageing through damage protection by the Arf/p53 pathway[J]. Nature, 2007, 448(7151): 375-379.

[62] MATHEU A, MARAVER A, COLLADO M, et al. Anti-aging activity of the Ink4/Arf locus[J]. Aging cell, 2009, 8(2): 152-161.

[63] FREIJE J M P, LÓPEZ-OTÍN C. Reprogramming aging and progeria[J]. Current opinion in cell biology, 2012, 24(6): 757-764.

[64] RANDO T A, CHANG H Y. Aging, rejuvenation, and epigenetic reprogramming: resetting the aging clock[J]. Cell, 2012, 148(1): 46-57.

[65] FREIJE J M P, LÓPEZ-OTÍN C. Reprogramming aging and progeria[J]. Current opinion in cell biology, 2012, 24(6): 757-764.

[66] RANDO T A, CHANG H Y. Aging, rejuvenation, and epigenetic reprogramming: resetting the aging clock[J]. Cell, 2012, 148(1): 46-57.

[67] KRISHNAN V, CHOW M Z Y, WANG Z, et al. Histone H4 lysine 16 hypoacetylation is associated with defective DNA repair and premature senescence in Zmpste24-deficient mice [J]. Proceedings of the national academy of sciences, 2011, 108(30): 12325-12330.

[68] ZHANG C, CUERVO A M. Restoration of chaperone-mediated autophagy in aging liver improves cellular maintenance and hepatic function[J]. Nature medicine, 2008, 14(9): 959-965.

[69] LIU G, ROGERS J, MURPHY C T, et al. EGF signalling activates the ubiquitin proteasome system to modulate C. elegans lifespan[J]. The EMBO journal, 2011, 30(15): 2990-3003.

[70] CALABRESE V, CORNELIUS C, CUZZOCREA S, et al. Hormesis, cellular stress response and vitagenes as critical determinants in aging and longevity [J]. Molecular aspects of medicine, 2011, 32(4-6): 279-304.

[71] CASTILHO R M, SQUARIZE C H, CHODOSH L A, et al. mTOR mediates Wnt-induced epidermal stem cell exhaustion and aging[J]. Cell stem cell, 2009, 5(3): 279-289.

[72] CHEN C, LIU Y, LIU Y, et al. mTOR regulation and therapeutic rejuvenation of aging hematopoietic stem cells[J]. Science signaling, 2009, 2(98): ra75.

[73] YILMAZ Ö H, KATAJISTO P, LAMMING D W, et al. mTORC1 in the Paneth cell niche couples intestinal stem-cell function to calorie intake [J]. Nature, 2012, 486(7404): 490-495.

[74] RANDO T A, CHANG H Y. Aging, rejuvenation, and epigenetic reprogramming: resetting the aging clock[J]. Cell, 2012, 148(1): 46-57.

[75] KAUFFMAN S A. The origins of order: self-organization and selection in evolution[M]. Oxford: Oxford University Press, 1993.

[76] ISAEVA V V. Self-organization in biological systems[J]. Biology bulletin, 2012, 39: 110-118.

[77] EDELSTEIN-KESHET L. Mathematical models in biology[M]. Philadelphia: Society for industrial and applied mathematics, 2005.

[78] ADRIAN OPRISAN S, ARDELEAN A, FRANGOPOL P T. Self-organization and competition in the immune response to cancer invasion: a phase-orientated computational model of oncogenesis[J]. Bioinformatics, 2000, 16(2): 96-100.

[79] OSIEWACZ H D, HAMANN A. DNA reorganization and biological aging: a review[J]. Biochemistry (Mosc), 1997, 62(11): 1275-1284.

[80] ALBERCH P, GOULD S J, OSTER G F, et al. Size and shape in ontogeny and phylogeny[J]. Paleobiology, 1979, 5(3): 296-317.

[81] CHORĄŻY M. An introduction to systems biology[J]. Nauka, 2011 (1).

[82] SPECK O, SPECK T. An overview of bioinspired and biomimetic self-repairing materials[J]. Biomimetics, 2019, 4(1): 26.

[83] GITELSON J I, RODICHEVA E K. Self-restoration—a specific feature of biological life support systems[J]. Journal of aerospace, 1996, 105(1): 713-719.

A Preliminary Study on the Reliability of Complex Systems Inspired by Biological Systems

Liu Yimeng Zhu Bingyu Bai Mingyang Li Daqing

Abstract: The exploration of general laws of complex systems partly comes from the field of biology. This paper introduces the complex systems reliability study inspired by biological aging research. First, the research progress of complex system reliability is introduced. Then, this paper introduces several proposed aging theories and the integration theory of biological aging. The aging characteristics in the integration theory can be linked to the complex systems reliability from five aspects: cumulative damage, cascading failures, system redundancy design, system reconstruction and system recovery. In the future, inspired by biological systems, we can further develop research about the reliability design and maintenance of complex systems including "self-organization", "self-reconstruction" and "self-recovery". The biological aging theory has an important inspiration for the complex systems reliability research and helps to promote deeper innovation in the complex systems reliability.

Keywords: Complex System; Reliability; Biological Aging

数字技术赋能自然灾害智慧应急管理：研究框架和实现路径

房 超 王 伟 郑维博*

摘 要： 面对新时代我国自然灾害等各类突发事件风险交织且复杂多变的治理形势，党的二十大报告与《“十四五”国家应急体系规划》等宏观政策文件强调了防范化解重大安全风险、深入推进应急管理体系和能力现代化的必要性。利用多样化数字技术实现我国自然灾害的精准监测预警、及时响应处置与高效引导恢复的全过程系统化智慧化应急管理，已成为推动我国应急管理数字化转型的重要内容。为此，本文首先梳理了当前我国自然灾害应急管理面临的突出问题，然后基于数字技术赋能应用构建了自然灾害全过程智慧应急管理研究框架，并结合地质灾害典型场景案例设计了智慧应急管理的实现路径，最后探讨了数字技术赋能自然灾害智慧应急管理的未来发展，为推动我国应急管理现代化建设提供参考。

关键词： 自然灾害 智慧应急 数字技术赋能

* 作者简介：房超，西安交通大学管理学院、西安交通大学-中国移动数字政府联合研究院研究员，博士生导师，研究方向为系统管理与风险管理；王伟，西安交通大学管理学院副教授，研究方向为智慧应急管理；郑维博，西安交通大学管理学院副研究员，研究方向为应急管理。

一、引言

我国作为世界上自然灾害最为严重的国家之一，灾害种类多、分布地域广、发生频率高、造成损失重，各类事故隐患和安全风险交织叠加、易发多发[1]。据应急管理部发布的数据，2023 年我国自然灾害以洪涝、台风、地震和地质灾害为主，全年各种自然灾害共造成 9 544. 4 万人次不同程度受灾，因灾死亡失踪 691 人，紧急转移安置 334. 4 万人次，直接经济损失达 3 454. 5 亿元，与近五年均值相比上升 12. 6%[2]。自然灾害应急管理是国家治理体系和治理能力的重要组成部分[3]，习近平总书记在党的二十大报告中强调，“坚持安全第一、预防为主，建立大安全大应急框架，完善公共安全体系，推动公共安全治理模式向事前预防转型”，“提高防灾减灾救灾和重大突发公共事件处置保障能力，加强国家区域应急力量建设”，完善“风险监测预警体系、国家应急管理体系”[4]。然而，当前我国应急管理基础依然薄弱，信息传递不畅、决策反应滞后、资源调配不合理等问题仍存在。加之我国地域广阔，自然灾害多样复杂，灾害发生地域广泛，各类自然灾害事件之间存在关联性和耦合性，使得自然灾害防控难度不断加大。面对日益复杂的自然灾害形势，我国自然灾害应急管理的信息化、数字化水平仍有待提高，导致自然灾害监测预警、响应调度与资源保障等能力相对较弱，已难以满足当前复杂多变的自然灾害应急管理精准化需求，亟须通过数字技术赋能来提升应急管理效果。

充分利用数字技术赋能自然灾害应急管理，构建一个全面、智能、高效的智慧应急管理体系，成为提升我国自然灾害应急能力的关键。数字技术以其高效、精准、智能的特点，能够在自然灾害预防预警、应急响应和恢复重建等环节发挥重要作用。例如，利用大数据技术进行灾害风险数据的实时收集、快速处理和精准分析，提高灾害监测预警的准确性和时效性；通过智能化决策支持系统，辅助指挥者制定科学合理的应急响应方案，实现应急资源的快速调配和协同作战，提高救援效率和救援效果；利用物联网技术实现应急资源的实时监控和优化配置，提高应急救援的效率；通过地理信息系统

(GIS)、卫星、无人机等辅助数字技术手段对受灾区域进行精确测绘和三维建模，为重建规划提供数据支持，有助于评估损失和制订恢复计划。此外，数字化平台还能够协调各方资源，实现灾后重建工作的有序进行。

因此，建设基于大数据、物联网、人工智能等众多数字技术应用驱动，且与我国应急管理体系相适应的自然灾害智慧应急管理系统，是一项重要而紧迫的任务。这不仅能够提升我国在灾害应急管理中的响应速度和处置能力，还能够通过技术手段实现对灾害风险的前瞻性治理，降低灾害发生的可能性，保障人民生命财产安全，推动国家治理体系和治理能力现代化，促进社会稳定和可持续发展。

近几十年来，随着全球气候变化加剧与自然灾害频发，国内外学者对自然灾害应急管理进行了广泛而深入的研究，特别是数字技术赋能应急管理的相关研究一直处在不断发展之中。国外自然灾害风险管理系统研究起步较早，形成了一系列成熟的灾害数字化管理和评估平台，积累了比较丰富的经验[5]。例如，美国的 HAZUS-MH 系统能够评估多种自然灾害对人口、建筑和基础设施的潜在影响，日本的 Phoneix DMS 系统则利用大数据和人工智能技术优化灾害应对决策，此外还有全球灾害统一编码平台(GLIDE)和联合国全球风险评估数据平台(GAR)等[6]。与国外相比，我国自然灾害风险管理系统研究起步较晚，但发展迅速，目前已完善了全国统一报灾系统，加强了监测预警、应急通信、紧急运输等保障能力建设，灾害事故综合应急能力大幅提高，成功应对了多次重特大事故灾害。

在自然灾害综合防控方面，国内外学者对应急管理理论框架进行了广泛研究。美国联邦应急管理局将综合应急管理分为四个方案阶段：缓解、准备、响应和恢复[7]。薛澜等提出“关口前移”，将应急管理划分为风险和危机两大阶段[8]。然而，自然灾害应急管理的具体实践仍需要大量相关的历史信息、环境信息、预测预警等数据提供决策支持。在自然灾害数据获取与监测预警方面，卫星遥感[9]、物联网传感[10]、无人机巡查[11]等多样化灾害监测技术手段的不断发展和应用，极大地提升了灾害数据获取的便利性和数据在灾害管理中的应用效果。为了实现自然灾害预警和应急数据的快速共享，形成连贯协作的数据共享网络，为参与应急的各部门提供便捷的数据支持，国内外研究学者在自然灾害数据管理和应急信息共享等方面进行了大量研究[12][13]。目前许多研究成果已经应用到实际防灾减灾工作中，为突发灾害事件的应急处理提供了有效保障。在自然灾害应急响应管理决策方面，国内外研究学者围绕应急资源的储备和配置[14][15][16]、抢险车辆及人员调度[17][18]、避难所选址和疏散[19]等问题开展了大量研究，基于多源异构融合数据开展自然灾害应急决策与优化的相关研究已成为主要趋势。

在理论研究方面，国内学者们致力于构建符合中国国情的应急管理框架与体系，并且强调数字信息技术在提升应急管理能力中的关键作用[20][21][22]。樊博等认为数字技术是推动应急管理体系和能力现代化的重要工具，主张通过变革应急管理理念、工具和方法，构建常态化的应急管理体系，并促进跨部门协同治理模式，以及强调多主体治理模式[23]。张伟东等在遵循技术产业变革的客观规律前提下，讨论提出了应急管理体系数字化转型的技术框架和政策路径，强调了应急管理体系数字化转型需求的迫切性[24]。周利敏等聚焦数字平台赋能下的应急管理创新，指出数字平台具有智能性、连通性与集成性等特点，能够推动应急管理流程再造，并通过程序化思维、标准化方式与数字化手段，促进“应急共治”或“敏捷治理”局面的形成[25]。李诗悦探讨了数字技术赋能应急管理运行规则的内在机理，并提出了优化与创新的思路，包括在顶层设计层次上进行规则补充维度的创新，在操作层次上进行规则调整维度的创新，以及在法制和条件保障层次上进行规则完善维度的创新[26]。钱立遥研究了数字技术赋能应急处突能力现代化，探讨了数字技术的快速发展为应急处突工作提供新动能，推动城市从粗放式发展迈向高质量发展[27]。米俊等通过分析近十年国内外文献发现，数字赋能应急管理领域的研究进入快速增长阶段，数字技术的应用推动了应急管理模式的创新、应急组织体系的变革以及应急治理的加速转型[28]。

综上所述，目前基于数字技术赋能的自然灾害应急管理为智慧应急管理的发展提供了可行的参考，但是当前研究主要聚焦在静态灾害数据和单一数字技术的应用上，与实现自然灾害智慧应急管理，形成科学化、精准化、智能化的综合防控能力体系还有一定差距。亟待挖掘自然灾害全方位数据应用以及数字技术在自然灾害监测预警、实时应对和高效恢复中的协同作用，助力精准监测、辨识和预警灾害风险，准确推演灾害场景并实时跟踪灾害发展动态演化，优化应急资源合理调度并且准确评估灾损。为此，本文聚焦数字技术赋能自然灾害智慧应急管理的框架性研究，结合自然灾害应急管理领域的数字技术和运筹优化的前沿理论与实践应用，以面向地质灾害的智慧应急管理典型场景为切入点进行探究。

二、我国自然灾害应急管理面临的突出问题

随着社会活动、经济发展与生态环境的深入交互，我国自然灾害综合风险愈发突出，灾害损失也愈发严重。2021年郑州“7·20”极端特大暴雨水灾、2023年7月河北特大暴雨洪涝灾害、2024年5月广东梅大高速塌方灾害等事件的发生，暴露出当前我国应急管理体系还存在灾害态势信息感知滞后、救援需求信息获取不全、应急监测预警技术有待提高、应急资源保障体系不完善等问题，需要提升应对新形势下自然灾害等众多“黑天鹅”事件的能力。从自然灾害应急全过程需求来看，我国自然灾害应急管理面临的主要问题是风险辨识、监测预警、场景推演、应急决策、救援响应、灾损评估等方面的管理基础薄弱，技术与体系不完善，科技信息化水平总体较低，推动灾害应急管理向“灾前—灾中—灾后”全链条统筹考虑的防救结合转型不到位，难以应对灾害复杂性带来的挑战，具体表现如下。

（一）自然灾害风险精准辨识困难

孕灾、致灾机理模糊不明是辨识自然灾害风险事件的重要挑战，特别是近几年复合链生型灾害风险加剧，如2023年台风“杜苏芮”登陆我国后，在行进过程中又引发了洪水、泥石流、暴雨内涝等其他灾害，形成了包含多灾种的灾害链，其致灾机理更加复杂。为此，亟须运用数字技术全面了解和分析致灾因子、孕灾环境与承灾体情况，并收集整理相关灾害数据，充分辨识

灾害发生与否、影响后果与范围。然而，由于缺乏理论框架与实现路径的指导，该类自然灾害演变的数据收集和融合应用欠缺目的性，现阶段数字技术在自然灾害风险事件辨识领域的应用仍处于初步阶段[29]。

（二）自然灾害监测预警技术应用缓慢

自然灾害的及时发现有助于灾害发生后救援工作的快速开展和次生灾害的提前预防。目前灾害事件发生后主要依靠人工巡查、群众上报和传统监测等方式来监测灾害态势，这些方式存在滞后性、危险性、信息不准确性等缺点[30]。因此，应用物联网等数字技术实时监控自然灾害易发区，可以弥补群众上报灾情方式的缺点，比如传感器网络测量裂缝形变等诱发滑坡的物理参数，无人机巡查定位并实时传输洪水、滑坡、泥石流等灾害的发展情况，通信、导航和遥感卫星系统定期扫描、获取灾害易发区信息，等等。然而，由于该类技术价格高昂、操作难度大，且缺乏数据共享与部门联动，目前物联网等技术在实时监控自然灾害易发区的应用尚未普及。

（三）自然灾害场景推演分析存在短板

随着自然灾害的复杂化发展，利用数字技术对其进行场景推演分析越来越重要。然而，近年来频繁发生的复合链生型灾害的复杂致灾机理使得场景推演条件设置困难，难以精准理解并刻画灾害发展的物理机制。同时，不同灾害场景下推演所需的支持数据范围难以确定，大量多源异构数据收集和融合难度大，阻碍了时空数据和社会数据等多源数据的充分利用。此外，气象、水利、住建、自然资源等各行业数据尚未顺利共享，如何基于数据流通和分析来判断自然灾害影响的人群、基础设施等规模和范围，是自然灾害应急管理场景推演面临的不可忽视的挑战。

（四）自然灾害应急决策协同效果欠佳

当前我国自然灾害应急部署不坚决、不到位，应急响应滞后的问题仍然存在[31]。不同应急场景下数据需求不明，使得灾害应急相关的大量多源异构数据收集和融合应用欠缺目的性，难以在应急决策时提供结构化、高可信度和有效性的数据支持。同时，大量分散化数据也增加了数据互通互联阻力，容易造成数据孤岛现象，导致相关部门在应急决策中缺乏有力支撑。此外，由于过分地关注自然灾害事态发展过程中短时间内的应对速度，缺乏充分的信息支持来制订完整的应急管理预案与执行计划，造成事前难以进行有效的防御准备，从而导致灾害应急部署效果不佳[32]。因此，如何利用时空数据辅助设计灾前科学部署和灾中调度方案的精准生成，推动灾害应急向“灾前—灾中—灾后”统筹考虑的防救结合转型，是数字技术赋能应急管理的重要问题。

（五）自然灾害快速救援响应不足

由于缺乏全方位数据驱动的灾中救援处置动态响应机制与虚实映射的决策交互机制，自然灾害智慧化、实时化应急救援方案设计和响应调整的准确性亟待提升。因此，配合“空—天—地”立体数据采集网络，实时获取和更新受灾点需求等信息并准确推演灾害动态演化规律，从而实现灾中救援方案的迅速执行与实时调整，在多灾害场景下提升“灾前—灾中—灾后”统筹协同的应急能力，是优化灾害精准救援效能的必要选择。

（六）自然灾害灾损评估难度大

自然灾害往往影响面广且规模巨大，人们难以及时全面地获取灾害对附近居民和承灾体如交通、电力、通信等基础设施的不同影响范围和影响时间等信息，这使得灾害受损评估难度偏大。目前，自然灾害损失评估的科学标准尚未完全明确，评估标准的制定需要考虑多种因素，如经济损失、人员伤亡、环境影响等，并且需要不断地更新和完善，否则会造成灾损评估与实际差距较大。同时，自然灾害灾损评估需要处理包括灾害态势、受灾程度与范围、救援需求等大量数据。如何有效地整合、分析该类数据，以得出准确的评估结果，是灾损评估的重要难题。此外，灾损评估时应综合公平性、长期性等特点，包括受灾人群的心理健康以及灾区的长期建设也应一并考虑。

综上，当前我国自然灾害应急管理仍面临一些问题，亟待数字技术赋能应急管理来提升科学化、精准化和智慧化水平，特别是数字技术在自然灾害的风险精准辨识、监测预警、推演分析、应急协同决策、快速救援响应以及灾损评估等方面具有很大的应用空间。尽管已有一些理论研究探索和技术应用，但实际应用中仍面临诸多挑战，如数据收集和融合欠缺目的性、多源异构数据的有效整合和利用不足、物联网等技术成本高昂和操作难度大、决策支持系统的确定性和有效性不足、灾前防御和灾后救援的系统性统筹考虑不足等。因此，未来需要进一步加强数字技术在灾害应急管理中的研究和应用，通过高效获取、分析和使用自然灾害的全方位数据，基于动态数据构建应急风险监测预警、应急处置及时响应和应急救援高效恢复等全过程智慧应急能力体系，并结合运筹技术方法在“灾前—灾中—灾后”全链条各环节实现应急管理决策优化，以实现精细化、快速化、智能化的自然灾害智慧应急管理。

三、数字技术赋能自然灾害智慧应急管理的研究框架

探索数字技术在自然灾害智慧应急管理中的赋能应用，首先应厘清数字技术相较于传统技术给自然灾害应急管理带来的应用优势，以及数字技术对自然灾害应急管理进行赋能的应用逻辑，即明确数字技术“何以赋能”以及“以何赋能”的内涵。

（一）数字技术何以赋能

海量多源的灾害数据为智慧应急管理奠定了坚实基础。为全面掌握我国自然灾害风险隐患情况，提升全社会抵御自然灾害的综合防范能力，我国完成了首次全国自然灾害综合风险普查工作，针对地震灾害、地质灾害、气象灾害、水旱灾害、海洋灾害、森林和草原火灾等风险要素全面调查，获取了涵盖住房城乡建设、交通运输、气象、地质、水利、电力、自然资源等多行业多领域的承灾体数据资源[33][34]。通过此次普查，摸清了全国自然灾害风险隐患底数，查明了重点地区抗灾能力，客观认识了全国和各地区自然灾害综合风险水平，为中央和地方各级政府有效开展自然灾害防治工作、切实保障经济社会可持续发展提供了权威的灾害风险信息和科学决策依据。另外，随

着雷达卫星、无人机、传感器等空基、天基、地基等自然灾害监测技术手段的快速发展和应用，以及社会数据的不断丰富，形成了更多具有动态性和实时性、“空—天—地—人”一体的自然灾害多源异构时空数据，为数字技术推动自然灾害应急管理智慧化转型奠定了坚实的基础。

迭代创新的数字技术为智慧应急管理提供了有力支持。物联网、人工智能、云计算、大数据等技术领域持续发展变革，为自然灾害智慧应急管理带来了巨大的提升机遇。信号处理、信息感知、融合计算、数据可视化、数字孪生、推演仿真等数字技术在自然灾害应急管理领域的应用，为自然灾害的精准监测、及时预警和高效应对提供了强有力的技术支持，并为自然灾害的智慧应急管理体系发展提供了创新路径，使得应急管理更加科学准确。数字技术呈现高效性、智能化、整合性的趋势特征，能够持续提升和优化自然灾害应急管理的效能与规范性。

高标准的社会稳定需求为智慧应急管理提供了发展空间。从社会稳定运行的需求角度来看，愈发复杂与多元的生活生产活动使得公众对社会安全与应急管理的期望也越来越多样化，并且需求和标准日益上升。但是面对新时代我国自然灾害等各类突发事件风险交织且复杂多变的形势，传统应急管理方式的局限性日益显现，提高自然灾害应急管理的数字化水平已成为新时代社会治理的必然趋势。数字技术在提高自然灾害应急管理效率与效果的同时，能够更好地满足公众安全与社会发展的多样化需求。

综上所述，数字技术之所以能够赋能自然灾害智慧应急管理，是因为其符合科学技术发展趋势，具有很好的技术可行性，满足了现代社会对应急管理的高要求。通过数字技术可以建立全面、智能、高效的灾害智慧应急管理体系，显著提升自然灾害应急管理的智能化水平，更好地保护人民群众的生命财产安全。

（二）数字技术以何赋能

针对自然灾害应急管理的实际需求和研究现状，数字技术能够以灾害时空数据为主要支撑，强化灾害风险分析预测能力，优化应急资源调度决策，加快灾害救援响应速度，提升灾损评估效率，全面赋能自然灾害智慧应急管理，最终形成一个“数据—技术—决策”协同的灾害智慧应急响应管理体系。

首先，在数据获取与融合方面，使用如卫星遥感、无人机巡查、传感器网络等多源数据获取技术，实现从不同渠道收集灾害相关数据。通过数据融合技术整合该类多源异构灾害数据，形成统一的灾情信息视图。利用云计算和分布式计算等技术，对大量灾害数据进行高效处理和存储。机器学习和人工智能技术的加速应用要求我们对多模态数据进行深入分析，提取有价值的信息，支持灾害应急管理决策。

其次，在灾前精准辨识方面，通过分析历史灾害数据、环境监测数据和人口分布等时空数据，能够有效识别和预测灾害风险态势。利用机器学习和数据挖掘技术，可以从复杂的数据集中发现潜在的灾害模式和趋势，实现灾前的精准辨识。通过传感器网络和卫星遥感技术，能够实时监控灾害易发区域演化过程并及时发现灾害征兆。例如，通过分析遥感图像来监测森林火灾或洪水情况，确保在灾害发生初期能够迅速部署应对。

再次，进行灾害推演分析时，利用高性能计算和数字化模拟技术构建灾害发展趋势的演化仿真，全面推演自然灾害可能的演进路径和影响范围，有助于评估不同应急策略的实现效果，为决策者提供科学的决策支持。在应急资源管理方面，通过多源数据驱动与运筹优化方法的有效结合，实现对应急资源的科学管理和优化调度。当自然灾害发生时，能够根据灾害发展态势和应急资源分布，快速制定最优的资源调配方案，确保救援物资和救援力量及时到达。

最后，在自然灾害快速救援阶段，数字技术能够通过分析灾情数据和救援需求，快速优化救援计划。无人机、移动应用、通信技术以及社交媒体数据[35]等均可以用于快速评估灾情，指导救援队伍进行有效的救援行动。在灾损评估中，结合 GIS 和大数据分析，可以快速确定灾害造成的损失大小，为灾后重建和保险理赔提供依据。

（三）数字技术赋能灾害应急管理的研究框架

本文提出的数字技术赋能自然灾害智慧应急管理研究框架，如图 1 所示，其核心思路在于利用灾害时空数据、数字技术和运筹优化方法，进行灾害应急决策优化。通过运用复杂系统管理思想，统筹考虑自然灾害“灾前—灾中—灾后”全流程协同优化，最终实现精细化应急、科学化应急和智慧化应急。

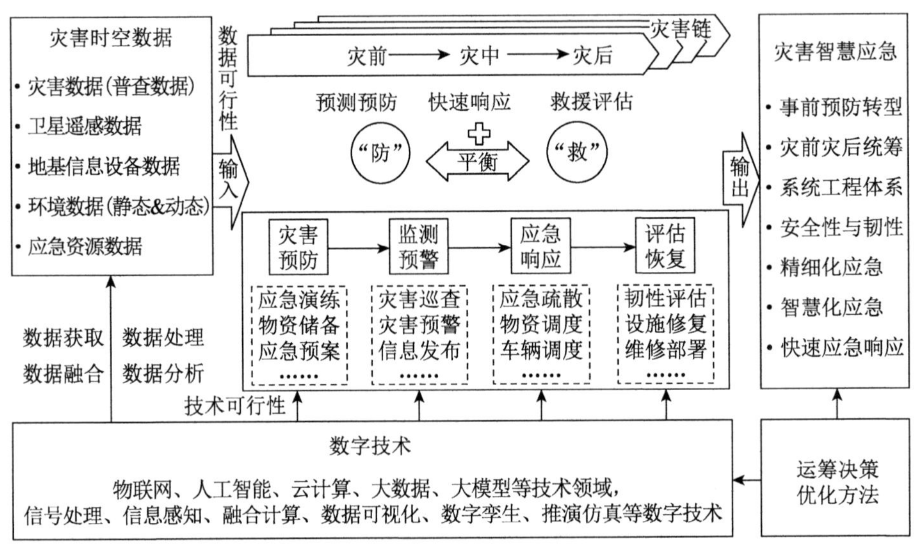

图1 数字技术赋能自然灾害智慧应急管理研究框架

技术基础方面，时空数据管理包括灾害普查数据、卫星遥感数据、地基信息设备数据、环境数据和应急资源数据等多源数据协同管理，它们为灾害的预测、监测、响应和评估提供了全面而精准的信息基础。数字技术作为灾害数据获取、融合、分析的重要工具，如云计算、大数据、人工智能、机器学习等，为数据的处理和分析提供了高效、智能的手段。运筹决策优化方法作为灾害应急管理决策的主要手段，涵盖了资源调度、应急管理、决策优化等问题模型建立、计算求解的方法论和工具，可以为应急决策提供科学依据。

赋能机制方面，数据赋能是通过收集、整合和分析时空数据，提供全面、准确的信息支持，帮助决策者更好地了解灾害状况、预测灾害趋势、评估灾害损失，从而制定更科学、更有效的应急策略。技术赋能是利用数字技术的高效性、精准性和智能化特点，实现对灾害数据的快速处理、分析和预测，为应急决策提供技术支持。同时，数字技术还能实现应急资源的优化配置和快速调度，提高应急响应的效率和效果。决策赋能是通过决策科学与运筹优化方法的应用，帮助决策者建立合理的模型、求解复杂的问题、优化资源配置等，从而提高应急管理决策水平。

因此，该理论框架构建了一个“数据—技术—决策”协同优化赋能的自然灾害智慧应急管理体系。其中，时空数据是基础，数字技术是驱动力，运筹决策是方法和手段，三者相辅相成。该框架旨在探究数字技术在自然灾害智慧应急管理中的实际应用，以提高灾害应急管理的智能化、高效化和精准化水平，为应对自然灾害提供有力保障。

四、数字技术赋能灾害智慧应急管理实现路径：以地质灾害为例

（一）数字技术赋能自然灾害智慧应急管理实现路径

基于数字技术赋能自然灾害智慧应急管理的研究框架，围绕自然灾害综合监测预警和应急管理响应等场景设计其实现路径，如图2所示。充分利用数字技术与运筹决策方法，通过灾害基础数据获取、承灾体韧性评估以及应急预案数据化处理等构建多源异构的灾害时空数据库，支撑完善现有的自然灾害综合监测预警系统，从而积极探索从数字技术赋能的自然灾害综合监测预警到智慧应急响应管理的实现路径。

首先，基于自然灾害应急管理决策的数据需求，对灾害隐患点开展日常性、周期性或者紧急性巡查与监测，如借助卫星遥感技术进行高空监视、无人机应急设备进行低空巡视，以及车载无人机联合巡查等多种手段，收集灾害相关数据。利用大数据处理技术对灾害普查数据进行整理、筛选、融合处理，形成以历史灾害数据、隐患点数据、气象数据、承灾体数据、交通物流数据为主的基准数据。通过物联网技术实时上报至自然灾害综合监测预警系统，实现灾害数据的动态更新。

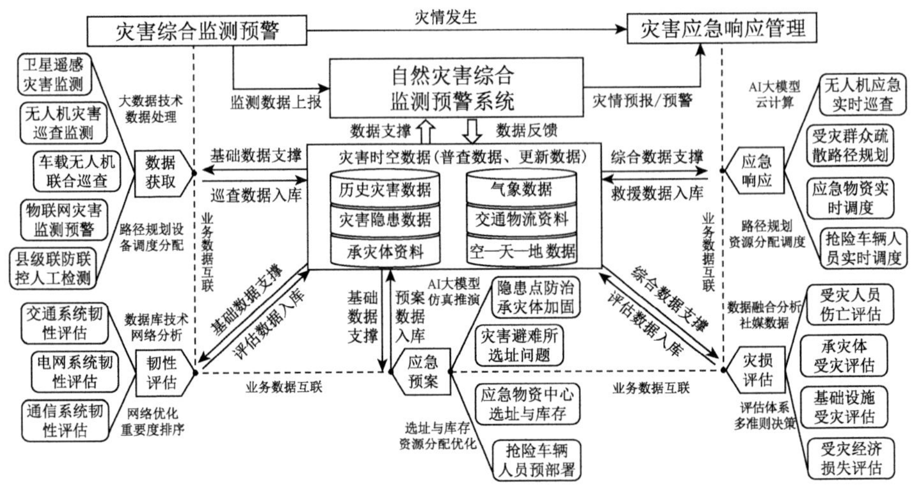

图2　数字技术赋能自然灾害智慧应急管理的实现路径

其次，根据灾害融合数据库中的基础数据以及动态收集的灾害数据，运用网络分析和仿真技术辨识影响灾害发生的关键因素并分析其影响路径和程度，综合承灾体资料信息，评估在册灾害隐患点周边人居环境、交通系统、电力系统、通信系统等关键承灾体的风险及其应对灾害威胁下的韧性水平。

再次，在应急预案制定中，利用AI大模型、仿真推演等数字技术预测灾害可能影响区域救援物资的需求量和供应量、受灾人群疏散任务量、工程抢险设备需求量等。同时，通过数据驱动的运筹优化方法制定应急物资选址与库存策略、抢险车辆和人员的预部署方案等，确保应急资源的快速、高效投放。

最后，在灾情发生后，利用数字技术及时获取灾情信息，对多源灾情数据进行融合分析，并结合运筹决策方法以及制定的应急预案，快速实施受灾群众救援与疏散、救灾物资的实时调度与分配、抢险车辆和人员快速调度等方案，确保应急响应的快速、准确、高效。同时，通过多准则决策等评估手段快速展开灾损评估，包括人员伤亡、承灾体损失、关键基础设施破坏等，并分析潜在的次生灾害和灾害链风险，实现灾害全链条的应急管理。

（二）数字技术赋能自然灾害智慧应急管理典型应用场景

地质灾害具有复杂性、隐蔽性、突发性和不确定性等特点，容易形成灾害链或引发次生灾害，是自然灾害中最具破坏力和危险性的一类，会造成严重的人员伤亡、财产损失和生态环境破坏。比如，2008年“5·12”汶川地震诱发了数以万计的次生地质灾害，是造成灾区人员伤亡的重要因素之一[36]；2024年5月24日巴布亚新几内亚恩加省穆利塔卡地区发生大规模山体滑坡，导致逾2000人被埋[37]。我国地质灾害隐患数量多、分布广，国土面积40%以上属于高、中地质灾害易发区，截至2022年底，全国登记在册地质灾害隐患点共有28万余处，是世界上地质灾害最严重、受威胁人口最多的国家之一，地质灾害呈现出多发频发群发及与地震、洪涝等灾害复合的态势，防治形势十分严峻[38]。因此，本文以地质灾害为例，讨论数字技术赋能灾害智慧应急管理实现路径，从地质灾害的风险监测预警与应急响应调度两个方面，选择如地质灾害隐患点监测预警问题，应急物资配送中心选址、库存与分配问题，以及应急救援力量前置备勤和实时调度问题等部分典型场景，进行数字技术赋能应急管理应用研究，探索数字技术在自然灾害应对过程中的智慧化应用，并为数字技术赋能自然灾害智慧应急管理提供实践参考。

1. 空天地一体化的地质灾害隐患点监测预警问题

灾害隐患点监测是地质灾害应急管理中的重要环节，基于空天地一体化技术构建地质灾害隐患监测预警体系是必然之举(见图3)。地震或强降雨后的一段时间是地质灾害的高发期，数字技术支持下的地质灾害隐患点巡查监测显得尤为重要。综合运用卫星合成孔径雷达干涉(InSAR)、无人机搭载光学遥感、物联网(IoT)传感器等技术，结合GIS和新一代网络信息技术，融合多源的卫星雷达数据、无人机巡查数据、地基传感器反馈数据等，实现从空中到地面全方位、多层次、立体化的空天地一体化地质灾害隐患点监测预警。其中，以人造卫星为平台运行于地球大气层以外的卫星技术采集系统，具有区域尺度大、时空连续的特点；以无人机等为传感器运载平台飞行于近地面的信息采集技术，具有空间精度高、高效快速的特点；物联网传感器监测则在固定区域地面进行监测和采集，具有实时观测、信息真实的特点。

及时充分获取地质灾害信息，对基层应急管理者应对灾害隐患处置及后续可能的实施救援也至关重要。在此过程中，需要将智能优化与强化学习等数字技术方法深度结合应用，对隐患点的基础属性(如坐标、稳定状态、变化趋势和险情等级)进行精确评估，并确定以无人机平台为主的地质灾害灾情紧急巡查的任务安排。此外，为了应对灾害隐患点信息价值的时变特征，数字技术能够实现对巡查紧急程度的实时监测和动态调整，并且实时优化多无人机平台的协同巡查路径，从而为地质灾害救援和灾情评估提供强有力的支持。

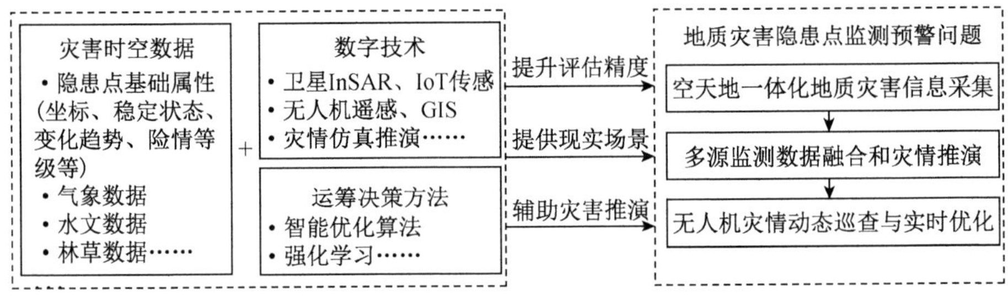

图3 空天地一体化的地质灾害隐患点监测预警场景示意图

2. 灾前—灾后相统筹的应急物资配送中心选址、库存与分配问题

为了减少灾害带来的伤亡并保障救援工作顺利进行，实现灾前—灾后相统筹的应急物资优化安排是提升自然灾害应急管理效率的重要条件(见图4)。需要基于灾害相关数据预测灾害发生情景，制订应急物资配送中心选址、多阶段库存与分配计划，实现高效精细的应急物资调度。为确保救灾物资供应，通常在灾害发生之前于配送中心预先储备物资，并且在灾害发生后将物资及时分配到受影响地区，以满足应急救援需求。灾前准备阶段的决策包括确定物资配送中心的最佳位置，以及决定配送中心的库存量，灾后需要决策各阶段配送中心向受影响地区分配物资的数量，以及补充的应急物资的数量。

在此过程中，通过大数据技术收集和分析灾害地点、规模和时间、应急物资可用性、基础设施状况以及灾中各阶段需求信息，使用场景仿真技术模拟灾害发生情景，结合鲁棒优化方法制定应急物资配送中心选址、库存和配送的优化问题模型，利用智能优化算法求解出合理的解决方案。同时，根据气象数据和交通数据实时调整配送计划，有助于提高应急物资调度的准确性和效率，从而最大限度地减少灾害可能带来的损失。此外，可以通过基于区块链、物联网技术的应急物资调度管理平台，实现应急物资统筹管理和有序调度，确保应急物流环节的高效、有序、可追溯，保证应急物资质量，也确保应急物资在配送过程中的安全性和及时性。

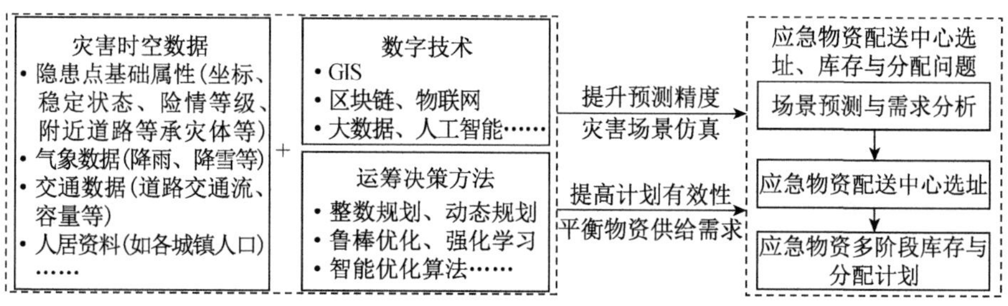

图4　灾前—灾后相统筹的应急物资配送中心选址、库存与分配示意图

3. 基于防救结合的应急救援力量前置备勤和实时调度问题

地质灾害应急救援是一项复杂而紧迫的任务，它要求在极短的时间内派遣配备应急救援和抢险队伍前往受影响区域进行应急救援、基础设施抢修等。在地质灾害发生前需重视“防”，通过卫星 InSAR、无人机遥感、物联网传感器等技术，对地质灾害隐患区域进行实时监测，及时发现地质变化。结合气象数据等多源信息，通过大数据分析和机器学习算法，对地质灾害风险进行预测和预警，并进行地质灾害情景推演，为应急救援力量前置部署提供科学依据。

在地质灾害发生后需强调“救”，利用 AI 大模型辅助快速生成应急预案，结合动态规划等运筹方法，优化受灾地区应急救援力量的调度与规划方案，确保预先部署的应急队伍能够迅速到达现场响应救援。同时，结合气象数据进行灾害发展趋势预测，使得救援队伍能够根据天气变化及时调整运输计划，提高抢险效率。在救援过程中，利用移动通信技术，实现救援队伍之间的实时通信和协同作战，同时利用智能优化算法评估紧急情况下的人员需求，确保有足够的维修人员、工具和物料等资源来满足抢修需求。在地质灾害发生后，通过对手机信令、社交媒体、电力运营等社会数据进行实时收集，利用大数据技术可以识别和提取受灾区域的救援抢险需求信息，并基于这些需求反馈信息，对应急救援力量进行实时调度和动态调整，确保救援工作的针对性和有效性(见图 5)。

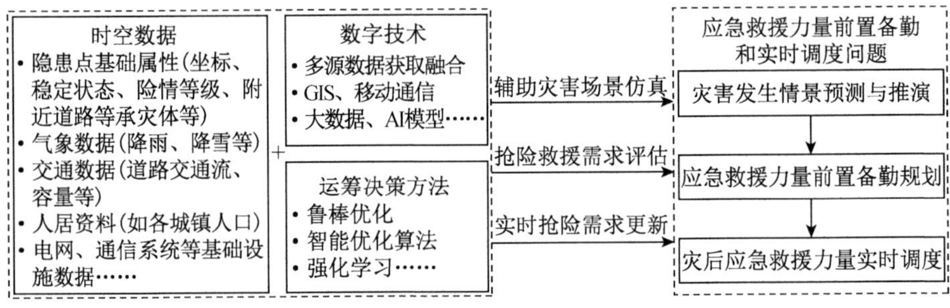

图 5　基于防救结合的应急救援力量前置备勤和实时调度示意图

五、结论与展望

本文梳理了当前我国自然灾害应急管理存在的突出问题，构建了基于数字技术赋能的自然灾害智慧应急管理的研究框架，探究了利用数字技术进行自然灾害多源异构数据获取利用，以期实现自然灾害风险监测预警、应急及时响应和高效恢复的全过程、智慧化、精准化应急管理决策优化。同时，以地质灾害的监测预警与应急响应的部分场景为例，设计了数字技术赋能应急管理的实现路径，有助于突破传统自然灾害应急管理技术与决策分散化局面，推动我国应急管理向精细化、智慧化、科学化方向发展，有效助力提升全社会抵御自然灾害的综合防范与处置保障能力，加快实现我国应急管理体系与能力现代化建设，为社会稳定和可持续发展提供有力支撑。

自然灾害应急管理是一项复杂系统，需要更加多元丰富的技术与管理手段共同进行防范应对。随着数字技术的持续快速变革和发展，未来数字技术赋能智慧应急管理需要聚焦生成式人工智能与数字技术等多元集成应用下全社会多方联动的综合化应急管理体系建设，从而为我国自然灾害智慧应急管理提供全方位、多模式、高效化的能力体系保障，更好地适应新时代下自然灾害应急管理的安全形势与发展需求。

参考文献

[1] 郑国光. 高度重视自然灾害防范应对工作[N]. 学习时报 . 2023-09-18(7).

[2] 应急管理部. 国家防灾减灾救灾委员会办公室 应急管理部发布2023年全国自然灾害基本情况[DB/OL].(2024-01-20)[2024-05-30]. http://www.mem.gov.cn/xw/yjglbgzdt/202401/t20240120_475697.shtml.

[3] 钟开斌,薛澜. 以理念现代化引领体系和能力现代化:对党的十八大以来中国应急管理事业发展的一个理论阐释[J]. 管理世界 2022,38(8):11-25.

[4] 新华社. 习近平:高举中国特色社会主义伟大旗帜,为全面建设社会主义现代化国家而团结奋斗——在中国共产党第二十次全国代表大会上的报告[DB/OL].(2023-12-18)[2024-05-30]. https://www.gov.cn/xinwen/2022-10/25/content_5721685.htm.

[5] 钟开斌. 灾害综合风险评估的国际经验与启示[J]. 中国应急管理,2021(5):78-81.

[6] 王东明,陈华静,陈敬一,等. 国家地震灾害风险防治业务平台功能设计与展望[J]. 自然灾害学报,2021,30(2):60-70.

[7] TUFEKCI S, WALLACE W A. The emerging area of emergency management and engineering[J]. IEEE transactions on engineering management, 2002, 45(2): 103-105.

[8] 薛澜,周玲. 风险管理:“关口再前移”的有力保障[J]. 中国应急管理,2007(11):12-15.

[9] VOIGT S, GIULIOTONOLO F, LYONS J, et al. Global trends in satellite-based emergency mapping[J]. Science, 2016, 353(6296): 247-252.

[10] HUANG Z, CHEN C, PAN M. Multiobjective UAV path planning for emergency information collection and transmission[J]. IEEE internet of things

journal, 2020, 7(8): 6993-7009.

[11] WANG W, FANG C, LIU T. Multiperiod unmanned aerial vehicles path planning with dynamic emergency priorities for geohazards monitoring[J]. IEEE transactions on industrial informatics, 2022, 18: 8851-8859.

[12] DONG Z, MENG L, CHRISTENSON L, et al. Social media information sharing for natural disaster response[J]. Natural hazards, 2020, 107: 2077-2104.

[13] HUANG D, WANG S, LIU Z. A systematic review of prediction methods for emergency management[J]. International journal of disaster risk reduction, 2021, 62: 102412.

[14] PAUL J, WANG X. Robust location-allocation network design for earthquake preparedness[J]. Transportation research part B: methodological, 2019, 119: 139-155.

[15] VELASQUEZ G A, MAYORGA M E, ÖZALTIN O Y. Prepositioning disaster relief supplies using robust optimization[J]. IISE transactions, 2020, 52: 1122-1140.

[16] 吕孝礼,马永驰.面向“十四五”应急物资保障体系建设的初步思考[J].中国减灾,2021(9):26-29.

[17] SAYARSHAD H R, DU X, GAO H. O. Dynamic post-disaster debris clearance problem with re-positioning of clearance equipment items under partially observable information [J]. Transportation research part B: methodological, 2020, 138: 352-372.

[18] 张梦玲,王晶,黄钧,等.基于手机定位数据的突发事件下道路修复和物资配送集成优化研究[J].中国管理科学,2021,29(3):133-142.

[19] BAYRAM V, YAMAN H. Shelter location and evacuation route assignment under uncertainty: a benders decomposition approach [J]. Transportation science, 2018, 52: 416-436.

[20] 童星,张海波.基于中国问题的灾害管理分析框架[J].中国社会科学,2010(1):132-146+223-224.

[21] 张海波,童星.中国应急管理结构变化及其理论概化[J].中国社会科学,2015(3):58-84+206.

[22] 张海波,戴新宇,钱德沛,等.新一代信息技术赋能应急管理现代化的战略分析[J].中国科学院院刊,2022,37(12):1727-1737.

[23] 樊博,顾恒轩.数字技术为应急管理全过程赋能[N].中国应急管理报.

2021-04-14(2).

[24] 张伟东,高智杰,王超贤.应急管理体系数字化转型的技术框架和政策路径[J].中国工程科学,2021,23(4):107-116.

[25] 周利敏,邓安琪.数字平台赋能下的应急管理创新[J].贵州社会科学,2023(6):91-99.

[26] 李诗悦.数字技术赋能应急管理运行规则的内在机理与优化路径[J].行政论坛,2023,30(5):122-129.

[27] 钱立遥.数字技术赋能应急处突能力现代化的研究[J].数据,2021(7):76-78.

[28] 米俊,张琪,王迪,等.数字赋能应急管理研究可视化分析:现状、热点及演进趋势[J].灾害学,2024,39(2):163-171.

[29] 吕孝礼,孙悦.面向未来的风险评估模式优化[J].行政论坛,2023,30(6):117-123.

[30] 赵宁,刘德海.地方灾情报送与上级信息核查的信号博弈模型[J].管理科学学报,2023,26(6):142-158.

[31] 杨曼,刘德海,李德龙.政企实物-生产能力应急物资储备与采购定价的微分博弈模型[J].管理评论,2023,35(9):274-286.

[32] 薛澜,沈华.五大转变:新时期应急管理体系建设的理念更新[J].行政管理改革,2021(7):51-58.

[33] 郑国光.全面推进风险普查成果应用着力提升自然灾害防治能力[J].中国减灾,2022(17):12-15.

[34] 国新办发布会.第一次全国自然灾害综合风险普查各项任务全面完成.中国应急管理[J],2023(2):4.

[35] EYRE R, LUCA F D, SIMINI F. Social media usage reveals recovery of small businesses after natural hazard events[J]. Nature communications, 2020, 11(1): 1629.

[36] 许强.汶川大地震诱发地质灾害主要类型与特征研究[J].地质灾害与环境保护,2009,20(2):8.

[37] 新华社.新华社报道员直击巴布亚新几内亚山体滑坡现场[DB/OL].(2024-05-29)[2024-05-30].http://www.xinhuanet.com/20240529/3e5c1162b2a7404288f90541215154 e7/c.html.

[38] 应急管理部编写组.深入学习贯彻习近平关于应急管理的重要论述[M].北京:人民出版社,2023.

Digital Technology Empowerment for Intelligent Emergency Management of Natural Disasters: Framework and Implementation

Fang Chao Wang Wei Zheng Weibo

Abstract: In light of the intertwined and complex governance of natural disasters and other types of emergencies in China's new era, the report of the 20th CPC National Congress and other macro-policies such as the "14th Five-Year" National Emergency Response System Plan underscore the necessity of preventing and mitigating major safety risks and further promoting the modernization of emergency management systems and capabilities. Utilizing diverse digital technologies to achieve systematic and intelligent emergency management, including precise monitoring and early warning, timely response and disposal, and efficient guidance and recovery throughout the entire process of natural disasters, has become an essential aspect of promoting the digital transformation of China's emergency management. Therefore, this paper first reviews the prominent issues facing China's natural disaster emergency management. It then constructs a research framework for intelligent emergency management throughout the process of natural disasters based on digital technology empowerment applications and designs an implementation path in combination with typical scenarios of geohazard disasters. Finally, it discusses the future development of digital technology-enabled smart emergency management for natural disasters, providing a reference for promoting China's modernization of emergency management.

Keywords: Natural Disasters; Smart Emergency Response; Digital Technology Empowerment